JN411262

▲고창고성

▲베제크르크 천불동

▲아직도 실크로드의 오아시스에서는 마차가 주요한 교통수단이다

▲실크로드의 이국적인 풍경

▲ 당삼채(당나라 시대의 명기-무덤 부장품)

▲ 당나라시대의 정교한 호각

▲카슈가르의 향비묘

▲양귀비묘

▲위구르 소녀

▲카슈가르에서 만난 위구르 아이들. 오아시스에서 아이스크림을 먹고 있는 것이 이색적이다

▲시안시 서쪽 성문밖에 있는 서역의 대상 조각상(이이 서역의 상인들이 장안성에 들어오는 관문이었다)

▲진시황제 병마용

▲쿠처의 신 시가지

▲우루무치 시가지

▲신강성의 전통공예품점

▲위구르 민족의 전통악기점

역사로 읽는

실크로드의 문화

김 용 범 지음

BS

역사로 읽는

실크로드의 문화

인 쇄 | 2010년 3월 3일
발 행 | 2010년 3월 5일

지은이 | 김 용 범
발행인 | 박 상 규
발행처 | 도서출판 보성

주 소 | 대전광역시 동구 삼성2동 318-31
전 화 | (042) 673-1511
팩 스 | (042) 635-1511
E-mail | bspco@hanmail.net
등록번호 | 61호
ISBN 978-89-6236-009-7 03910

값 13,000원

머리말

실크로드(비단길)는 북쪽의 초원지대를 통한 초원의 길(스텝로드)과 남쪽의 바다를 경유하는 바닷길(사라센로드)과 함께 동서문화가 교류하는 중요한 길이었다. 실크로드는 기원전 2세기 중국 한나라 시대에 개척되어 당나라 시대에 꽃을 피웠다가 8세기 중엽을 고비로 쇠퇴할 때까지 시대에 따라 흥망성쇠를 반복하면서 인류 역사발전에 크게 기여하였다. 흐르지 않는 물은 썩어버리는 것과 같이 문화도 교류가 없으면 정체되고 소멸되고 만다. 그러한 문화교류의 실상을 가장 적나라하게 보여주는 곳이 실크로드이다.

1천년 이상 동서 문화교류를 지속시키면서 인류문화의 대동맥으로 기능을 발휘하였던 실크로드는 인류의 역사와 문화적 측면에서 주목되는 곳일 뿐만 아니라, 최근에 이르러서는 가장 극적이고 환상적인 여행 답사지로 떠오르면서 세계인의 관심이 집중되는 곳이다.

일반적으로 실크로드는 중국과 서역 간의 문화교류를 뜻한다. 그러나 그것은 서구와 인도문화, 인도와 중국문화, 중국과 타림분지를 중심으로 하는 서역을 매개로 한 동서간의 종합적인 문화교류를 의미한다. 더욱이 우리나라도 실크로드의 직·간접적인 영향을 받았기 때문에 우리문화 원류의 현장이기도 하다. 다만 본서에서 일컫는 서역은 중국 서안의 서쪽지역, 즉 중원지방과는 지리환경이 현저하게 다른 하서회랑으로부터 로마로 이어지는 지역을 총괄하되, 주로 고대 중국과 교류를 하여 중국 사서에 서역제국(西域諸國; 시안 서쪽지역의 여러 나라를 지칭)으로 통칭되던 지역을 뜻한다.

실크로드라고 하면 이국적인 화려한 문화의 향기를 담고 아련한 환상으로 다가온다. 끝없이 펼쳐진 초원과 황량한 사막에서 동서의 문화향기가 꽃이 피고, 말과 낙타에 진기한 물품을 싣고 거칠고 막막한 사막의 오아시스를 점철하면서 실크로드를 왕래하는 대상들을 떠올리면, 우리는 역사에 앞서 꿈꾸는 환상의 세계로 빠지고 만다. 그렇지만 현실의 실크로드는 혹독하고도 냉엄한 자연환경으로 둘러싸인 생활의 장이었고, 농경민족과 유목민족 간에 격렬하게 싸웠던 역사의 무대였다. 그러나 실크로드는 어느 날 갑자기 자연환경과 정치 변화로 인해 역사에서 사리지고 사람들의 기억에서 잊혀 갔다. 그러다가 20세기에 들어와 신비에 가득 찬 매혹적인 동경의 세계로 화려하게 부활하였다.

실크로드 지역은 인류의 역사가 숨 쉬는 지역이고, 그곳은 문명의 때가 거의 묻지 않은 채 1천 년 전, 2천 년 전의 문화를 간직한 채 순박한 삶을 영위하고 있다. 그래서 현대의 사람들은 실크로드로 몰려드는 것이다. 하서회랑부터 시작되는 이른바 서역은 독특하고 아름다운 자연풍광을 지닌 곳으로 위구르족을 비롯한 여러 민족들의 다양한 삶과 문화로 볼거리가 넘친다.

필자는 장기간에 걸쳐 실크로드 지역을 답사하였다. 혼자서 배낭을 메고 대중교통 수단만을 이용하여 현지 사람들과 어울리며 이 지역을 종주하였다. 이런 식으로 이곳을, 그것도 교통이 매우 불편하였던 1990년대에 실크로드를 답사한 사람은 거의 없을 것이다. 온종일 불어오는 타클라마칸 사막의 모래를 뒤집어쓰고, 불법 개조한 불편한 완행버스를 18시간 타고, 창고 같은 위구르인 집에서, 때로는 옛 흉노의 본거지인 천산산맥의 대 초원에서 숙식하며 답사했다. 고생이야 말로 다할 수 없지만, 실크로드에 대한 추억은 영원히 잊을 수 없다. 그룹을 지어 차량을 대절하고 가이드를 대동하여 호텔에서 숙식하며 하는 답사를 필자는 '귀족들의 나들이'라고 명명하곤 한다. 물론 여러 여건상 부득이 그렇게 밖에 할 수 없는 측면을 이해하지 못하는 것은 아니다. 그렇지만 현지인의 삶과 전혀 동떨어진 나만의 답사는 역사유물의 형해만 찾아가는 죽은 답사임에는 틀림없다. 역사와 문화는 인간의 삶 속에 서 나온 것이지 인간을 떠나서 존재한 것이 아니다. 인간의 삶과 유리된 답사는 자칫 생명력이 상실된 죽어있는 겉껍데기의 공동묘지 순례에 불과할 수가 있다.

실크로드는 빠르게 현대문명으로 탈바꿈하고 있는 곳이지만, 아직도 많은 곳은 현대의 문명과 거리가 멀다. 어느 곳은 마치 낙타를 타고 오고 갈 때의 2천 년 전의 실크로드시대에 온 듯한 착각을 일으킨다. 그러나 그곳 사람들의 눈과 영혼은 그렇게 해맑을 수가 없다. 2,000년 전의 실크로드 시대의 삶 또한 저와 같지 않았을까 싶다. 그들이 살고 있는 땅은 척박한 불모의 땅에 가깝지만, 그들은 그다지 불평하지 않고 살아가고 있다. 그래서 그런지 그들이 사는 곳은 세계에서 손꼽히는 장수마을이다. 현대문명을 자랑하는 우리는 그렇게 장수하기를 열망하지만, 서역에서 겨우 노인 축에 들어갈 나이인 80세 조차 넘기기 쉽지 않다. 그렇다면 우리가 정의하는 문명이란 무엇이고, 문명수준이 낮다는 기준은 무엇인가? 실크로드에서 우리는 무한한 영감을 얻고 겸손함을 배우게 된다. 서역의 사람들은 그곳이 매우 덥고 춥다보니 영상 40도도 조금 더울 뿐이고, 영하 24도도 조금 춥다고 느낄 뿐이다. 투르판의 사람들은 물 한 방울을 얻기 위해 오로지 괭이 하나로 사막의 땅속으로 100km의 물길을 팠다. 그들은 그렇게 살면서 만족하며 장수한다. 서역에 가면 참으로 많은 것을 느끼고 배운다. 실크로드를 갈 때마다 그곳에서 역사를 찾는 것이 아니고 나를 찾는다. 실크로드는 우리 현대 인간들이 상실하고 간과하고 있는 삶의 가치가 묻혀있는 무형의 보고(寶庫)이다.

실크로드에 관해서는 이미 많은 책이 출간되었다. 출간된 책 중에는 좋은 책도 많다. 그런데 대부분의 책이 딱딱한 전문서적 아니면 기행문 수준이다. 그래서 필자는 독자가 직접 실크로드를 답사하듯이 감동을 느끼며 편안하게 읽으며 역사와 문화를 이해할 수 있는 책의 필요성을 느꼈다. 그래서 본서를 집필하게 된 것인데, 막상 탈고하고 보니 처음 계획한 의도와는 달리 모두가 부족할 뿐이다. 본서의 내용을 간단하게 소개하면 다음과 같다. 본서는 실크로드의 서술범위를 중앙아시아를 포함하면서 주로 중국 장안에서 타클라마칸 서쪽 끝까지로 한정하였다. 그것은 이 지역이 실크로드의 개척에서 몰락까지 역사의 중심 지대였고, 언어적으로도 접근하기 쉬운 지역이기 때문이다. 더욱이 이 지역은 필자가 몇 차례에 걸쳐 직접 발로 밟은 지역이라는 점이다. 제 1장에서 5장까지는 실크로드의 역사를 소개했고, 마지막 제 6장은 실크로드의 삶과 문화를 어제와 오늘의 시각으로 다루었다. 서술은 가능한 평이하게 하는 것을 원칙으로 삼았다.

이 책을 통해 많은 사람들이 실크로드를 이해하고 실크로드를 사랑하고 실크로드를 방문하기를 바란다.

2008년 8월

저자 씀

일러두기

1. 중국의 지명은 원칙적으로 중국발음을 따랐다. 다만 고대의 국가와 지명, 성과 같은 행정구역 그리고 이미 우리말에 익숙해진 것은 우리말 소리 나는 대로 표기했다(예: 오손, 구자, 장안, 신강성).

2. 신강위구르 자치구의 일부 지명은 위구르 발음을 따랐다(예: 카스가 아니라 카슈가르).

3. 중국 지명 중 도시는 중국발음을 따르는 것을 원칙으로 했다(예: 시안, 우웨이). 다만, 우리말에 익숙해진 것은 우리말 소리 나는 대로 표기했다(예: 둔황이 아니라 돈황).

4. 인명은 우리말 소리 나는 대로 표기했다(예: 장건, 고선지).

5. 호텔이름, 항공사 등 일부 기관의 명칭은 중국어 발음보다는 한자어를 우리말 소리 나는 대로 썼다(예: 파주빈관, 동방항공).

6. 관직명과 직위 및 작위는 원칙적으로 한자어를 우리말 발음으로 표기했다(안서도호부, 부 도호, 박망후).

목 차

제1장 개요(실크로드의 이해)

1. 비단

비단은 중국역사에서 가장 중요한 물산의 하나이다.

기원전 1세기 경 서양은 로마제국의 지배하에 있었고, 동양은 중국 한나라(기원전 206~기원후 220)의 지배하에 있었다. 동서로 멀리 떨어져 있던 두 거대한 제국은 서로의 존재에 대해 아는 바가 거의 없었다. 하지만 두 제국은 비단이라는 아름다운 물산으로 연결이 된다. 이렇게 비단은 동서양을 하나로 묶었던 신비의 물건이다.

중국에서 비단의 역사는 3,000년 이상 올라간다. 전설에 의하면 양잠(養蠶; 누에치기)은 고대 중국의 황제(黃帝 – 진시황제 같은 황제가 아님)의 아내 유조가 발명했다고 한다. 전설에 근거하면 비단의 역사는 5천년 이상 올라간다. 그리고 중국의 신화에 잠신(비단을 짜는 누에 신)이 등장하는 것을 볼 때에 비단 역사가 매우 유구함을 알 수 있다. 그리고 은나라(기원전 12세기 이전 왕조) 시대의 유적지인 은허(殷墟)에도 그 흔적이 보이고, 은나라 시대의 문자인 갑골문자(甲骨文字)에도 그 기록이 나타남을 볼 때에 은나라 시대에 비단이 통용되었다고 볼 수 있다. 그러다가 주나라(기원전 1120~기원전 221) 시대에 오면 널리 보급되어 시경(詩經)과 좌전(左傳) 등 옛 중국의 문헌에 자세히 기록되어 있다. 한대에 오면 비단은 더욱 보급되고, 고귀하고 화려함의 대명사로 자리 잡는다. 한나라 시대의 비단을 한금(漢錦)이라고 하는데, 이것은 비단 값이 금값에 맞먹는다고 해서 금(錦)자로 쓰게 된 것이다. 이후 비단은 하늘이 내려 준 천상의 물건으로 대우받으며 최고의 값진 비유 대상으로 되었다. 금수강산, 금의환향, 비단같이 곱다 등등 비단은 최고의 예찬을 받았다.

비단은 의복으로만 사용된 것은 아니다. 종이가 발명되기 전에 문서를 기록하는 기능도 하였다. 은나라 때에 갑골에 문자를 기록한 이래로 오랜 기간 문화를 전파하는 주요한 수단은 대나무와 비단이었다. 중국 고대의 경전인 『묵자』에 '대나무와 비단에 썼다'라는 기록이 여러 번 나오는 것이 이를 말해준다. 대나무를 납작하게 잘라서 글씨를 쓴 것을 죽간이라고 하는데, 이러한 죽간은 서주(기원전 1120~기원전 770) 때부터 춘추시기(기원전 770~기원전 221)에 보편화 되었다. 비단은 그 편리성으로 보아 이보다 훨씬 전부터 활용되었을 것이라고 추측된다. 다만 비단은 죽간보다 훨씬 가격이 비싸고 재료 특성상 장기 보존성이 떨어지기 때문에 사용이 보편화 되지는 않았을 것이다. 그렇지만 비단은 역사와 문화를 전파하는 중요한 재료의 하나였다. 이외 우산 등 여러 용도로 사용되었다.

이와 같이 양잠은 중국에서 일찍부터 발달한 산업이고 국가적으로 보호받으며 장려되었다. 아울러 비단생산을 독점하기 위해서 중국 밖으로 나가는 것을 엄격히 통제하였다. 그러한 결과 오랫동안 비단생산은 중국에서 독점할 수 있었고, 반면에 서방에서는 값을 매기기 어려울 정도로 고귀하였다. 가령 로마에서는 비단을 금과 무게를 따져 같은 값으로 쳤다고 하니, 비단의 가치는 상상을 뛰어 넘었다. 이에 서방의 대상들은 죽음을 무릅쓰고 비단을 구하기 위해 실크로드를 넘나들었다. 지중해 동부에서 비단의 고장 장안까지는 약 8천km가 넘는다. 대상들은 이

기나 긴 길을 통해 '아름답기가 초원에 만개한 꽃잎 같고 섬세하기가 거미줄 같은' 진귀한 채색 비단을 로마제국으로 운송했던 것이다. 로마 귀족들은 황금과 같은 값어치를 지닌 비단을 구하기 위해 혈안이 되었다. 이러한 로마 귀족들의 비단에 대한 열망은 비단 구입비용으로 대량의 금과 은을 유출시켜 결과적으로 로마를 멸망에 이르게 하고 말았다는 주장이 제기될 정도이다. 주장의 사실 유무를 떠나 로마 귀족들의 비단에 대한 열망이 어느 정도였는지 짐작하게 한다. 비단은 동서교역에서 가장 귀중한 물품이 되어 비단길, 즉 실크로드라고 하는 것이 이 때문이다.

비단이 서방세계에 알려진 시기에 대해서는 의견이 분분하지만, 중국의 한대 이전임은 확실한 것 같다. 기원전 4세기 마케도니아의 알렉산더 대왕(기원전 323년 사망)이 동방원정 중에 '가볍고 부드러운 세리카'라는 물건을 얻고 기뻐했는데, 세리카는 다름 아닌 중국산 비단이다. 서양에서 비단을 세르(ser) 또는 세레스(seres)라고 부르는데, 이는 아마도 '세리카'에서 비롯된 것으로 추측된다. 그리스와 로마의 귀족들은 세르라는 물건을 어떻게 만들며, 또 어디에서 나는지 알지 못했다. 그래서 그들은 중국을 그저 신비한 비단의 나라라고 불렀고, 비단에 관련되는 것에 대해서는 모두 신비화했다. 때문에 그들은 중국에 대해 '세르국(세르가 생산되는 나라=중국)은 광대하며, 인구가 매우 많다. 그 동쪽은 사람이 살 수 있는 곳의 맨 끝 바다에 접해 있으며, 서쪽은 빅토리아 국경까지 뻗어 있다. 주민은 온화하고 얌전한 기질의 문화인으로 세르를 즐겨 거래한다'라고 이상국가로 그렸다. 그리고 비단나라의 세르인은 수명이 200살에 달하며, 섬세한 양모 같은 것을 숲 속의 나뭇잎에서 빗어 비단을 만든다고 상상을 더해 서술하였다. 그리스와 로마의 귀족들은 평생 비단 옷 한 번 입어보는 것이 소원이었다는 말이 있는데, 과장만은 아니라고 생각된다.

서방의 비단에 대한 열망은 대상으로 통칭되는 실크로드 상인들로 하여금 중국과 로마를 오가며 교역을 하게 하였고, 이로 인해 사막과 평야, 초원뿐이던 교역로에 새로운 도시들이 생겨났다. 왕래가 빈번해지면서 물건뿐만 아니라 지식과 사상이 전파되면서 서로의 문화에 영향을 끼쳤다. 불교와 이슬람교는 동쪽으로 전파되어 동양사상의 폭을 넓혔으며, 인쇄술과 제지법은 서쪽으로 전래되어 서양역사를 바꾸는 문화적 바탕이 되었다. 이렇게 동양과 서양을 이어주는 고대 무역로는 비단으로 시작하여 그 폭과 깊이를 더해가며 세계문화의 가교역할을 담당하였다.

최근에는 누에에서 비단실을 뽑는데 그치지 않고 식용으로 삼는데 까지 뻗쳤다. 동충하초(夏草冬蟲)가 그것이다. 글자 그대로 겨울에는 벌레, 여름에는 풀의 상태(버섯)가 된다고 해서 동충하초라고 하는데, 하초동충 또는 충초(蟲草)라고도 한다. 곤충을 숙주로 삼아 기생하면서 그 시체에다 자실체(子實體)를 피우는 것이다. 숙주로는 나비, 매미, 벌, 딱정벌레, 메뚜기, 심지어는 거미까지 다양한데 숙주에 따라 동충하초의 이름도 약간씩 달라진다.

동충하초의 효능과 성격규정을 두고 논란이 일기도 하는데 중국에서는 일찍부터 한약 재료로 사용되었다. 가래제거와 기침해소에 좋고, 보양에도 좋은 효과가 있는 것으로 알려져 최근에는 드링크제로 많이 출시되고 있다. 동충하초가 등장함으로써 옛 영광을 뒤로 하고 사양 산업으로 전락하던 양잠은 다시 각광을 받으며 부활하고 있다.

비단을 매개로 한 동서 교역로를 정식으로 실크로드라고 명명하게 된 것은 20세기였다. 독일의 지리학자 리히트호펜(Richthofen)이 처음으로 『실크로드』라고 호칭하면서 일반화 되었다. 리히트호펜은 중국과 서역간의 교류에서 비단이 가장 중요한 물품이라는 사실에 주목하고 학술적 용어로 「실크로드」라고 명명한 것인데, 그 후 이 용어는 확고하게 자리 잡아 현재까지 이르고 있는 것이다.

2. 흉노

흉노하면 중국의 대표적인 유적인 만리장성을 떠오르게 하는 유목민족이다. 일반적으로 알려지기로는 진시황제가 그 어마어마한 만리장성을 축조한 것은 북방의 흉노족을 방비하기 위해서라고 한다. 그러나 흉노족이 실크로드와 불가분의 관계를 갖는다는 사실은 잘 알려져 있지 않다.

실크로드는 처음부터 계획적으로 개척하려고 해서 열린 것이 아니고, 오로지 중국의 한나라와 흉노가 충돌하는 와중에 우연히 개척되었다. 때문에 실크로드와 흉노는 불가분의 관계를 갖는다.

흉노는 중국 북방에 살던 유목민족이다. 그들은 산융, 험윤 등 여러 명칭으로 호칭되기도 했으나 주로 흉노라고 한다. 그들의 가축은 주로 말과 양이었으나 소·낙타·나귀·노새 등도 있었다. 흉노는 물과 초원을 찾아 이동하며 사는 유목민족이기 때문에 일정한 주거지와 성곽이 없다. 그러나 각자의 세력범위만은 경계가 분명하였다. 그들은 자체의 문자가 없기 때문에 약속을 할 때는 말로써 하였다.

흉노의 어린아이들은 양을 타고 돌아다니며 활로 새나 쥐 같은 것을 잡았고, 조금 자라서는 여우나 토끼사냥을 했다. 장성해서는 자유자재로 활을 다룰 줄 알아 전원이 무장 기병이 되었다. 따라서 이들은 평상시에는 목축에 종사하는 한편 싸울 때는 전원이 군사행동에 나설 수 있었다. 이들은 건장한 사람을 중시하고 노약자는 경시하여, 고기를 나눠줄 때에 좋은 살코기는 우선적으로 장정들에게 배정하고 노약자에게는 그 나머지 고기를 주었다. 척박한 땅에서 힘든 유목생활을 하다 보니 노동력을 중시할 수밖에 없는 사회 환경의 산물로 보인다. 그리고 그들은 아버지가 죽으면 그 후처를 아들이 아내로 삼았고, 형제가 죽으면 남아있는 형이나 아우가 그 아내를 차지하기도 하였다.

흉노의 선우(흉노 왕의 명칭)는 아침에 막사를 나와 막 떠오르는 태양에게 절을 하고 저녁에는 달을 보고 절을 하였다. 앉는 자리는 왼쪽을 윗자리로 하였고 북쪽을 향해 앉았다. 전쟁을 일으킬 때는 항상 달의 모양을 보고 결정하였다. 달이 커져서 둥글게 되면 공격을 하고 이지러지면 후퇴하였다. 전쟁을 할 때에 적의 목을 베거나 적을 포로로 잡은 사람에게는 한 잔의 술을 하사하고, 노획품은 노획한 사람에게 주는데 사람을 생포한 경우에는 잡은 사람의 하인이나 하녀로 삼게 했다. 또 전쟁 중에 자기 편 전사자를 거두어 준 자에게는 전사자의 재산을 모두 주었다.

흉노에서 사내아이가 태어나서 기어 다니다가 일어서게 되면 바로 양의 등에 태웠고, 조금 더 성장하면 당나귀 등에, 다 성장하면 말 등에 태웠다. 당나귀나 말을 타고 그 위에서 활을 쏘는 법을 익혔다. 그리하여 모두가 기마와 궁술의 천재가 될 수 있었다.

흉노와 중국의 접촉은 기록상으로 하나라 때부터 시작한다. 그러나 본격적인 접촉은 주나라(周: 기원전 1120~기원전 221) 때부터인데, 흉노는 주나라 후반부인 춘추전국시대에 그 세력이 매우 강성하였다. 서주가 수도를 동쪽으로 옮긴 것도 흉노에게 전쟁에 패했기 때문이다. 춘추전국시대를 통일한 진시황제는 흉노를 공격하기보다는 오직 침입을 막기 위한 수단으로 만리장성을 축조하기로 한다. 천하를 통일한 진시황제도 흉노만큼은 공략할 자신이 서지 않았던 듯하다. 그래서 그들을 막기 위해 달에서 지구를 바라보면 오직 만리장성만이 보인다는 대 토목공사가 시작되었다.

흉노의 전성기는 기원전 2세기 무렵의 묵특 선우시대이다. 이때 흉노는 강성한 힘을 바탕으로 몽고 동쪽 지역과 내몽고 아래 지역을 포함하여 만리장성 이북지역을 모두 장악하였다. 이를 바탕으로 타클라마칸(타림분지) 지역까지 진출하여 중앙아시아의 오아시스 도시국가들을 수중에 넣었다. 당시의 중앙아시아 지역은 '서역 36국'으로 총칭되는데, 흉노는 그 왕국의 대부분에 관리를 파견하여 지배하거나 그들의 세력권으로 묶어 놓았다. 다시 말해 실크로드라고 일컫는 서역은 흉노의 지배아래에 놓이게 되었던 것이다.

흉노는 경제적 이익을 중시하고 중국의 재물을 소중하게 여겨 중국과 전쟁을 하면서도 중국에 사신을 보내 교역을 시도하였다. 흉노는 교역에 매우 흥미를 갖는 유목민족이어서 실크로드 상의 오손(烏孫)이나 안식국(安息國; 파르티아) 등과 물자교류를 하였다. 그들이 자주 무력을 행사하는 것도 따지고 보면 교역을 확보하려는 것이 주요 목적의 하나였다. 그러나 이것은 농경민족에게 그들을 호전적으로 인식하게 하는 주요한 요인이 되었다.

흉노는 북방 초원지대와 서역을 정치·군사적으로 지배하면서 끊임없이 각 국에 사신을 파견하며 경제이익을 도모하였다. 흉노의 위세에 눌린 서역의 많은 오아시스 왕국들은 흉노의 사자들이 선우의 편지 한 장만 갖고 있으면 식량을 마련해 주며 그들의 활동을 방해하지 않았다. 흉노는 중국으로부터 받은 공납물품과 중국에서 산 명주와 비단을 다시 파미르 서쪽의 여러 나라에서 생산되는 진귀한 물품과 교역하였다. 따라서 흉노가 서역을 지배할 때에 실크로드가 전혀 역할하지 못했다고 할 수는 없다. 다만 장안에서 바그다드로 이어지는 화려한 실크로드는 중국이 장악할 때에 더욱 활성화 되었다는 뜻이다. 흉노는 한때 진나라의 몽염 장군으로부터 공격을 받고 고비사막 북쪽으로 쫓겨나기도 했지만, 곧바로 세력을 확장하여 중국 북변을 공격하였다. 흉노의 묵특 선우는 만리장성 이북지역을 완전히 통일하고 동쪽의 유목민족인 동호(東胡)와 서쪽의 월지국을 굴복시키고 중국의 오르도스 지역과 감숙성과 섬서성 그리고 연·대 지역(오늘날 북경 지역)까지 침략하였다. 묵특 선우는 국가조직을 정비하고 세습제를 수립하였으며, 국가조직을 3부로 나누어 중앙부는 선우정(單于庭), 동부지역은 좌현왕, 서부지역은 우현왕이 통치하게 하였다. 그 아래 천장(千長), 백장(百長), 십장(十長)의 우두머리를 두었다. 이러한 조직력에 유목민족 특유의 기동력을 바탕으로 서역, 즉 중앙아시아 여러 왕국을 장악해 나갔고, 마침내는 유목제국을 건설하였던 것이다.

당시 중국은 진나라가 멸망한 후 유방의 한나라와 초의 항우가 치열하게 전쟁 중이어서 북방 유목민족에 대하여 방어할 여유가 없었다. 묵특이 빠르게 흉노를 강화할 수 있었던 것도 이에 힘입은 바가 컸다. 이 때 흉노는 가장 강성하여 활에 능숙한 군사만도 30만 명에 이르렀다. 마침내 흉노는 중국의 혼란을 틈타 만리장성을 넘어 중국을 침공하였다. 유방이 항우를 이기고 한나라를 건국한 초기에도 흉노는 대거 남하하여 하투(河套), 즉 오르도스 지방을 점령하고 장안부근까지 밀고 내려왔다. 위협을 느낀 한나라는 흉노를 일거에 제압하고자 고조 유방이 직접 정병 32만의 대 군단을 이끌고 대적했으나 도리어 대패하고 평성에 갇히고 말았다. 진평의 계략으로 7일간의 밤낮의 포위에서 간신히 풀려났지만, 한나라는 전의를 완전히 상실하고 만다.

한나라는 고조 유방의 흉노원정 실패 이후 흉노와 대적할 수 없음을 깨닫고 황실 공주와 막대한 양의 비단 등 수많은 세폐를 바치는 굴욕적인 화친조약을 맺는다. 이후 한나라는 흉노공격은 엄두조차 내지 못하고 흉노의 온갖 침탈과 모욕을 감수하며 물품으로써 흉노를 달래는 소극적인 정책을 폈다. 한나라 초기의 화평은 이러한 치욕을 감내하고 얻은 것이다. 이러한 상황은 한나라 무제(기원전 141~기원전 87)가 등장하기까지 약 50년간 지속되었다.

흉노는 한나라를 무찌른 여세를 몰아 서역정벌에 나섰다. 중국에서 서역으로 통하는 하서회랑에서 세력을 떨치던 월지를 이리지방(현재 중국 신강성 서쪽 끝)으로 몰아내었고, 실크로드의 목에 해당하는 누란 정복을 시발로 서역의 오아시스 제국을 차례로 정복하여 실질적인 실크로드의 지배자가 되었다. 서역에는 다양한 왕국이 있었기 때문에 흉노는 옌치와 쿠얼러 사이(천산산맥 남쪽)에 동복도위를 설치하여 이들 나라들을 통치하고 세금을 징수하였다.

한나라는 원기왕성하고 패기에 넘치는 무제가 즉위한 직후부터 적극적으로 흉노정벌에 나섰다. 무제는 흉노정벌을 감행하기 위해서는 기마병 양성이 필수 과제라고 인식하고 마정을 중요한 국책사업으로 삼았다. 그리고 6~7년의 노력 끝에 뛰어난 말 45만 필을 양성하여 정예 기마부대를 창설하였다. 그리고 기원전 127년 장군 위청이 출격하여 오르도스지방에서 누번왕이 이끄는 흉노를 대파하고 흉노를 몰아낸 다음 삭방성을 구축하였다. 당시 한나라 군대의 승리는 흉노 내분에 힘입은 바가 컸다. 그해 선우가 죽자 그의 아우가 조카인 태자를 공격하여 권력을 장악했고, 이에 흉노 태자는 한나라로 망명하여 왔던 것이다. 이러한 사태를 맞이하여 흉노세력은 크게 위축되었고 이 틈을 이용하여 한나라는 기원전 119년까지 장장 10년간에 걸쳐 음산(陰山)과 기련산(祁連山) 일대에서 흉노를 크게 공격하여 승리를 거두었다. 한나라는 매번 수만 기에 달하는 기병을 출동시켰는데, 많을 때는 18만 기가 동원되기도 했다.

한나라의 흉노공격은 위청과 곽거병이 주도하였다. 위청은 명실상부한 한나라의 대장군으로 흉노공격에서 혁혁한 공을 세웠고, 곽거병은 위청의 외 조카로서 무제의 총애를 한 몸에 받았다. 곽거병은 18세의 어린 나이에 위청을 따라 전쟁에 참여하여 무공을 세웠다. 그리고 그해 광대한 초원지역이자 흉노의 근거지인 언지산을 공격하고, 기련산 너머로 달아난 흉노를 공격하여 4만 명의 포로를 사로잡는 커다란 전과를 올렸다. 당시 하서지방을 다스리는 흉노의 통치자는 혼야왕과 휴도왕이었는데, 혼야왕은 전쟁에 대패한 죄로 흉노 선우에게 질책 받을 것을 두려워한 나머지 휴도왕을 죽이고 4만 명의 무리와 함께 한나라에 항복하고 말았다. 곽거병은 혼야왕이 항복할 때에 끝까지 항복을 거부한 8천 명을 죽이고 이 일대를 평정하였다. 곽거병의 승리로 인해 하서지역은 한나라의 수중으로 떨어졌고, 한나라는 비로소 실크로드 서역으로 나갈 수 있는 통로를 확보하였다. 곽거병은 항복한 흉노 병사를 포함하여 10만의 대 군단을 이끌고 수도 장안으로 개선하였다.

흉노는 하남의 땅을 잃은 후 매우 원통하게 생각하여 울지 않는 이가 없었다. 그래서 흉노의 우현왕(右賢王)이 몇 차례 삭방군을 공격하여 하남의 잃어버린 땅을 탈환하고자 시도했으나 매번 한나라 기병에게 격퇴되고 말았다. 기회를 엿보던 한나라 무제는 기원전 119년 대장군 위청과 곽거병에게 명하여 기병 10만으로 양군(襄郡: 지금의 내몽골 자치구)과 대군(代郡: 지금의 하북성)을 공격하게 하여, 막북(漠北; 현재의 몽골공화국 내)에서 대결전을 벌여 흉노의 주력군 9만여 명을 섬멸하는데 성공하였다. 이로 인해 고비사막 남쪽의 흉노는 완전히 궤멸하고 말았다.

한나라의 연이은 대 공격으로 흉노의 세력은 크게 꺾이었다. 이때의 상황을 사서에서는 '금성, 하서의 서쪽에서부터 기련산맥을 따라 누란지역에 이르기까지 단 한 명의 흉노도 찾아볼 수 없었다'고 하였다. 무제는 이 지역을 중국의 행정체제로 편입하기 위해 하서회랑에 하서군을 설치하고(기원전 115년), 4년 후에는 주천군을 설치하고 하서군의 명칭을 장액군으로 고쳤다. 이어서 더 서쪽에 돈황군을 설치하고, 장액군에서 무위군을 떼어내 이른바 하서 4군을 설치하였다. 이것은 하서회랑이 정식으로 중국의 행정체제로 편입되었음을 뜻한다. 후에 이들 4군 가운데 무위군은 양주(凉州)로, 장액군은 감주(甘州)로, 주천군은 숙주(肅州)로, 돈황군은 사주(沙州)로 바꾸었다. 그래서 지금도 이 지역에 가면 두 개의 명칭이 함께 쓰이고 있음을 볼 수 있다.

흉노는 한나라(정확하게는 '전한'이다)가 망하고 신이 건국하고(기원후 8), 다시 신나라가 15년 만에 망하고(기원후 23) 한나라(정확하게는 '후한'이다)가 다시 건국되는 혼란을 틈타 잠시 국력을 회복했지만, 후한 명제 때에 반초의 공격으로 쇠퇴일로를 걷는다.

흉노는 한 무제 이후 약 300여 년 간의 전쟁으로 말미암아 세력이 극도로 약화된 데다 서역지방을 장기간 상실하게 되면서 경제적 타격이 심하여 서서히 다른 유목민족에게 주도권을 빼앗기고 말았다. 즉 동쪽의 선비족이 약화된 흉노지역을 크게 잠식하였고, 세력이 크게 위축된 남 흉노는 한나라와 선비에게 투항하였다. 그리고 북 흉노는 끝없는 초원의 길을 따라 멀리 서방으로 도망하여, 더 이상 중국의 위협적인 존재로 등장하지 못하고 말았다.

3. 서역

서역은 한나라 때에 장건이 서역(대월지)으로 사행을 다녀온 이후 폭넓게 사용되기 시작한 말이다. 서역이란 '서쪽의 땅, 또는 서쪽의 나라'를 지칭하는 것으로 오늘날의 감숙성 일부와 중국 신강 위구르자치구 그리고 중앙아시아로 이해하면 크게 틀리지 않는다. 일반적으로 서역은 역사·문화·지리적 범주를 한정지어주는 하나의 고유 명칭으로 중국의 서쪽 전역을 가리켰다. 후한시대 『한서』의 저자 반고는 서역의 범주를 옥문관 서쪽에서 흉노의 서부와 오손 남부 일대의 동서 6천여 리, 남북 1천여 리로 한정했다. 그러나 시대마다 서역의 범주는 약간씩 달랐다. 실크로드 개척시대(한대)를 기준으로 범위를 약간 좁히면 오늘날의 중국 타림분지(타클라마칸 사막)를 중심으로 하는 신강위구르 자치구이며(선선, 언기, 쿠차, 우전국 등), 범위를 약간 넓히면 오늘날 중앙아시아 지대까지 해당한다(안식, 대원, 대월지, 강거 등까지 포함). 서역은 지리적으로 동양과 서양 사이에 위치하고 있어 동서 문화교류의 가교 역할을 하면서 동서 문화를 흡수 융합하여 특유의 문화를 창조하여 인류 역사 발전에 기여하였다.

전한(기원전 206~기원후 8) 시대에는 '서역 36국'으로 총칭되었지만, 후한(23~220) 시대에는 50여 개국으로 늘어났다. 이들 36개국 또는 56개국을 이은 길이 실크로드이다. 전한시대에는 서역을 다스리기 위해 서역도호부를 설치하였고, 후한시대에는 서역장사를 설치하였다. 당나라 시대에는 중국의 강역이 팽창함에 따라 서역의 범위가 더욱 넓어져 천축(인도), 파사(페르시아), 대식(아라비아)까지 포함되었다. 원나라, 명나라 시대에는 티베트로부터 동·서 투르게스탄, 이란 및 아랍 등 중아아시아의 이남과 이서까지 포함되었다.

서역의 나라들은 사회경제적 구조에 따라 거국(居國)과 행국(行國)으로 나눠는데, 거국의 주민은 주로 정착하여 농업을 생업으로 삼고 성곽도 있기 때문에 '성곽국'으로 불린다. 누란, 대원, 고사, 대하, 안식, 조지 등이 이러한 나라들이다. 행국은 유목을 주로 하는 유목국가를 말하는 것으로 오손, 강거, 엄채, 대월지 등이 이러한 부류에 속한다. 서역의 나라는 대부분 오아시스를 기반으로 성립한 국가들이다.

기원전부터 시작된 활발한 동서교역은 이들 서역 국가들을 경제적으로 상당히 윤택하게 만들었다. 한나라 무제 시대에 36개국이던 오아시스 제국이 1세기 후에 55개국으로 늘어난 것도 인구의 증가와 더불어 각국의 경제적인 발전에 따른 결과이다. 이들 국가들은 한나라에 복속되기도 하고, 때로는 흉노에 복속되었다가 주변의 정치변동에 따라 독립을 하기도 하였다. 그러한 대표적인 왕국들이 사차, 언기, 쿠차, 우전(호탄), 선선(누란)과 같은 왕국들로 상당한 수준의 문화수준을 이룩하였다.

서역제국(서역의 여러 나라)은 기본적으로 중계무역을 통해 부를 축적하였다. 실크로드 상에서 가장 화려한 문화를 꽃 피운 소그드(Sogd) 왕국도 중국의 장안과 로마 사이의 중간에 해당하는 지리적 이점을 십분 이용하여 번영을 누렸다. 중국에서 속익(粟弋) 등으로 불린 소그드는 기원후 6~7세기경에 서 투르케스탄을 세워 절정을 구가하였다. 소그드를 비롯한 서역의 나라들은 모두 상업에서 천부적 재능을 발휘한 것으로 유명한데, 그들의 이러한 전통은 원대의 색목인을 거쳐 오늘날에까지 이어지고 있다.

서역의 나라들은 비단산지가 중국이라는 사실을 알게 된 뒤로는 흉노의 감시를 피해 중국과 직접 교섭을 시도하였으며, 때로는 서아시아 지방으로 진출하여 그곳의 여러 나라와 교역을 하며 각지에 식민지를 건설하기도 하였다. 이들은 비단을 구하기 위해 융단, 유리 기구, 악기, 약품, 향료 등 온갖 서방의 진귀한 물품들을 낙타의 등에 싣고 장안으로 오면서 실크로드를 발전시켰다. 실크로드 개척기의 주요 서역의 나라들을 살펴보면 다음과 같다.

대원은 흉노의 서남쪽, 오늘날의 페르가나 지방에 있었다. 이들은 한 곳에 머물러 살면서 벼와 보리를 재배하였다. 이곳의 이사성에는 피와 땀을 흘린다는 서역 최고의 명마인 천마(한혈마라고도 한다)가 있었다. 그러나 천마 얻기를 열망한 한나라 무제에 의해 대원은 멸망당하고 말았으니, 천마는 대원에게 행운의 말은 되지 못했다. 대원에는 말이 좋아하는 묵숙이라는 풀이 있었으며, 이것은 후에 한나라의 사신이 그 씨앗을 가져가 말 먹이 풀로 썼다. 대원에는 포도도 많아 생산되어 집집마다 포도주를 빚었으며, 부유한 집에서는 만여 석에 이르는 대량의 술을 저장해 두기도 했다. 포도는 대원뿐만 아니라 대부분의 서역의 나라들에서 생산되고 포도주를 빚어 마시기를 좋아하였다. 한나라 황제는 서역에서 가져온 포도와 묵숙을 매우 좋아하여 이궁과 별관 주위에 가득 심었다.

대원은 성곽과 집이 있으며 관할하는 읍이 70여개이고 인구는 수십만을 헤아렸다. 무기는 활과 창이며 사람들은 말을 타고 활을 쏘았다. 대원의 서쪽에서 안식에 이르기까지 언어는 달랐지만, 풍습이 비슷하여 상대방의 말을 이해하는데 어렵지 않았다. 이곳 사람들은 인도 – 아리안계로 눈이 움푹 들어가고 텁수염과 구레나룻이 났으며 오늘날의 위구르나 타지크 또는 하사크와 같은 계통일 것으로 추측된다. 이들은 장사를 잘 하였고 작은 돈 때문에 심하게 다투기도 하였다. 여자를 귀히 여기는 풍습이 있어서 남편은 아내의 말에 따라 일을 처리하였다. 대원의 북쪽은 강거이고 서쪽은 대월지, 서남쪽은 대하, 동북쪽은 오손이다.

누란은 역사상 선선국(鄯善國)으로 알려져 있으며 염택에 인접해 있었다. 왕은 우니성(일설에는 미란이나 뤄치앙)에서 다스렸다. 돈황의 서쪽 끝 관문 양관에서 1천 6백리, 장안에서 6천 1백리 떨어졌으며 인구는 1만 4천여 명이었다. 성곽이 있었으나 목축을 하고 수초를 따라 생활했는데, 갈대, 능수버들, 호동, 백초가 많았다. 또 낙타를 사육하며 당나귀가 많았다. 누란은 실크로드에서 중요한 교통의 요충지였다. 돈황에서 출발할 경우 누란에서 쿠얼러와 쿠처를 거치는 서역북로(타클라마칸 북쪽)와 뤄치앙→치에모→호탄으로 이어지는 서역남로로 갈라졌다. 돌아올 때도 마찬가지로 서역남로와 서역북로를 이용한 사람들은 누란에서 다시 만났다. 이러한 지리적 장점으로 말미암아 일찍부터 불교가 전래하는 등 동서 문화교류가 활발하여 번영을 누렸다. 그래서 한 때는 서역남로(타클라마칸 남쪽)의 민평의 니야까지 아우르는 900km에 이르는 대 영토를 다스리기도 했다.

현재 누란 유적지는 타클라마칸 남쪽의 뤄치앙에서 260km떨어진 곳에 위치하고 있다. 번영을 구가하던 누란은 그곳을 흐르던 놉노르 강이 다른 지역으로 이동하면서 사막의 모래에 파묻혀 역사 속으로 사라지고 말았다. 폐허의 사막으로 변해버린 누란의 유적지에서 거친 사막의 모래소리를 들으면 2천년의 실크로드의 슬픈 비밀 이야기를 듣는 듯하다.

쿠차(庫車)는 구자(龜玆)국이라고 한다. 현재의 쿠처가 그 중심지다. 구자는 실크로드에서 가장 번영을 누린 왕국 중 하나이다. 전성기 때의 왕궁은 신의 거처와 같았고 왕궁의 외성은 장안성과 흡사하며 그 실내는 매우 장려했다. 삼중성곽에 장안성과 같은 외성 그리고 옥과 금으로 장식된 궁실의 구자성은 찬란하고 장려하며 웅장했다. 도성둘레가 8km에 이르고 인구는 8만 명, 사찰이 1백 여 개, 승려가 5천 명일 정도로 대단한 규모의 오아시스 국가였다. 전한 시대에 구자왕은 1년 동안 한나라의 수도 장안에 체재하며 한의 문물과 제도를 수용했다. 그러나 전한이 멸망하자 흉노와 제휴하여 소륵(현 카슈가르)을 공격하고 서역북로 일대를 지배했고, 후한 반초에 의해 장악된 뒤에는 흉노를 견제하고 서역북로의 여러 나라들을 통제하기 위해 서역도호부가 설치되었다. 구자는 후한이 멸망하고 중국이 5호16국의 분열기에 빠지자 다시 독립했다. 그러나 서역의 고승 구마라집을 초빙하기 위해 파견된 전진(前秦)의 장군 여광에게 전쟁에 패하여 구마라집은 물론이고 낙타 2만 마리, 말 1만 필, 곡예사 등 많은 물품을 전리품으로 빼앗겼다. 오아시스 국가에서 낙타 2만 마리, 말 1만 마리는 대단한 숫자이며, 이 같은 재정적 출혈로 인해 구자가 서역의 지배자 지위를 회복하는데 상당한 시간이 소요되었다. 그리고 당나라 시기에 이르러 쿠차(구자)는 옛 영화를 회복하였다. 당시 쿠차는 서역북로의 중심국가로서 불교가 번창하여 절과 승려가 많았고, 성 밖 길가 좌우에는 거대한 불상이 서 있었다. 당시에 이 불상 앞에서 5년에 한 번씩 일체평등의 대법회가 열릴 때는 왕으로부터 서민에 이르기까지 수십일 동안 설법을 듣고 불경을 받았다고 한다. 대법회가 열릴 때 수많은 사찰에서 갖가지 보석과 비단으로 장식한 1천개가 넘는 불상을 가마에 싣고 오는 행렬이 장관이었다고 한다. 당나라는 적극적으로 서역진출을 도모하여 8세기에 쿠차를 정복하고 이곳에 서역을 총괄하는 안서대도호부를 설치하였다. 이후 8세기 중엽 고선지 장군이 이슬람에게 패배하기까지 쿠차는 당나라의 서역진출의 전진기지로 역할 하였다.

소륵은 타클라마칸 서쪽 끝, 파미르 고원 아래에 있는 오아시스 국가이다. 이곳도 교통의 요충지여서 한나라와 흉노가 지배권을 확보하기 위해 끊임없이 다툰 곳이다. 소륵은 2만 1천 명의 호구에, 병력 3천 명으로 한 때는 정중, 사차, 갈석, 거사, 서야 등 소국을 지배하기도 했다. 그래서 한 때는 언기, 쿠차, 호탄, 선선국과 함께 서역 5대 강대국으로 이름을 떨치기도 했다.

소륵은 한나라가 멸망한 후인 5세기부터 압달과 돌궐 등에게 반 예속 상태에 놓였고, 640년 당나라가 이곳을 정복한 뒤로는 언기, 호탄, 쿠차와 함께 당나라 안서 4진의 하나가 되었다.

소륵은 기후가 온화하고 꿀과 과일이 풍부하고 카펫의 질이 우수하였다. 당나라 시대까지만 해도 승려가 1만 명이고 사찰이 수백 개에 달할 만큼 불교가 성행했다. 대부분 소승불교를 믿었으며 중국인의 사찰도 있었다. 이들은 고기, 파, 부추 등을 먹으며 전포 옷을 입었다. 현장법사와 우리나라의 혜초 스님이 이곳을 경유하며 기록을 남기기도 했다. 이곳은 파미르를 넘는 출발점이자 도착지점으로 파미르를 넘나드는 사람이 에너지를 보충하고 피로를 푸는 장소였다. 당시 이곳에서 파미르의 총령까지는 한 달 걸렸다고 한다.

오손은 대원의 동북쪽에 있었고 장안에서 8천 9백 리 떨어져 위치했다. 사람들은 용감했고 습속은 흉노와 비슷했다. 그들은 정착하지 않고 유목 생활하였는데 명마가 많아서 부유한 사람은 4,000~5,000필의 말을 소유했다. 한나라 시대에 오손국 인구는 63만이었고 군사는 18만여 명이었다. 이는 결코 작은 국가가 아니다. 그들은 경작하지 않고 물과 풀을 찾아 여기저기 가축을 몰고 다녔다. 오손은 중국에 있어 대 흉노전에 매우 중요한 지역이었다. 그래서 한나라는 오손국과 외교관계를 열었고, 당나라는 오손을 묶어두기 위해 당의 공주를 이곳으로 시집보냈다.

오손은 원래 흉노의 지배를 받고 있었다. 그러다가 곤모가 오손의 왕이 된 후 흉노의 지배로부터 벗어나기 시작했다. 곤모의 아버지는 흉노의 서쪽 변경의 작은 나라의 왕이었다. 그는 흉노의 공격을 받아 죽었고, 곤모는 태어나자마자 들에 버려졌다. 그러자 까마귀가 고기를 물고 와서 그 위를 날고, 늑대가 와서 그에게 젖을 먹였다. 이에 흉노 선우는 괴이하게 여기고 그를 신이라 여기고 거두어 길렀다. 곤모가 장년이 된 뒤에 군대를 거느리게 하였더니 여러 차례 공을 세웠다. 이에 선우는 그에게 그의 부친의 백성들을 주고 서쪽 변방을 지키게 하였다. 곤모는 그의 백성들을 잘 보살피면서 가까운 소읍들을 공격하여 정복시켰다. 이후 곤모는 점차 세력이 커져 군사 수만 명을 거느리게 되었다.

곤모는 흉노의 선우가 죽은 틈을 이용하여 자기의 백성들을 이끌고 먼 곳으로 이동하여 독립하고 흉노에게 조회하지 않았다. 이에 흉노가 공격하였으나 이기지 못하자 곤모를 신이라고 여기고 그를 멀리하는 것으로 만족하였다. 이때에 장건이 오손에 사신으로 와서 한나라와 동맹할 것을 설득하였다. 그러나 당시 오손은 분열된 상태였기 때문에 곤모의 명령이 제대로 먹혀들지 않았다. 곤모의 10여명의 아들 가운데 대록이라는 아들이 힘이 세고 병사를 잘 다루었는데, 그는 만 여 명의 기병을 거느리고 다른 곳에 살고 있었다. 태자는 대록의 형이었는데, 그는 일찍 죽었다. 태자는 죽으면서 곤모에게 자신의 아들 잠취를 태자로 삼아줄 것을 부탁하였다. 곤모는 불쌍히 여기고 이를 허락하여 잠취를 태자로 삼았다. 그러자 대록이 태자 자리를 계승하지 못한 것에 불만을 품고 다른 형제들과 연합하여 잠취와 곤모를 공격하고자 하였다. 곤모는 대록이 잠취를 죽일 것을 두려워하여 잠취에게 만 여 명의 기병을 거느리고 다른 곳에서 살게 하고, 곤모 자신도 만 명의 기병을 거느리고 스스로 대비하였다. 이렇게 나라가 셋으로 분열되었으나 지배권은 대체로 곤모가 행사하였다. 이 때 장건이 오손에 와서 한나라와의 동맹을 요청한 것이다. 그렇지만 곤모의 당시 처지로서는 응할 수가 없었다. 후에 오손은 한나라가 좋아하는 말 1,000필을 바치고 한나라 딸을 맞기를 청하였다. 한나라에서는 황족의 딸인 옹주를 곤모에게 보내니, 곤모는 그녀를 우부인으로 삼았다. 그리고 한나라에 맞서 흉노가 오손의 왕에게 공주를 시집보내니 곤모는 그녀를 좌부인으로 삼았다. 오손은 강대국 사이에서 양다리 외교를 편 것이다. 얼마 후 곤모는 자신이 늙었음을 이유로 그의 손자에게 한나라 옹주를 아내로 삼게 하였다. 그러나 후에 오손의 사신들이 한나라에 가서 한나라의 인구가 많고 땅이 크며 물자가 풍부하다는 사실을 알게 된 뒤로는 한나라를 더 존중하게 되었다.

강거는 대원의 서북쪽에 있었고, 정착하지 않고 유목 생활하였다. 풍습은 월지와 비슷하였으며 군사는 8~9만에 이르렀다. 나라가 크지 않아서 남쪽은 월지의 지배를 받았고 동쪽은 흉노의 지배를 받았다.

엄채는 강거의 서북쪽의 큰 연못에 잇대어 위치하였고 유목생활하며 강거와 풍습이 비슷했다. 활을 쏘는 군사가 10여만 명에 이르렀다.

대월지는 대원의 서쪽으로 2,000~3,000리쯤 떨어져 있었고, 규수(嬀水 – 황하의 지류)의 북쪽에 위치하고 있었다. 정착하지 않고 유목생활하며 풍습은 흉노와 비슷했으며 활을 쏘는 군사가 10~20만에 달하였다. 이들은 원래 돈황과 기련산 사이에 있었는데, 강성할 때에 흉노에 맞섰다가 크게 패하여 멀리 서쪽으로 이동하였다. 그들은 대원을 지나 대하를 공격하여 그들을 지배하에 두고 규수 북쪽에 도읍을 세웠다. 일부 이동하지 않은 족속은 남산과 강족이 거주하던 곳에 살면서 소월지라고 이름 하였다.

안식은 대월지 서쪽의 규수에 임해 있었다. 그들은 정착하여 벼와 보리를 재배하고 포도주를 빚어 마셨다. 땅도 넓고 세력이 강하여 관할하는 읍이 수 백 개에 달하였다. 교역하는 시장이 있었으며 장사를 위해서는 수레와 배를 이용하여 이웃 나라와 때로는 몇 천리 되는 나라에 까지 왕래했다. 은으로 화폐를 만들었고 돈의 모양은 왕의 얼굴을 본 땄다. 왕이 죽으면 새 임금의 얼굴을 본떠 새로운 돈을 만들었다.

안식은 한나라의 사신이 처음 자신들을 방문할 때에 2만 명의 기병을 동원하여 수도에서 몇 천리 밖까지 나와 영접하였다. 한나라 사신을 따라간 안식의 사신은 한나라의 광대함을 보고 타조 알과 마술사를 바쳤다. 이로부터 한나라에 서역의 마술이 유행하고 많은 사람들로부터 사랑을 받았다.

조지는 안식의 서쪽에 있었으며, 서해(서쪽의 큰 바다 – 카스피해나 지중해)에 임해 있었다. 날씨는 덥고 습기가 많았다. 사람들은 농사를 지었지만 마술에 뛰어난 사람이 많았다. 인구는 많고 지배하는 속국도 많았다. 전설에는 조지에 약수(弱水 – 신선들이 사는 땅에 있다는 강)와 서왕모(西王母 – 불사약을 갖고 있는 전설의 여왕)가 있다고 했다.

대하는 대원의 서쪽, 규수의 남쪽에 있었다. 그들은 정착하여 집과 성곽이 있었으며 대원과 풍습이 비슷했다. 대군장(大君長)은 없고 소군장이 있었다. 사람들은 약하고 싸움을 두려워했으나 장사에는 뛰어났다. 대월지가 서쪽으로 옮겨간 뒤로 이들을 격파하고 속국으로 삼았다. 인구는 대략 100만 명에 가까웠다. 수도에 시장이 있었고, 동남쪽에 신독국이 있다.

대원으로부터 대하에 이르기까지 이들 서역제국은 장건이 오손에 사신으로 왔다가 되돌아갈 때에 한나라에 사신을 파견하였다. 서역제국은 이때에 비로소 한나라가 강대하고 부유한 나라임을 알고 한나라와 통교하기 시작하였다. 이는 장건이 개척한 결과로서 이후 서역으로 사신가는 한나라 사람들은 서역제국으로부터 신의를 얻고자 모두 박망후(장건이 받은 작위)라고 칭하였으며, 서역제국들도 이러한 까닭에 그들을 신임하였다. 서역제국 중 대원, 대하, 안식 등이 비교적 큰 나라로 진기한 물건이 많았고, 중국(한나라)의 물건을 소중히 여기었다.

한나라는 장건의 상세한 보고에 의해 서역제국이 정치적으로나 경제적으로 매우 중요함을 인식하고 그들을 효과적으로 지배하기 위해 온갖 수고로움을 마다하지 않았다. 특히 한나라의 목표는 기병에 뛰어난 흉노의 격파에 있었기 때문에 서역의 말을 얻는데 혈안이 되었다. 그래서 한나라는 오손에서 서역의 명마를 얻고 매우 기뻐하여 천마라고 불렀다. 후에 대원으로부터 진짜 천마(한혈마)를 얻자 오손의 말은 서극(西極)이라고 하였다.

한나라에서는 서역과의 교류를 원활하게 하기 위해 하서회랑에 군을 설치하고 오고가는 사신들을 보호하였다. 한나라는 안식, 엄채, 여헌, 조지, 신독과 같은 서역의 많은 나라에 사신을 보냈다. 서역으로 가는 사신은 몇 백 명을 이루어 가는 것이 보통이었고, 적을 경우에도 백여 명에 이르렀다. 그러나 지리적 험난함으로 인해 그들 중 상당수는 돌아오지 못했다. 1년에 10여 차례, 적으면 5~6차례 사신을 파견하였으며, 먼 곳을 가는 사신은 8~9년, 가까운 곳으로 가는 사신일지라도 몇 해가 지나서야 돌아왔다. 이렇게 하여 실크로드는 활성화 되고 발전하게 되었다.

제2장 실크로드의 개척

1. 장건

한나라 무제는 중국에 위협적이던 흉노를 적극적으로 공략하기 시작하였다. 그러나 싸움은 쉽게 끝나지 않았다. 그 때 흉노의 포로병을 심문하다가 흉노와 싸우다 패하여 서쪽으로 달아났다는 대월지국에 관한 정보를 얻고 대월지와 연합하기로 결정한다. 그러나 서역에 있다는 대월지로 찾아가는 것이 문제였다. 당시만 해도 서역은 완전히 미지의 세계여서 대월지라는 나라가 어디에 있는지도 모를 뿐만 아니라, 서역은 인간이 살 수 없는 불모의 땅으로 그 끝은 은하수의 세계라고 인식할 정도였다. 더욱이 대월지로 가기 위해서는 반드시 흉노가 지배하는 땅을 통과해야하기 때문에 목숨을 담보하기조차 어려웠다. 한마디로 서역은 죽음과 공포의 세계라고 할 수 있었다. 따라서 모두가 사신으로 가기를 꺼려했음은 당연한 일이었다. 그러나 이렇게 위험하고 불가능한 일에 도전한 사람이 장건이다.

장건은 섬서성 한중(漢中)사람이다. 한중은 한나라의 수도인 장안에서 그리 멀지 않은 곳으로 오늘날로 말하면 수도권지역이라고 할 수 있다. 그는 낭관(郎官)이라는 관직에 있을 때에 서역으로 가는 사신에 지원하였다. 성격이 강인하고 의지가 굳으며 일에 임해서는 견실하고 마음이 넓은 사람이었다.

장건은 무제가 황제로 등극한 지 3년째 해인 기원전 139년 마침내 노예 감보(甘父)와 100여 명의 수행원을 데리고 서역으로 출발하였다. 감보는 흉노인으로 그를 수행단에 넣은 것은 아마도 길 안내를 삼기 위함으로 보인다. 감보는 흉노인이기 때문에 천성적으로 활을 잘 쏘아서 곤궁에 처하였을 때는 짐승을 잡아 끼니를 제공하였다. 장건은 하서회랑에 들어섰다. 하서회랑은 길이 1,000km로서 그 좌우로 험악한 산맥과 사막이 펼쳐진 탓에 좁다랗고 길게 생긴 모습이 마치 회랑 같다고 해서 붙여진 이름이다. 하서(河西)는 황하의 서쪽이라는 뜻이다. 하서회랑은 중국에서 서역으로 나가는 유일한 통로로서 이 기나긴 지대말고는 사람이 다닐 만한 길이 없다. 하서회랑은 기본적으로 거친 황토와 사막지대로서 황량하기 짝이 없지만 좌우에 펼쳐진 해발 3,000~5,000m의 기련산맥의 만년설과 얼음 호수에서 녹아 흘러내린 물이 강과 호수를 이루어 오아시스 지대를 형성하고 있다.

장건은 흉노 땅에 들어섰지만 곧바로 흉노군에게 체포되어 선우가 있는 곳으로 압송되고 만다. 당시 선우가 있던 곳이 어디인지 정확하게 알 수 없으나, 카라코토(일명 흑수성; 현재 감숙성 북부)거나 내몽고 오르도스 지방 혹은 몽고의 울란바토르 부근으로 이해된다. 유목민족은 목초지를 따라 이동하기 때문에 농경민족처럼 도시나 도읍을 건설하지 않는다. 선우의 천막이 있는 곳이 곧 선우정(單于庭) 또는 왕정(王庭 – 일종의 수도)인데, 이것도 한 곳에 있지 않고 항상 이동하기 때문에 그 위치를 확정하기가 매우 어렵다. 아무튼 장건이 서역의 대월지를 가기 위해서는 반드시 흉노의 땅, 그것도 광대한 땅을 지나야 한다. 따라서 처음부터 대월지로의 사신파견은 성공할 가능성이 거의 없었다. 이것은 무제도 알고, 장건도 아는 일이었다. 거친 자연환경과 끝없는 사막을 통과하고 적지인 흉노 땅을 몇 날 며칠을 가야하는 대월지로의 사신행은 무모하기 짝이 없는 일이었다.

그런데도 장건은 갔다. 그러니 장건이 위대한 것이다.

장건이 흉노에서 포로생활 한 것은 장장 10년간 이어졌다. 포로생활이 10년이 될 줄은 아무도 생각하지 못했을 것이다. 장건은 모든 것을 체념한 듯 포로생활에 충실하였다. 그는 한나라 사람이기를 포기한 듯 흉노의 법도를 따르고 흉노의 풍습을 따랐다. 장건은 점차 흉노사람을 닮아갔다. 그러자 흉노 선우는 장건에게 흉노여인을 아내로 삼게 하였다. 10년간의 흉노에서의 포로생활은 장건으로 하여금 완전히 유목민의 생활습관이 몸에 배게 하여 양고기를 삶아 먹고, 말 젖으로 만든 신 술을 맛있게 마셨다. 그래서 포로생활이긴 했지만 파오를 중심으로 반경 10km이내는 스스로 행동할 수 있었다. 그리고 흉노여인과의 사이에서 아들을 낳았다. 장건은 태어난 아이에게 흉노식 교육을 시켰다. 장건은 농경지역인 한나라 한중에서 태어났지만 기마와 궁술이 평균이상의 실력이었다. 따라서 자신의 아이에게 말을 태우고 활 쏘는 법을 가르치는 것은 어려운 일이 아니었다. 모든 생활에서 장건은 흉노인과 별반 다름없었다. 더욱이 빠르게 흉노의 말과 흉노의 풍습을 익히어 흉노인의 환심을 샀고 흉노의 아내까지 맞아들였으니, 그는 흉노 사람이 다 된 것 같았다. 그래서 그를 감시하던 흉노인도 “그는 완전히 흉노인이 되었다”라고 말할 정도였다. 그러나 장건은 신절(信節)을 몸에 지닌 채, 결코 잃어버리지 않았다. 신절이란 황제의 명을 받은 사신이 반드시 휴대하는 물건이다. 보통 길이 20cm, 폭 10cm의 대나무나 비단 천에 전자(篆字)로 글씨를 써서 신분을 나타내 주는 것이다. 이것은 사신을 나타내는 증표인 동시에 각 검문소를 지날 때마다 제시하면 통관을 원활하게 하고 필요한 경우 물자까지 조달받을 수 있는 징표였다. 흉노 인들은 점차 장건을 경계하지 않았다. 장건은 기회를 잡아 탈출을 감행하였다. 그리고 대월지를 향해 뛰었다. 흉노는 뒤늦게 장건을 뒤쫓았지만 장건은 필사적으로 도망하였다.

장건은 대월지를 찾아 서쪽으로 나아갔다. 장건이 자나간 길은 현재의 신강성 성도인 우루무치로 통하는 천산북로였을 것이다. 장건은 대원을 지나 강거를 지났는데, 중국의 역사서 『한서』에는 '천산북로의 서쪽으로 파미르 고원을 넘으면 대원 · 강거 · 엄채가 나온다'라고 기록되어 있어, 그가 통과한 길이 천산북로였음을 짐작하게 한다. 천산북로를 넘었다는 사실은(설령 천산남로였다고 해도 마찬가지이다) 그의 용기와 인내가 대단했음을 알 수 있다. 이곳은 1980년대 이전까지만 해도 일부 유목민을 제외하고 인간의 발길을 쉽게 허락하지 않는 길이었다. 나는 새도 없다는 천산산맥은 말할 것도 없고 끝없이 펼쳐진 사막을 지나야 했다. 그리고 파미르 고원을 넘어야 했다. 파미르 고원은 중국 · 러시아 · 인도 · 아프가니스탄 등에 걸친 평균 고도 4천m, 높은 곳은 7천 5백m의 공포의 고원지대이다. 파미르를 총령(葱嶺)이라고 부르기도 하는데, 그것은 그곳에 야생 파가 나기 때문이었다. 아마도 장건 일행은 야생의 파를 먹고, 감보가 잡은 짐승을 먹으며 이 파미르 고원을 넘었을 것이다. 거대하고 험준한 고산지대인 이곳은 동물도 야크 이외에는 다니지 못한다. 이러한 필사의 여행을 극복하고 그는 마침내 대월지에 다다랐다.

대월지는 이란의 동부지역에 위치한 유목국가로 당시 인구가

40만이었다. 대월지는 일찍이 왕이 흉노에게 죽음을 당해 그의 태자로 왕을 삼고, 인근의 대하(大夏)를 정복하여 그 땅에 살았다. 대월지는 토지가 비옥할 뿐만 아니라 다른 민족의 침입도 거의 없어 비교적 안락한 생활을 누리고 있었다. 더욱이 전에 흉노에게 왕이 사로잡혀 처참한 죽임을 당하는 참혹한 패배를 당한 데다, 한나라와는 멀리 떨어져 있었기 때문에 한나라와 연합하여 흉노와 싸운다는 생각은 추호도 없었다.

장건은 교섭에 실패하고 귀로에 올랐다. 중앙아시아의 여러 소국을 거쳐 천산산맥에 도착한 그는 지난번과는 달리 천산남로를 넘기로 한다. 지난번에 천산북로를 넘다 붙잡혔기 때문이다. 그는 오늘날의 카슈가르와 호탄, 누란을 거쳐 강중(羌中; 현 청해성)을 통해 중국으로 들어오려고 했으나 도중에 다시 흉노에게 붙잡히고 말았다. 그는 흉노에서 지난번보다 훨씬 가혹한 포로생활을 하게 된다. 그러나 1년 후 갑자기 흉노의 왕이 죽고 그 후계 자리를 놓고 내란이 일어나는 틈을 이용하여 탈출하였다. 그리고 기원전 126년 한나라로 귀환하는데 성공하였다. 무려 13년만의 귀국이었다.

장건의 서역왕래는 초인적인 인내와 집념의 결과이다. 도로가 발달하고 현대장비를 갖출 수 있는 지금도 서역탐사는 인간의 한계를 시험받는 곳인데, 장건은 언제 죽을 지도 모르는 혹독한 포로생활까지 감내하며 13년 만에 서역을 왕래했으니, 그의 서역왕래를 어찌 몇 글자로 말할 수 있겠는가.

비록 장건이 대월지와의 교섭은 실패했지만 흉노를 비롯한 서역의 여러 나라에 대한 생생한 정보와 지식은 중국으로 하여금 세계에 대한 인식을 바꾸게 하는 계기가 되었다. 한나라는 장건을 통하여 대원을 비롯한 대월지, 오손, 강거, 신독국 같은 서역의 수많은 나라들의 민족과 풍물, 습속에 대해 알게 되었고, 서역에서 나는 밀, 포도, 수박, 석류 등의 과일과 호탄의 옥을 비롯한 온갖 보석류에 대한 신기한 물산을 알게 되었다. 장건의 보고를 받은 무제는 서역에 대한 관심과 열정이 고조되었다.

장건은 대하에서 공죽장(사천성에서 나는 죽장)과 촉에서 나는 포(布) 등 한나라의 물산을 보고 크게 놀라 그 유입경로를 알아보니 모두 신독(인도)이라는 나라에서 유입되고 있다는 사실을 알았다. 이는 이미 민간에서 한나라와 신독이 교류를 하고 있다는 증좌였다. 그래서 장건은 무제에게 신독으로 통하는 길을 개척하고 대하와의 무역거래를 건의하였다. 무제도 놀라움을 금치 못하고 장건으로 하여금 촉에서 신독으로 가는 길을 개척하도록 명령하였다. 이에 장건은 귀국한 다음해인 기원전 125년에 촉(현재 사천성)을 거쳐 운남성 곤명부근에 이르렀지만, 그곳의 유목부족들(한나라에서는 이들을 서남쪽의 오랑캐라는 뜻의 '서남이'라고 한다)이 통과를 허락하지 않아 신독으로 통하는 길의 개척은 실패하고 말았다. 유목민 부족들이 통과를 막은 것은 신독과의 교역을 독점하려는 의도라고 생각된다. 장건은 직접 신독으로 가지는 못했지만, 그곳에서 서쪽으로 1천여 리 떨어진 곳에 코끼리를 타고 다니는 전월(滇越)이라는 나라가 있다는 사실을 알게 되었다. 이 전월에서 촉의 상인들이 몰래 물건을 팔기도 하고 어떤 사람은 그곳을 직접 가보기도 했다는 말을 듣고, 한나라로 하여금 대하로 통하는 길을 찾기 위해 전국(滇國)과 통하도록 건의하였다. 원래 한나라는 서남쪽 이민족과 통하려고 했으나 비용이 많이 들고 길도 개통되지 않았으므로 그만 두었었다. 그런데 장건이 대하에 통할 수 있다는 보고를 하여 다시 서남쪽 이민족들과의 교류를 시도하였다. 결국 한나라는 서남방면(지금의 운남)으로 진출하여 월국을 멸망시켰고, 이에 놀란 서남이(서남쪽의 오랑캐 – 이민족)들이 한나라 조회에 들어오게 되었다. 한나라는 이들 지역에 익주, 장가, 민산 등 현재의 사천성과 운남성 일대에 군을 설치하고 중국의 지배체제로 끌어들여 오늘에 이르도록 하였다.

장건은 그 후 자신이 알고 있는 서역에 관한 지리 지식을 활용하여 교위(장군 아래 직위)가 되어 대장군 위청을 수행하여 흉노 토벌전쟁에 참가하여 큰 공을 세웠다. 장건은 어느 지역에 오아시스가 있는지 알고 있었기 때문에 한나라 군대는 곤란을 겪지 않고 전쟁에서 크게 이길 수 있었던 것이다. 이 공로로 장건은 박망후(博望侯)라는 높은 직위에 책봉되었다. 이 해가 기원전 123년이니, 장건은 13년간의 대월지 사행임무를 마친 뒤에도 쉬지 않고 계속해서 사막과 초원지대를 넘나들었음을 알 수 있다.

장건의 서역에 대한 보고에서 무제로 하여금 잠을 이루지 못할 정도로 흥분케 한 것은 하루에 천리를 달린다는 천마(天馬)에 관한 얘기였다. 명마 중의 명마라는 천마는 피 땀을 흘린다고 해서 '한혈마(汗血馬)'라고 부르기도 한다. 무제는 천마를 얻기 위해 천마가 있는 대원에 군사를 파견하였다. 대원은 지금의 페르가나 지방에 있었다. 대원을 정복하고 천마를 얻어 위풍당당하게 장안으로 돌아오는 원정군과 천마의 울음소리에 무제는 기쁨을 감출 수가 없었으며 당시의 사람들은 시를 짓고 노래를 불렀다.

흉노가 타는 서역의 말은 중국에서 생산되는 말보다 훨씬 뛰어났다. 그래서 한 무제는 흉노를 격파하기 위해서는 뛰어난 명마가 필요함을 절감하고 명마를 구하는데 진력하였다. 대원의 천마가 아니더라도 서역의 말은 중국의 말보다 우수했기 때문에 서역의 말인 호마(胡馬)를 구하기 위해 서역의 여러 나라에 사신을 파견하였다. 이에 장건은 기원전 115년에 군사 300명과 수만 마리의 소와 양, 수백만에 해당하는 금과 비단을 가지고 다시 오손으로 가는 사신이 되었다. 오손에 도착하여 오손왕에게 '오손이 동쪽으로 이동하여 혼야왕의 옛 땅(옛 흉노 땅)에 살게 되면, 한나라는 옹주를 보내 오손 왕의 부인으로 삼게 할 것이다' 라고 설득하였다. 오손을 이용하여 흉노의 재침을 막으려는 계략이었다. 그러나 당시 오손은 나라가 분열되어 있었고, 왕은 연로하였으며, 한나라와는 너무 멀리 떨어져 있었기에 흉노를 무서워한 그들은 장건의 제안을 거절하였다. 그러나 오손왕은 장건이 돌아갈 때에 안내인과 통역원을 포함하여 사신 몇 십 명과 말 몇 십 필을 주었다.

장건이 돌아오자 무제는 장건을 대행(외국 손님을 접대하는 관원)에 봉하고 구경(九卿)의 높은 관직에 임명하였다. 이는 신하로서 최고의 지위에 오른 것을 뜻한다. 그가 서역으로 가기 전의 낭관 직은 녹봉(봉급) 300석이었는데, 이제 1천 석의 관원이 된 것이다. 아울러 항상 궁중에 들어갈 수 있는 자격도 얻었다. 그러나 장건은 그로부터 1년 후 죽고 만다. 오랜 기간의 피로의 누적으로 병사한 것으로 추측된다.

장건의 서역 사행은 모두 4차례 23년간에 걸쳐 수행되었다. 장건의 서역 행은 중국인에게 새로운 세계에 대한 인식을 전환시키는 계기가 되어 결국 실크로드의 개척을 가져왔다. 이로 인해 그는 실크로드 개척사에서 영원히 이름을 남기게 되었고, 그 역사적 기여와 의의는 결코 과소평가 할 수 없다.

장건의 묘는 그의 고향인 섬서성 한중에 있다. 시안에서 기차로 12시간 걸리는 곳이다. 그곳 인근 지명이 박망촌(博望村)이다. 지명을 볼 때 2천년이 흐른 지금까지 장건의 영향이 미치고 있음을 알 수 있다. 더욱이 그 농촌에는 장건의 후손이라는 사람들이 많이 살고 있다.

2. 반초

한나라(전한)는 장건의 서역개척 이후 흉노를 격파하고 서역의 경영권을 장악했다. 그러나 흉노는 여전히 막강한 세력으로 실크로드 지배권을 확보하려고 노력을 기울였다. 한나라는 확고하게 서역을 장악하기 위해 하서 4군을 설치하고, 진나라에 이어 흉노의 침입을 막기 위해 하서회랑에서부터 돈황에 이르기까지 만리장성을 쌓고, 돈황 서쪽의 서역지방에 봉화대와 역참 등을 설치하여 흉노방비와 함께 교통과 여행의 편리를 도모하였다. 그러나 전한의 서역경영은 전한이 멸망하고 신나라가 건국되고 다시 15년 만에 후한이 건국되는 정치적 혼란기에 서역 경영권을 상실하고 말았다. 이것을 다시 개통시킨 사람이 후한의 반초이다.

반초(32~102)는 후한 시대 서역을 개척한 대표적인 인물이다. 아버지는 『사기』「후전」의 저자인 반표이고, 형은 사마천 『사기』에 비견할만하다는 위대한 사서 『한서』의 편찬자 반고이다. 그의 누이는 여성의 품덕을 훈계하는 『여계』의 저자 반소이다. 이렇게 그는 한나라의 명문 출신인데, 문(文)에 뛰어난 집안의 전통과 달리 그는 홀로 군인의 길을 걸은 것이 독특하다.

반초는 근면하고 부모에게 효를 다하며 큰 뜻을 품고 자잘한 것에 얽매이지 않는 대범한 성격이었다. 언변에 능했고 많은 서적을 두루 섭렵하였다. 그는 관직에 임용되었으나 담당업무가 문서를 베끼는 자잘한 일이어서 무료함을 느끼고 허송세월하고 있다고 탄식하였다. 그는 대장부의 웅지를 펴서 장건 같이 서역에서 공을 세워 제후가 되기를 열망하였다. 그래서 나이 40에 서역경영에 나선다. 반초가 서역경영에 나설 때는 후한 명제 때로 내치는 비교적 안정되었으나 서역경영은 이미 파탄된 시기였다. 이를 회복하고자 후한은 장군 두고로 하여금 흉노를 치게 하였는데 이 때 반초도 두고를 따라 출정하게 되었다. 두고는 흉노를 격파하고 반초를 서역의 선선(누란)국에 파견하였다. 이 해가 73년이다. 선선은 타림분지(타클라마칸 사막) 남북으로 이어지는 교통의 요충지였다. 당시는 타림분지를 에워싸고 여러 오아시스 소국들이 있었다. 때문에 한나라에서 서역의 여러 나라들을 장악하기 위해서는 반드시 선선과 통교해야 했다. 이것은 흉노도 마찬가지였다. 그래서 반초가 선선에 이르렀을 때에 흉노의 사신도 도착하였다. 선선은 이러지도 저러지도 못하고 강대국인 양국의 눈치를 보고 있었다. 반초는 과감하게 야음을 틈 타 흉노의 사신일행을 급습하여 패주시키고 선선을 한나라에 복속시켰다. 1달 후에 귀국한 반초는 군사마로 승진하였고 다시 흉노의 감호를 받고 있던 우전(호탄)에 파견되어 흉노세력을 몰아내고 우전을 한나라에 신복시켰다. 그는 우전에서 여러 사람에게 상을 내리고 진무하고 위로하였다. 우전을 비롯한 서역의 여러 나라들은 한나라에 사신과 함께 인질을 보내어 입시(入侍)하였다. 전한이 망하고 왕망의 신나라가 건국되어 왕망 3년(16년)에 교류가 끊어졌다가 이 때 65년 만에 비로소 한나라와 서역이 다시 왕래하게 된 것이다.

우전에서 귀국한 다음 해인 74년, 반초는 타클라마칸 서쪽 끝에 있는 소륵에 파견되었다. 소륵은 타클라마칸 남북로가 만나는 요충지로서 서역경영을 위해서는 반드시 거점으로 삼아야할 나라였다. 아울러 파미르를 넘기 위해서는 반드시 통과해야할 관문이기도 했다. 그런 소륵에 흉노가 구자(쿠차) 출신 왕을 세우고 한나라에 저항했던 것이다. 반초는 소륵에 도착하여 구자 출신 왕을 축출하고 옛 소륵국 왕의 조카인 충(忠)을 왕으로 세웠다. 이에 소륵 사람들은 모두 기뻐하며 반초를 따랐다. 반초는 소륵에 거주하기로 결심하고 고국에서 처자까지 불러 들였다. 그는 소륵에 거주하면서 이 일대의 오아시스 국가들인 선선, 우전, 차사 등을 복속시켰다. 이로부터 장안에서 선선을 거쳐 소륵에 이르는 서역통로가 완전히 재개되었다.

반초가 소륵에 머문 지 2년 후 반초는 귀국명령을 받는다. 그러자 소륵을 비롯한 서역의 모든 나라들은 귀로에 오른 반초 일행을 막고 서역에 남아있기를 간청하였다. 심지어 소륵도호는 반초 앞에서 자결을 하였고, 우전에서는 왕후 이하 모두가 울면서 반초가 탄 말의 다리를 붙잡았다. 반초는 어쩔 수 없이 소륵에 머물기로 결정한다.

78년 반초는 고묵이 구자와 연합하여 공격하려 하자 소륵·강거·우전에서 1만 명의 병사를 징집하여 고묵을 격파하였다. 그리고 한나라가 안정적으로 서역을 지배하기 위해서는 반드시 구자와 언기를 멸해야 된다고 생각하고 그들을 정벌하였다. 이에 한나라에서는 서역도호를 부활하여 반초를 도호로 삼고, 그의 부하인 서간을 장사로 삼았다. 그래서 반초는 서역도호부가 있는 구자로 옮겨가고, 소륵에는 서간이 주둔하였다. 반초는 이후 근 10년 간 서역에 더 머물며 서역의 지배권을 확립하고 서역통로를 원활하게 하였다.

반초는 74년부터 102년까지 도합 28년 동안 카슈가르의 소륵과 쿠처의 구자국에 머물면서 서역 50여 개국 모두를 복속시켜 한(후한)나라의 서역 지배권을 확립하여 실크로드가 동서 문화교류의 대동맥으로서 역할 하도록 하였다. 그리고 97년에는 부하 감영을 대진과 조지에 파견하였다. 감영은 큰 바다를 만나 할 수 없이 되돌아 왔지만, 서쪽의 더 먼 지역에 또 다른 세계가 있음을 중국에 보고하게 된다.

102년 칠순의 반초는 고향에 돌아가기를 청하였다. 황제의 허락을 받은 반초는 구자를 출발하여 낙양에 이르러 젊은 황제(24

세) 화제를 배알하였다. 명제 때 처음으로 서역에 파견 나간 그는 명제를 이어 장제를 거쳐 화제에 이르기까지 장장 3대의 황제를 받들면서 서역경영에 진력하였고, 또 그 임무를 충실히 수행했다. 그러나 안타깝게도 반초는 낙양으로 돌아온 지 1달 만에 죽고 말았다.

반초가 죽은 후 서역은 다시 혼란에 빠지고 만다. 결국 한나라는 107년에 서역도호부를 폐지하였으며, 이로써 한나라는 서역에 대한 지배권을 상실하고 서역통로는 막히고 말았다. 반초의 아들 반용에 의해 서역지배권을 잠시 회복하기도 했으나 서역은 당나라(618~907)가 등장하기까지 중국과 소통하지 못했다.

3. 현장법사

손오공, 저팔계, 사오정이 활약하는 서유기에 나오는 삼장법사로 더 많이 알려진 현장법사는 중국불교, 더 나아가 한국과 일본을 포함하는 동양 불교발전에서 가장 두드러진 역할을 한 사람이다. 직접 인도에 가서 불교를 익히고 많은 불교경전을 가져와서 일생동안 불교 경전 번역에 종사한 현장법사는 중국의 불교발전은 물론이고 중국문화 발전에 지대한 영향을 미친 위대한 고승이다. 더욱이 그는 실크로드의 위대한 개척자로서 1,300년 전의 실크로드의 생생한 역사를 후대에 기록으로 전달해 준 인물이기도 하다. 그가 장안의 서쪽 저편에 있는 천축(인도)까지 구법 여행을 기록으로 남긴 『대당서역기』는 실크로드 연구에서 빼놓을 수 없는 귀중한 자료일 뿐만 아니라, 오늘날 실크로드를 탐사하는 데도 가장 중요한 지침서 중의 하나이다.

현장법사는 602년 낙양 근교의 하남 진류(陳留)에서 태어났다. 집안은 대대로 지방관이나 학자를 배출한 지방 명문으로, 그의 부친도 한 때 지방관을 지냈다. 현장법사는 넷째 아들로 태어나서 9살 때에 그의 둘째 형을 따라 출가하였다. 그가 출가할 때는 수나라 시대로서 국가가 불교를 보호하고 황제 또한 불교를 깊이 믿어 불교가 크게 융성하던 시기이다. 현장법사는 낙양에 있는 사찰로 출가했는데, 당시 낙양은 수나라의 수도로서 정치 중심일 뿐만 아니라 불교의 중심지이기도 했다. 현장법사는 침식을 잊을 정도로 면학에 정진하며 불교교리를 깨우쳤다. 그래서 그는 이미 10대 중반에 거의 모든 불경을 섭렵하여 명성을 날렸다. 그러나 그는 불교교의에 대한 의문만 깊어갔다. 그래서 천하의 고승이 있다는 얘기만 들으면 장안과 성도(사천성) 등지를 마다 않고 찾아 나섰다. 그는 가는 곳곳마다 발군의 실력으로 사람들의 감탄을 자아냈으며, 그의 명성은 점차 낙양을 벗어나 전국적으로 퍼져나갔다. 그러던 와중에 수나라는 멸망하고 당나라가 건국되었다. 현장법사는 당나라의 수도인 장안으로 갔다. 당나라는 아직 신생 왕조로서 아직 안정적으로 불교교리를 공부할 수 있는 여건이 못 되었다. 그래서 전국을 돌아다니며 불경을 배우고 공부했는데, 스스로 중국에서 공부할만한 것은 모두 배웠다고 생각하였다. 그래서 천축(인도)에 가서 직접 불교를 공부하기로 결심한다.

현장법사는 천축에 가기 위해 몇 번이나 관청에 청원서를 제출하여 허가를 구했다. 그러나 당나라는 건국한지 얼마 되지 않을 뿐더러, 태종이 그의 형과 동생을 죽이는 현무문의 사건을 통해 겨우 권좌에 오른 초기여서 서역과의 교통을 허락하지 않았다. 그러나 그는 몇 번이고 탄원서를 올렸다. 끝내 허락되지 않자 당 태종 정관 3년(629년), 그의 나이 25세 때에 국가의 법을 어기고 몰래 인도로 떠났다.

그는 붙잡히지 않기 위해 낮에는 잠복하고 밤에 전심으로 길을 재촉하였다. 순례의 길이 아니라 고난과 고행의 길이었다. 부처의 나라에서 불교경전을 공부해야겠다는 절실한 심정과 강인한 불굴의 신념이 없었다면 하루도 버틸 수 없는 험난한 여정이었다. 그는 숱한 고비를 넘기며 무위(당시 양주)에 도착하였다. 무위는 일찍이 한 무제가 군을 설치한 곳으로 하서회랑의 중요한 도시로서 서역의 상인들이 붐비는 곳이었다. 현장은 이곳에서 1개월 정도 머물면서 불경을 강의하였다. 강의는 큰 호평을 받았으며, 특히 서역에서 온 상인들에게 강한 인상을 심어주어 그들을 통하여 서역의 각 나라에 명성이 퍼져나갔다.

무위를 떠난 현장법사는 고비사막을 넘어 감주, 숙주를 통과하여 당시 당나라 영역 밖인 이오(하미)에 도착하였다. 이오까지의 길은 험준함과 요새의 연속이었다. 그는 생명이라고는 찾을 수 없는 불모의 사막과 험준한 산악 길을 오로지 해골과 말똥을 표시로 해서 나아갔다. 그는 『대당서역기』에서 '날리는 모래바람 속에 인적은 없고 사방이 망망하여 표지 삼을 것이라고는 아무것도 없으며, 그저 군데군데 인골을 주워 모아 도표를 삼을 뿐이다. 물도, 풀도 없고 오로지 바람만 부는데 어떻게 들으면 한을 품은 여인의 노랫소리 같기도 하다. 그 소리에 홀려 헤매다 죽은 사람이 한 둘이 아니다'라고 했다. 이러한 불모의 땅을 오고 가면서 기댄 것이라고는 오로지 관음보살과 반야심경을 염송하는 것이었다.

서유기에는 현장법사가 천축을 오고가며 수많은 요괴의 방해로 괴로움을 당하지만, 초능력을 가진 손오공 같은 제자들과 부처님의 가호로 무사히 목적을 이룬다. 이것은 현장법사가 부딪친 무수한 고난과 그것을 극복하는 과정을 신화적으로 그려 놓은 것이다. 인간은 간혹 이성적으로 설명하기 곤란한 것, 또는 현실상황을 강조하기 위해 신화에 의탁하곤 한다. 현장법사의 인도 구법행도 당시로서는 기적이라는 말 외에 달리 적절한 말이 없었기에 이렇게 신화화된 소설로 표현되었을 것이라고 생각된다. 실크로드는 지리적인 험난함 그 자체가 생명의 위협이 되고도 남지만, 당시에는 여기에 더하여 온갖 정치적 사회적 위험요소가 상존하고 있었다.

현장법사는 이오에서 이오의 왕과 많은 서역의 승려들의 환대를 받았다. 그리고 마침 고창의 사신이 이오에 왔다가 현장법사를 보고 고국으로 귀국하여 왕에게 현장에 관한 사실을 보고하였다. 불심이 깊은 고창의 왕은 사신에게 현장법사를 모셔오라는 명령서를 주어 이오에 파견하였다. 당시 고창은 동서 교통의 요충지를 십분 활용하여 동쪽의 강대국 당나라와 서쪽의 강대국 돌궐과 우호관계를 맺고 있었다. 그리고 이 일대의 서역제국을 지배하며 중국 당나라와 서역 돌궐 사이에서 가장 강력한 세력을 자랑하고 있었다. 당시에 이오는 고창의 세력 하에 놓여 있었기 때문에 고창의 왕이 현장법사를 초청한다는 명령을 이오의 왕이 거절할 수는 없었다. 고창 왕은 말 수 십 마리와 고관으로 하여금 현장법사를 영접하도록 하였다. 이오에서 고창은 약 300km거리로 1주일이 걸리는 여정이다. 현장법사는 고창에서 열렬한 환영을 받았고, 왕의 간청으로 그곳에서 1개월 간 불교 강의를 해주었다. 고창에서 융숭한 대접을 받은 현장법사는 왕의 배려로 시중드는 인원과 30마리의 말, 비단을 비롯한 여행에 필요한 지원을 풍족하게 받고 서역으로 떠났다. 고창국의 왕은 왕비 및 백성들과 함께 왕도의 서쪽 끝까지 현장법사를 배웅하였고, 헤어질 때는 현장법사를 끌어안고 천축에서 당나라로 돌아갈 때에 반드시 고창국에 들러줄 것을 부탁하며 통곡까지 하였다. 현장법사도 고창국의 융숭한 대접과 배려에 감동하고 돌아올 때에 반드시 고창을 방문하려고 했다. 그러나 현장법사가 천축에서 불교 공부를 마치고 중국으로 귀국할 때에, 고창은 이미 당나라에게 패하여 왕은 죽고 나라는 멸망했다는 소식을 접한다. 그 때의 현장법사의 심정은 허무하기 짝이 없었을 것이다. 다시 한 번 인생무상 세월무상을 느꼈을 것이다. 고창에서 떠난 이후 현장법사는 자연적 지리 외에는 여타의 고초는 크게 겪지 않으며 천축으로 향할 수 있었다.

현장법사는 천산남로를 따라 만년설로 뒤덮인 천산산맥을 넘어 쿠처에 다다랐다. 당시 쿠처는 불교국가로서 수천 명의 승려들이 도성의 동문 밖에서 천막을 치고 불상을 세워 음악을 연주하면서 현장법사를 맞았다. 현장법사는 쿠처에서 2개월 간 머문 후, 서쪽의 소륵이 있는 방향이 아닌 북쪽으로 천산산맥을 넘었다. 얼음이 덮인 천산산맥을 넘을 때는 일행 몇 명이 죽을 정도로 고난이었다. 그는 이시쿨 호수를 거쳐 돌궐을 지나 사마르칸트와 바미얀으로 갔다. 사마르칸트는 오늘날 우즈베키스탄의 수도로서 실크로드 시대에 강국(康國)이라고 호칭되던 곳이다. 강국은 불교가 번성해서 후한시대에 서역 승으로 중국에 온 승려 가운데 강(康)씨 성을 가진 자는 모두 사마르칸트 출신이라고 보면 된다. 그러나 당나라 시대인 7세기에는 불교는 이미 쇠퇴하고 조로아스터교가 발전하고 있었다. 그래서 현장법사는『대당서역기』에 '불교는 이미 쇠퇴하여 사원에는 승려가 살고 있지 않으며, 어쩌다 여행 중인 승려가 들러도 사람들은 불을 피워 쫓아내고(조로아스터교는 불을 숭배한다) 머무는 것을 허락하지 않는다'라고 했다. 현장법사는 바미얀에서 유명한 바미얀 대불을 참배하였다. 바미얀은 대설산과 5천m 높이의 산맥 사이의 가늘고 긴 계곡으로 겨울에는 무척 추운 곳이다. 그 바미얀 계곡에서 있는 38m 높이의 석불은 유네스코에 의해「세계문화유산」으로 지정되었지만, 몇 년 전 아프카니스탄을 지배했던 이슬람 원리주의의 탈레반 정권에 의해 폭파되고 말았다. 현장법사는 순례의 길을 재촉한 끝에 마침내 인도에 당도하였다. 그가 북 인도에 도착한 것은 대략 정관 4년(630) 겨울쯤이었다.

현장법사는 간다라와 탁실라를 비롯한 인도의 수많은 불교유적과 사원을 돌아보고 당시 세계 최고의 대학이었던 나란다에서 학문연구에 힘썼다. 나란다는 불교학을 포함하여 베다 등의 인도 고전학, 논리학, 언어학, 의학, 수학 등 다양한 학문의 중심지였다. 현장법사는 나란다에서 불교학을 포함하여 언어학과 고전학을 연구하여 당시 세계 각처에서 온 1만 명의 학승 가운데 최고 반열에 꼽혔다. 중국에서 이미 인도구법에 대한 만반의 준비를 하였기 때문에 불경원전의 문자인 산스크리트어를 몇 년 만에 마스터하였고, 서역 각 국의 말까지 배웠다. 얼마 지나지 않아 현장법사는 인도에서 그와 필적할만한 자가 없게 될 정도로 실력을 발휘하여 천축에서도 그의 명성이 자자하였다. 아마도 석가 이래 현장법사가 가장 잘 불교를 이해한 사람일 것이다. 현장법사는 승려를 포함한 모든 불자로부터 존경받고 중부 인도를 통일한 하르샤바르다나의 쿠마라 왕의 두터운 신임까지 받았다.

인도에서 공부를 마친 현장법사는 많은 사람들의 만류를 무릅쓰고 정관 15년(641) 가을에 귀국 길에 오른다. 중국으로 돌아가서 완전하고 정확한 불법을 전하겠다는 사명의식 때문이었을 것이다. 현장이 귀국을 결심하자 천축의 여러 왕들은 코끼리와 금, 은 등을 주었고, 여러 나라에 친서를 지참시킨 특사를 보내어 현장법사가 국경까지 무사히 통과되도록 도와주었다.

중국으로 돌아오는 귀로는 천축으로 갈 때와 다르게 파미르를 넘어 타스쿠얼칸을 경유하여 카슈가르(소륵)에 이르는 길을 택하였다. 키르기스탄과 타스쿠얼칸을 지나 파미르 고원을 넘는 길은 고도 5, 6천m가 줄줄이 이어지고 짧은 여름 한 철을 빼고는 1년 내내 눈보라가 몰아치는 곳이다. 타스쿠얼칸은 그러한 파미르 고원의 중심지역에 있는 곳으로 갑자기 드넓은 고원이 펼쳐지는 지역으로 다소의 농경과 목축이 가능한 곳이다. 날씨도 비교적 온화하여 파미르를 넘나드는 순례자와 상인이 머무는 곳이다. 현장법사도 이곳에서 20일 정도를 머물렀다. 그리고 엄동설한의 혹독한 날씨를 뚫고 불경을 실은 코끼리가 강으로 떨어져 죽는 사고를 겪으며 그는 카슈가르에 도착할 수 있었다. 카슈가르는 앞에서도 언급했듯이 사찰 수백 개가 있는 불교국가였다. 이곳에서 여독을 푼 다음 서역남로를 따라 사차를 거쳐 호탄에 도착하였다. 그곳에서 도중에 잃어버린 경전을 모으기도 하고 당 태종에게 국법을 어기고 출국했던 사정과 인도로의 순례 및 불경을 운반하던 코끼리가 불경과 함께 절벽에서 떨어져 죽은 저간의 내용을 담아 상표문을 올렸다. 태종의 회신을 기다리는 동안 호탄에서 불교학을 강의했는데, 매번 왕을 비롯하여 1천여 명의 청중이 모일 정도 성황을 이뤘다. 수개월이 지나 마침내 태종으로부터 회신이 도착하였다. 모든 편의를 도모할 것이니 하루 빨리 귀국하기를 바란다는 내용이었다. 현장법사는 니야(민풍)와 치에모(차말), 누란을 거쳐 사주(돈황)로 향했다. 갈 때는 서역북로를 경유했지만 귀국할 때는 서역남로를 종주한 것이다. 이때 서역남로의 많은 오아시스 국가들은 오랫동안 실크로드의 단절로 말미암아 한나라 시대와는 달리 황폐화되다시피 하였다. 그래서 『대당서역기』에 '성곽은 높이 솟아있어도 사람의 흔적은 사라졌다'라고 탄식하였던 것이다.

현장법사는 정관 19년(645), 고난으로 점철된 17년간의 서역순례를 성공적으로 마치고 당의 장안에 도착하였다. 현장법사가 돌아왔다는 소식에 사람들이 구름처럼 몰려들었다. 현장법사는 태종을 알현하고 몰래 출국한 죄를 사죄하고 태종의 위공을 칭송하였다. 태종은 그의 노고를 위로하고 서역과 인도의 사정에 대해 물어보고 매우 기뻐하며 서역 및 인도에 관한 기록인『대당서역기』를 찬술하게 하고 경전번역을 윤허하였다.

현장법사가 중국의 장안에서 인도로 구법한 길은 왕복 2만 5천km이었다. 그는 인도에서 22필의 말에 불사리를 포함하여 657부의 불경을 싣고 왔다. 가져온 물건을 홍복사에 안치하고 번역작업에 착수하였다. 매일 매일 번역의 일과를 정해놓고 낮에 끝나지 못하면 밤에 보충하였다. 일과를 종료하면 원전을 정리하고 불상에 예배하고 밤 12시에 눈을 붙였다. 그리고 다음날 새벽 4시에 기상하여 원전을 읽고 번역할 부분을 정했다. 낮에 번역을 하고, 오후 4시경에는 불경 강의를 하고 승려들과의 불경에 대한 문답을 진행하였다. 또 사찰의 책임자로서 사찰에 관련한 일을 처리하고 불상 제작 등 조정의 불교관련 업무도 지휘했다. 이 같은 초인적인 생활을 그는 20년간 지속하였다. 홍복사에서 처음 시작한 일은 후에는 지금 시안의 상징물이 된 자은사에서 행하였다. 그가 번역한 불경은 모두 74부, 1,335권에 달한다. 인도 구법여행과『대당서역기』편찬도 대단한 위업이지만, 645년부터 663년까지 약 20년에 걸쳐 진행된 경전번역 작업이야말로 현장법사의 실력을 맘껏 발휘한 것으로, 중국문화의 중요한 하나의 뿌리가 되었다. 우리가 현재 접하는 대부분의 불교경전이란 이 때 현장법사에 의해 한역된 것으로 이해하면 된다. 때문에 현장법사의 역경사업은 중국은 말할 것도 없고 한국, 그리고 일본에 까지 적지 아니 영향을 미쳤다.

삼장법사는 불경번역이 완료된 그 이듬해인 664년 2월 5일 밤, 제자들의 부축을 받으며 부처가 입멸할 때와 똑같이 오른

쪽으로 누워 조용히 열반에 들었다. 향년 62세였다.

현장법사가 죽자 당시의 황제인 고종은 매우 비통해 했다. 고종은 '짐이 국보를 잃었구나'하며 탄식하고, 화장하고 남은 유골을 금관(金棺)과 은곽(銀槨)에 담아 장례를 치르게 했다. 고종은 태자시절에 현장법사를 지극히 존경하여 그의 인생 경력과 공적에 대해 직접 찬미하는 글을 짓기도 했다. 고종은 황제로 즉위한 지 3년 후인 652년 3월에 자은사 서쪽 경내에 대안탑을 짓고, 그 곳에 현장법사가 인도에서 구해 온 불교경전을 보존시키도록 하였다. 그리고 현경 원년(656년)에는 현장법사의 요청으로 직접 자은사의 비문을 썼으며, 이 비문을 현장법사가 황제로부터 받는 의식에는 1,000차량이 넘는 마차가 30리가 넘도록 행진을 이었다고 한다. 몰려 든 인파가 100만 이상이었다고 하니 얼마나 성대한 의식이었는가를 짐작할 수 있다. 그 비문을 지금도 대안탑에서 볼 수 있다.

현장법사의 장례식에는 장안성 주위 500리 안팎에서 거의 모든 사람들이 참여했으며, 무려 3만 명의 사람들이 시묘(侍墓 – 묘 옆에 움막을 짓고 사는 것)살이 했다고 한다. 이 모두는 현장법사의 위대함과 그의 공덕이 어느 정도였는가를 웅변해 주는 것들이다.

4. 실크로드를 깨운 사람들

실크로드라고 불리는 중국의 하서회랑과 타림분지, 그리고 중앙아시아는 광막한 사막으로 연결되는 지역이다. 언뜻 보면 그 어떤 것도 존재하지 않았을 것 같은 죽음의 세계로 보이지만, 아주 일찍부터 이곳은 점점이 오아시스 도시로 연결되어 있었다. 이곳은 산을 넘을 때는 살을 에일 듯한 추위를 견뎌야 하고, 사막을 지날 때는 타는 듯한 더위에 시달려야 하며, 모래폭풍과 갑작스런 홍수와 식수의 부족은 생명을 위협하는 것으로 지금도 여행하기 쉽지 않은 곳이다. 그래서 8세기에 실크로드가 붕괴된 후, 이 길은 오랫동안 과거 속에 묻혀 있어야 했다. 그러다가 선지자들의 모험과 열정적 노력에 의해 광막한 사막 한 가운데에서 모래에 파묻혔던 고대의 문화는 하나 둘 밝혀지게 되기에 이른다. 인간의 삶의 흔적조차 찾을 수 없고 오직 바람과 모래만이 휘몰아치는 폐허에서 유적과 유물을 발굴하고 그것을 검토하여 그 옛날의 화려한 영화의 자취를 어슴푸레하게나마 밝혀주었던 것이다. 잃어버린 실크로드를 찾아내는 일은 지구상에서 가장 혹독한 환경과 싸우면서 불가능해 보이는 일에 도전하는 일이었다. 그러나 동서양을 연결하는 영원한 동서교역로 실크로드를 찾는 것은 인류의 의무이자 가장 값진 일이라고 생각된다.

스웨덴의 헤딘(1865~1952)은 이러한 잊혀진 실크로드를 깨운 초기 탐험가 중 한 명이다. 헤딘은 4차례에 걸쳐 타림분지와 티베트 고원지대를 탐험하였다. 그는 지금은 폐허로 되어버린 선선(누란)의 유적지를 발굴하고 선선이 모래 속으로 사라진 원인을 찾다가 롭노르 호수의 이동 비밀을 찾아내었다. 이로부터 그는 아무도 관심을 갖지 않던 실크로드에 대한 관심을 환기시키고 그 신비를 벗기는 단초를 열었다.

또 한 사람은 영국의 스타인이다. 그는 3차에 걸친 실크로드를 탐사하면서 일생을 타림분지와 중앙아시아 그리고 서아시아의 조사에 바쳤고, 그의 유해도 실크로드 상에 위치한 아프가니스탄의 카불에 잠들어 있다.

이 외에도 프랑스의 펠리오와 러시아의 플제발스키 등을 비롯한 수많은 사람들이 서역탐사에 나섰다. 그 중에는 일확천금을 노리고 실크로드를 찾아 나선 사람들도 많았고, 실제 그들 중 일부는 횡재를 하기도 했지만, 대부분은 흔적도 남기지 않고 사라졌다.

이들 초기 탐험가들에 의해 실크로드는 서서히 베일을 벗으면서 우리 앞에 나타났고, 이후 실크로드 학문이라고 일컬어질 정도로 연구가 진행되며 인류 역사문화의 보고로 자리 잡았고, 수많은 사람들의 꿈의 답사지로 각광받게 되었다.

5. 중국의 서역경영

중국의 서역경영은 흉노와의 싸움이라고 할 수 있다. 장건이 대월지에 파견됨으로써 한나라의 서역진출이 시작되고 실크로드 또한 개통되었지만, 따지고 보면 모두 흉노를 제압하기 위한 일련의 과정이었다.

흉노는 중국의 전국시대(기원전 403~221)에 크게 흥기하여 한나라 건국 초에는 동복도위를 설치하고 대부분의 서역을 지배하였다. 특히 묵특 선우 시대에는 흉노의 세력이 급속히 강화되어 동쪽의 동호(東胡)와 서쪽의 월지(月氏)를 격파하고 남쪽으로 황하 연안까지 진출하여 직접적으로 한나라를 위협하였다. 흉노는 오손으로 하여금 멀리 대하(大夏) 부근으로 밀려난 대월지의 옛 땅에 거주하게 하여 건국의 기틀을 마련하도록 하였다. 오손은 이시쿨 호수와 이리 하 유역에 터전을 마련하고 흉노의 속국으로 흉노의 우군이 되었다. 이러한 결과 흉노는 오손을 비롯한 서역의 26개국을 지배하에 둘 수 있게 되었다.

서북방에서 강세일로를 걸으며 직접적으로 한나라를 위협하게 된 흉노는 한나라의 크나 큰 두통거리였다. 특히 중원을 통일한 한나라 고조 유방이 흉노공격에 실패한 뒤로는 흉노와 통혼하고 비단을 비롯한 수많은 물자를 공급해 주며 흉노를 달래는 화친정책으로 일관하였다. 그러나 흉노는 화친정책과 무관하게 수시로 중국 북방을 침략하여 백성과 재물을 약탈하는 횡포를 저질렀고 한나라와 서역의 통교를 방해하였다. 흉노는 한나라에게 있어 안전을 위협하는 최대의 적이었다. 이에 한나라 무제는 등극한 이후 흉노에 대한 화친과 타협의 소극적 정책을 버리고 적극적인 공세정책으로 전환하였다. 한나라는 건국 초부터 다소의 전쟁은 있었지만 중국사에서 볼 때에 무제가 등극할 때까지 평화의 연속이어서 많은 힘이 축적될 수 있었고, 무제의 전임 황제들이 근검·절약하고 대규모 토목사업 같은 것을 일으키지 않아 재정적으로도 여유가 생겨 창고에는 해 묵은 쌀과 동전이 넘쳐났다. 이렇게 사회가 안정되고 경제가 풍요로워져서 인구는 약 6,000만 명으로 증가하여 인력동원에도 어렵지 않게 되었다. 더욱이 위청, 곽거병, 이광 같은 뛰어난 장수들이 많이 배출되어 흉노공격에 대한 제반 여건이 충분히 무르익었다. 무제는 이러한 환경을 바탕으로 만리장성을 넘어 흉노공격에 나설 수 있었다.

한나라가 흉노를 몰아내고 서역과 교통하기 위해서는 반드시 하서회랑(河西回廊)을 확보해야만 했다. 하서회랑은 황하에서 서쪽으로 길게 이어진 기련산맥과 고비사막 사이에 낀 좁고 기다란 길이 1,000km의 평원 지역을 일컫는다. 그 모습이 마치 기다란 회랑(복도) 같다고 해서 (하서)회랑이라고 부르게 되었다. 하서회랑 대신 하서주랑이라고 일컫기도 하는데, 이는 항하의 서쪽으로 내달리는 길이라는 뜻이다. 하서회랑은 서역으로 통하는 관문으로 사막과 오아시스가 번갈아 가며 끝없이 이어지는 곳이다. 실크로드 시대나 현재나 하서회랑말고 서역으로 통할 수 있는 통로는 없다. 때문에 실크로드의 경제적 이권은 이곳의 장악 여부에 달려있다고 할 수 있다.

한의 무제는 기원전 121년 2차에 걸쳐 10만 대군을 하서회랑에 파견하여 흉노를 격파하고 그곳에 하서 4군을 설치하였다. 이것이 중국사상 처음으로 하서회랑에 중국군대가 주둔한 것이다. 무제는 이곳을 영구적으로 한나라 땅으로 만들기 위해 70만 명의 중국인을 강제로 이주시키고, 이 지역을 영구 보호하기 위해 만리장성의 서쪽 끝을 돈황에서 옥문관으로 확장시켰다. 하서 4군을 설치하여 서역으로 통하는 교역로를 확보한 무제는 우즈베키스탄 수도 사마르칸트 부근에 있던 대원정벌을 감행하는데 성공하였다.

무제의 서역진출은 흉노에게 큰 타격을 입혔을 뿐만 아니라 서역의 여러 나라들로 하여금 한나라의 실력을 인식하게 하는 계기를 마련하였다. 아울러 무제는 이 같은 일련의 서역진출 과정을 통해 실크로드의 중요성을 깨닫게 되어, 공식적으로 서역의 여러 나라에 사절단을 보내어 그들과의 교류를 텄다. 서역의 여러 나라들도 한나라로 사신을 파견하고 내속하기 시작했다. 한나라는 서역으로 오고가는 사신과 상인들에게 식량과 말먹이를 공급하도록 돈황에 주천도위를 설치하고 군인들이 항구적으로 머물 수 있도록 둔전(군인들이 주둔하면서 농사를 짓는 것)을 시행하는 동시에 사자도위를 두었다. 또 곳곳에 망루와 정자, 봉수대를 설치하여 교통의 안전을 꾀하였다. 이러한 유물은 지금도 많이 남아있어 옛 역사를 회상할 수 있게 한다. 이렇게 서역으로 통하는 길목인 하서회랑 일대를 지배하면서 한의 서역경영은 본격화 되었다.

한나라의 서역경영은 장건의 서역개척으로부터 시작하여 하서회랑에 중국의 행정단위인 군을 설치하고 고사·누란·대원에 대한 정벌을 감행하고, 서역을 총괄하는 도호부를 설치하기까지 70~80년 간 유지되었다. 한나라의 서역경영에 호응하여 서역의 36개국이 한나라에 조공하여 왔다. 이렇게 해서 동서교역, 즉 실크로드는 화려하게 개막되고 번영을 구가하기 시작하였다. 물론 동서간의 물자교류가 이때에 처음으로 시작된 것은 아니지만, 국가 간에 교역이 추진된 것은 한나라 때가 처음이다. 무제는 이들 외국사신과 상인들에게 성대한 연회를 열어 그 노고를 위로하는 동시에 진귀한 물품들을 보여주며 한나라의 부유함을 과시했고, 이 때문에 더 많은 서역상인들이 고난을 마다 않고 중국으로 들어왔다. 대상들은 빛나는 보석류, 향료, 약품, 진귀한 물건들을 중국으로 가져왔고, 중국의 비단, 칠기, 금들을 서방으로 운반하였다. 한이 서역에 군(郡)을 설치하기 전에는 주로 하서지방의 오아시스 도시인 돈황이나 숙주(현재의 장액)에 교역시장이 설치되어 그곳에서 교역을 하였으나, 한나라가 하서지방으로 진출한 뒤로는 무제의 적극적인 유치정책에 따라 멀리 장안까지 와서 교역을 하는 경우가 많아졌다.

서역의 사신과 대상들이 끊임없이 중국으로 들어오자, 한나라에서는 지속적으로 서역으로 사신을 파견하였다. 한의 사절단은 많으면 수백 명, 적을 경우에도 백여 명에 달하는 대규모였다. 1년에 많을 때는 수십 차례, 적을 때에는 5~6회씩 파견되어 오고가는 사신들이 길에서 서로 마주칠 정도였다. 서역으로 가는 사행 길은 멀고 험하여, 먼 곳은 왕복 8~9년이 걸렸고, 가까운 곳이라도 수년이 걸렸다. 수백 명이 출발한 사절단은 귀국할 때는 단 2~3명이 살아 돌아오기도 했고, 출발한 사절단이 영영 돌아오지 못한 경우도 적지 않았다. 자연적 재난을 당하거나, 상대국의 공격에 의해, 또는 도적 떼의 습격 등으로 사망한 결과이다.

무제 사후 국력이 급속하게 기운 한나라는 왕망에 의해 멸망된다. 즉 왕망이 한나라 대신 신(8~23)을 건국한 것이다. 그러나 한나라의 후손에 의해 왕망의 신나라는 단 15년 만에 멸망되고 다시 한나라가 부활되었다. 이 때 부활한 한나라를 후한(8~220)이라고 부르고, 이전의 한나라를 전한(기원전 206~기원후 8)이라고 부른다. 이렇게 전한이 망하고 신나라가 건국되고, 다시 후한이 건국되는 혼란을 맞아 서역의 나라들은 한나라의 통제에서 벗어나 다시 흉노에게 복속되었다.

후한은 국내를 정비하고 서역을 회복하기 위해 노력했으나 그다지 효과를 발휘하지 못했다. 그러다가 후한 명제 때에 반초의 서역정복으로 다시 서역지배권을 확보할 수 있었고, 반초는 대진국(로마)과 직접 교섭하기 위해 부하인 감영을 서쪽으로 파견하기도 했지만 뜻을 이루지 못하고 되돌아오고 말았다.

후한이 붕괴하고 중국은 위진남북조(220~589)라는 분열의 혼란기를 맞는다. 이 시기는 중국사에서 가장 참혹하고 혼란한 시기로서 중국의 왕조는 적극적으로 대외정책에 나설 수가 없었다. 이에 서역 각국은 독자세력을 구축하고 발전을 꾀하였다. 중원에서 먼 타림분지 일대는 말할 것도 없고, 중국과 비교적 가까운 하서회랑에 있는 무위, 장액, 돈황에서 조차 독립하여 변경왕국을 형성하였다. 이들은 지리적 이점을 이용하여 그들 나름으로 동서교역을 중계하며 이익을 취하였다. 서역제국 가운데 가장 적극적으로 중계무역을 통해 발전한 나라는 투르판에 건설한 고창국이었다.

약 370년간의 분열시대인 남북조를 통일한 수나라(589~618)는 다시 적극적으로 서역경영에 착수하였다. 수나라 양제는 오늘날 청해성을 중심으로 하서회랑일대를 지배하며 동서 중계무역을 장악하고 있던 토욕혼을 정벌하고 하서회랑에 다시 서역 4군과 이오군을 설치하였다. 그리고 서역의 사신과 대상들이 장안까지 오기 힘든 현실을 감안하여 중앙관리를 직접 하서지방으로 파견하여 그곳에서 장안과 같은 시장을 열도록 조처하였다. 많은 대상들은 비단의 본 고장 장안까지 가고 싶었으나 장기간의 여행에 지친 나머지 하서지방까지 왔다가 되돌아가곤 했었는데, 이러한 조처에 따라 하서회랑을 중심으로 동서교통로는 아연 활기를 띠었다. 당시 시장이 열렸던 하서회랑의 장액에는 27개국 상인들이 모여들어 장액은 서역 최대의 도시로 발전하였고, 그곳으로 사람과 물자가 몰려들면서 제 2의 장안을 구가하였다. 장액은 13세기에 마르코 폴로가 직접 갔던 오아시스 국가이며, 『동방견문록』에 '장액은 크고 훌륭한 고을이다'고 서술한 것을 볼 때에 장액은 이후에도 면면이 동서 교류의 시장역할을 했었음을 알 수 있다. 지금도 장액의 시장터에서는 예전의 번성했던 영화의 흔적을 얼마든지 찾을 수 있다.

수나라를 계승한 당나라(618~907)는 세계제국을 꿈꾸는 대제국으로서 적극적으로 서역진출을 도모하였다. 하서회랑으로 진출하려는 토욕혼을 정벌하고 하서회랑 밖에 있는 고창까지 병합하였다. 그리고 천산산맥을 넘어 언기와 쿠차, 소륵, 우전 등 타림분지 전역을 평정하는데 성공하였다. 당나라는 타림분지와 투르판 일대를 확고하게 지배하기 위해 쿠차에 안서도호부를 설치하였고, 그곳을 서역경영의 전진기지로 삼았다. 그리고 파미르 산중의 타스쿠얼칸에 군진을 설치하고 파미르 서쪽까지 아울렀으며, 그 여세를 몰아 신강성 북쪽의 준가르 평원으로 진출하고 러시아 남부 타슈켄트로 진격하여 서돌궐을 멸망시켰다. 이로써 당나라는 실크로드의 명실상부한 주인공이 되었다. 실크로드는 당나라 시대에 최고 전성기를 구가하며 천일야화의 문화를 꽃피웠다.

이렇게 당대에는 장안과 서역으로 이어지는 통로를 장악하여 실크로드는 유례없는 번영을 누렸다. 이전에는 단 한 번도 오지 않았던 아득히 먼 소그드에서조차 상인들이 직접 융단, 유리그릇, 향료 등 진귀한 물품을 낙타 등에 싣고 타클라마칸 사막을 건너 당의 수도 장안으로 왔다. 장안은 세계의 중심도시로서 완전한 국제도시가 되었다. 사서에는 '장안 서북쪽의 개원문에는 이국적인 카라반이 방울 소리도 시끄럽게 매일매일 찾아왔다'고 기록하였다. 전성기의 당나라 판도는 중국사상 최대였고, 당의 발달된 문화는 주변국에 심대한 영향을 끼쳐 동아시아 문화권이라고 하는 하나의 세계를 형성하였다.

그러나 화려했던 당의 봄날은 8세기 중엽에 무너지고 만다. 서아시아에서 급속히 세력을 확장시킨 이슬람제국이 동진을 거듭하여 파미르고원까지 진출하였고, 이에 맞서 당은 750년 안서절도사 고선지로 하여금 서역정벌을 단행하도록 명령했지만, 751년 탈라스 강변에서 패하고 말았다. 그 결과 파미르 서쪽의 실크로드는 완전히 이슬람 수중으로 떨어지게 되었다. 그리고 당에서는 안녹산의 난(755~763)이 발발하여 당 제국은 쇠퇴의 길로 접어들었고, 실크로드도 붕괴되고 말았다. 실크로드는 당나라 시대에 최고의 번영을 누렸고, 당나라의 붕괴와 함께 실크로드의 번영도 시들고 말았다.

제3장 실크로드의 발전과 번영

1. 실크로드의 중심지 장안

부분적인 과장과 애매함도 있지만, 중세 실크로드와 아시아 각지의 역사와 풍속, 관습, 지리, 물산, 전설 등을 『동방견문록』 만큼 상세하게 전하고 있는 책도 드물다. 그 『동방견문록』의 저자 마르코 폴로는 '중국의 화려함과 아름다움에 감탄하지 않을 수 없다'라고 하였다. 그 화려함과 아름다움의 중심지가 바로 오늘날의 시안인 장안이다.

장안은 주나라 이후 진, 한, 수, 당을 비롯한 중국 역대 11왕조의 수도였다. 따라서 장안은 전통시대에 중국의 정치, 경제 문화의 중심도시로서 가장 역사가 유구한 도시이다. 장안이 가장 번영을 누린 시기는 수·당대였다. 장안은 실크로드가 시작되는 곳인 동시에 종착지로서 실질적인 실크로드의 중심지라고 할 수 있다. 수대와 당대에 전 세계의 상인들이 장안으로 몰려들 수 있었던 것은 동서를 오고가는 교통상의 장애를 제거하여 실크로드가 원활하게 소통되었고, 수·당의 개방정책에 따라 외국인이 자유로이 내왕할 수 있었기 때문이다. 지금 시안의 서쪽 성문 밖에 서 있는 낙타를 타고 시안으로 들어오는 서역인 조각상이 그것을 말해주고 있다.

장안은 없는 물건이 없는 풍요의 도시였다. 천일야화를 꿈꾸는 도시 바그다드보다도 훨씬 화려했다. 수나라 양제가 장안의 화려함을 자랑하기 위해 밤늦도록 등불을 환히 밝히고, 여러 나라에서 온 사절단에게 1개월 동안 성대한 볼거리 및 음악 연주단을 구경시켜 주었는데, 이것도 따지고 보면 장안의 풍요로움을 말해주는 것이다. 또 수나라 양제는 상점마다 풍성하게 물건을 진열시키고 서역을 비롯한 각국의 사신과 대상에게 마음대로 음식을 먹게 하였으며, 물자의 풍부함을 과시하기 위해 가로수마다 비단을 휘감기도 하였다. 이는 그의 사치를 보여주는 극단적인 예로 비난받는 일이기도 하지만, 당시 수나라의 경제력과 장안의 화려함을 엿볼 수 있는 실례이기도 하다.

당은 거의 모든 면에서 수를 능가하는 왕조였다. 앞 장에서도 언급했지만, 당은 중국사상 처음으로 천산산맥을 넘어 타림분지의 서역전역을 장악했다. 전성기의 한대에도 투르판 서쪽은 감히 넘어보지 못했었다. 이제 세상의 모든 물자는 당의 수도 장안으로 향했다. 천하는 태평스럽고 엄청난 재산을 모은 귀족들은 저 멀리 빙하와 사막지대를 건너오는 서방의 진귀한 물품에 매료되었고, 유려하며 화려한 서역 풍의 문화에 완전히 사로잡혔다. 장안의 거리에는 화려하고 이국적인 서방의 문물이 찬탄과 선망 속에 빠르게 보급되었다.

장안은 국제도시에 걸맞게 2개의 국제시장을 개설하였다. 동방의 물산이 모이는 동시(東市)와 서역의 물품이 모이는 서시(西市)가 바로 그것이다. 동시보다는 실크로드의 물건을 교역하는 서부시장이 훨씬 더 인기를 끌었다. 서시는 늘 사람들로 북적대고 활기가 넘쳐났다. 거리에는 페르시아와 실크로드의 이국 상인들의 발길이 이어졌고, 중국의 비단에 황홀해 했다. 장안의 동부와 서부의 양 시장에는 각기 200개의 점포가 천하의 사방에서 온 진기한 물건들로 가득했고, 그것도 모자라 노점과 야시장까지 넘쳐났다. 장안은 밤낮없이 시끄러웠고 등불은 꺼질 줄 몰랐다.

장안 사람들은 조야를 불문하고 서역의 물산과 문화에 심취하였다. 조정에서는 서역 음악인 호곡(胡曲)이 울려 퍼졌으며 귀족들은 서역음식인 호식(胡食)을 즐겼고, 남녀 간에는 서역 의복인 호복(胡服)을 입는 것이 하나의 유행으로 자리 잡았다. 특히 서역의 쿠차 음악은 매우 인기가 있어서 황궁에 있던 3만 명의 악사와 무용수 대부분이 쿠차 출신이거나 쿠차 음악 연주가들이었다. 황궁을 비롯한 장안에서 쿠차 악단들이 가수들과 함께 악극을 공연하는 것은 일상사가 되다시피 했다. 당나라 음악은 28개의 선법으로 이루어졌는데, 그것은 쿠차 악기인 비파의 선율에 바탕을 둔 것이다. 황제와 귀족들은 받침대 위에 올려놓는 갈고라는 작은 쿠차 북을 치는 것을 즐겼는데, 특히 당 현종이 그것을 즐겼다는 것은 익히 알려진 사실이다. 예술적 감각이 뛰어났던 당 현종은 쿠차 음악을 매우 좋아하여 유명한 '춤추는 말' 여섯 마리를 갖고 있었을 정도였다. 이렇게 쿠차 음악은 당나라에서 최고의 인기를 누렸고, 그것은 다시 우리나라와 일본에까지 영향을 끼쳤다.

장안에서는 서역의 모자나 신발, 그리고 서역 여인들의 화장품과 화장술도 유행하였다. 이러한 사실을 알려주는 도용(陶俑)이 현재 장안과 낙양의 무덤에서 대량으로 발굴되고 있다. 시선으로 유명한 이 태백의 시에는 서역의 여인과 술(특히 서역에서 가져 온 포도주)과 술집이 자주 등장한다. 서역풍이 일세를 풍미하고 있었음을 나타내주는 사례들이다.

장안에서는 서역의 주천에서 들어 온 야광 술잔에 서역의 포도주를 가득 채워 마시는 것이 대단한 인기였다. 돈이 있는 사람들은 으레 군청색 아이새도로 요염하게 짙은 화장을 한 서역여인이 있는 이국풍의 술집에서 식사를 하고 술을 마셨다. 요즘으로 치면 고급 레스토랑에서 식사하는 것과 같다고 할 수 있다.

서역인들 중에는 교역하러 장안까지 왔다가 돌아가지 않고 장안에 정착하는 사람들도 늘어났다. 그들을 통칭하여 호인(胡人)이라고 하는데, 사서에는 이들 가운데 예술방면에 능한 자들이 많이 등장한다. 지금 시안에서 볼 수 있는 회족을 비롯한 서역인 가운데는 당대에 들어 온 후손들도 많다. 그래서 장안은 살아있는 실크로드의 역사 현장이다.

당대의 장안모습을 알려주는 유물 중 하나는 건릉의 묘역 입구에 있는 61명의 외국사절 석상이다. 당 고종과 측천무후의 합장 능인 건릉에 세워져 있는 장례사절단은 당시의 동서교류를 짐작하기에 더없이 좋은 유물이다. 당나라 고종이 죽자 전 세계 61개국에서 조문사절단을 파견하였던 것이다. 이들 국가의 대부분은 실크로드 상의 국가들로 당시 동서 교류의 실상을 확인할 수 있다. 61개국 석상은 장안이 세계의 중심에 서 있었음을 알려주는 유물이다.

장안은 사상의 집결지이자 그 중심지였다. 당은 유교를 통치의 기본이념으로 삼고, 중앙집권적 황제지배체제를 지향하였다. 이에 따라 유교는 당나라 시대에 새로운 발전을 이룩하여 유교경전에 대한 해석을 통일하는 작업이 진행되었다. 현재 시안 비림박물관에는 돌에 유교경전을 새긴 석대효경비가 있는데, 이를 통해 당대의 유교사상을 이해할 수 있다. 위진남북조시기에 쇠퇴기를 맞았던 유교는 당대에 새롭게 부활한 것이다.

유교 못지않게 발전한 사상이 도교사상이다. 도교는 당 왕실의 후원을 입어 각지에 도교사원인 도관과 노자를 제사하는 노자묘가 세워졌다. 그리고 도교는 구복신앙의 대상으로 빠르게 민중종교로서 확고한 지위를 차지하였고, 그 전통은 오늘날까지 이어지고 있다.

불교 또한 도교 못지않게 당대에 발전하여 중국불교로 자리를 잡았다. 서역승이 중국으로 오고, 또 중국의 승려들이 가장 활발하게 서역으로 구법을 떠나는 시기가 당대이다. 현장법사의 『대당서역기』도 이때 나왔다.

이러한 중국사상 내지 종교의 발전과 함께 외래종교도 활발히 유입되었다. 그 중 하나가 네스토리우스교라고 하는 경교였다. 경교의 전래와 발전에 대해서는 시안의 비림 박물관에 있는 대진경교비가 상세히 증언해주고 있다.

이렇게 당의 수도 장안에는 세계의 종교와 사상이 집결하였다. 장안의 대로에서 각국에서 온 사신과 유학생, 학자, 예술가, 승려와 상인들과 마주치는 것은 결코 낯설지 않는 풍경이었다.

당대, 그 중에서도 8세기의 장안은 명실상부하게 세계의 물품과 문화가 총집결한 국제도시였다.

2. 소그드 왕국

기원전 2~1세기의 활발한 동서교역은 경제적으로 서역의 오아시스 국가들을 윤택하게 하였고, 서아시아 제국과 한과 흉노와의 문화교섭은 오아시스 제국의 문화적 수준을 한 단계 높이고 생활기술을 급속하게 진보시키는 계기가 되었다. 한나라 무제 시대에 36국이던 오아시스 제국이 1세기 후에는 55국으로 되었는데, 이것은 인구의 증가와 더불어 각 국의 경제적인 발전에 따른 결과이다.

이들 오아시스 국가들은 한나라와 흉노에 예속되기도 하고 독자 노선을 걷기도 하였다. 이들 서역제국은 전한(기원전 206~기원후 8)이 몰락하고 왕망의 신(8~23)이 등장하고 다시 후한(23~220)이 등장할 때와 중국의 위진남북조(220~589)의 혼란기에 활발하게 독자세력을 구축하고 발전을 도모하였다. 최근에 이들 지방에서 발견되는 훌륭한 유적과 유물의 대부분은 대체로 이 시대의 것이 중심을 이루고 있다.

그렇지만 실크로드상의 오아시스 도시국가 중에서 가장 오랫동안 중계무역을 활발하게 하고 가장 번영을 누린 왕국은 소그드 왕국이다. 소그드는 중국에서 속익(粟弋), 속특(粟特), 강국(康國) 등으로 불렸다. 소그드는 장안과 로마의 중간지역에 위치한 왕국으로 주민은 이란계이고 언어는 소그드어를 사용하며 조로아스터교를 신봉했다. 그들은 뛰어난 상술로 실크로드 상에서 가장 활발한 활동을 전개하여 찬란한 문화를 이룩하였다. 그들은 일찍부터 원거리 교역에 나서 중국과는 이미 기원 후 1세기 무렵부터 왕래하였으며, 서아시아 지방으로도 적극 진출하여 그곳의 여러 나라와 교역을 하는 동시에 각지에 예속국을 건설하기도 하였다. 이들은 중국의 수·당대인 6~7세기경에 서투르케스탄을 세워 최고의 번영을 구가하였다

소그드 사람들은 상업에서 천부적 재능을 발휘하여, 그들의 눈부신 활동이 사서에 자주 등장한다. 그들은 자식을 낳으면 반드시 입에 꿀을 바르고, 손에는 아교를 쥐어 주었다. 그것은 이 아이가 성장했을 때 입으로는 항상 꿀같이 달콤한 말로 상대방을 놀리어 물건을 사게 하고, 돈이 한 번 손에 들어오면 아교처럼 붙어서 나가지 않게 하라는 의미에서다. 이들은 누구나 장사를 잘하며 지극히 적은 이윤이라도 쉽게 포기하지 않았다. 남자는 20세가 되면 다른 나라로 교역을 떠나는데 그들의 최종 목적지는 비단의 나라 중국이었다. 그들은 이익이 있는 곳이라면 사막이 아니라 그 이상의 지역에도 가지 않는 법이 없었다.

중국 장안에서도 소그드 상인들은 매우 환영받았다. 그들은 다른 서역제국보다 다양하고 풍부한 온갖 서방의 진귀한 물품을 낙타의 등에 싣고 갔기 때문에 장안의 귀족과 상인들로부터 환대를 받을 수 있었다. 그리고 이익이 많이 남는 비단을 가지고 돌아올 수 없다는 타클라마칸 사막을 다시 넘어갔던 것이다.

번영을 구가하던 소그드 왕국은 몽고의 침략을 받아 멸망당하였다. 징기스칸은 자신의 사자를 죽인 소그드 왕국을 어린아이까지 죽이는 철저한 파괴를 통하여 역사에서 완전히 지우고 말았다. 이후 소그드는 역사에서 영원히 사라졌다. 그리고 1965년 소그드 왕궁터가 발굴되고, 그곳의 아프라시압의 벽화를 통해 실크로드에서 활약하는 소그드 인들을 다시 만날 수 있게 되었다.

제4장 실크로드의 성쇠

1. 실크로드의 붕괴

중국사상 실크로드의 최고 번영기는 수나라와 당나라 때이다. 특히 당의 판도는 한대 이상으로 광대하였고, 당의 개방화된 수준 높은 문화는 주변국에 심대한 영향을 끼쳐 당을 중심으로 동아시아 문화권이라고는 하나의 세계가 형성되었다. 이러한 시대적 흐름을 타고 활발하게 동서교류가 행해져서 실크로드는 전에 없던 절정기를 구가하였던 것이다.

수나라 양제는 혼란기인 남북조시기에 상실한 서역 지배권을 되찾기 위해 토욕혼을 정벌하고, 하서회랑을 회복한 다음 그곳에 중국식 군현을 설치하고 군대를 주둔시켰다.

수 양제는 누구보다도 동서교역에 관심을 기울였고 또 적극적으로 장려한 군주였다. 그것은 그가 사치를 좋아하고 크고 웅장한 것을 좋아하며 남에게 과시하는 것을 좋아하는 것도 한 몫했다. 엄청난 경비를 써가면서 수도인 장안에 밤늦도록 등불을 환히 밝히고, 여러 나라에서 온 사절단에게 1개월 동안 성대한 볼거리 및 음악대의 연주를 구경시킨 것이 대표적인 예이다. 그는 서역을 비롯한 주변국에서 온 사신들과 대상들에게 가게마다 풍성하게 물건을 진열시키고 마음대로 음식을 먹게 하고는 "중국은 풍요롭기 때문에 술과 음식은 공짜다"라고 하여 사람들을 놀라게 하였다. 수 양제는 사신을 서방으로 파견하여 문물교역을 꾀하는 한편, 중앙관리를 직접 하서지방으로 파견하여 그곳에서 서역제국의 상인들을 유치했기 때문에 서역의 나라들은 빈번하게 중국의 하서지방과 장안으로 사절을 보내었다.

수를 이은 당은 하서지방 전체를 장악하여 옛 한대 영역을 모두 회복하였고 중국 사상 최초로 4,000km 이상의 험준한 천산산맥을 넘나들며 서역남북로를 정복하는데 성공하였다. 그리고 서쪽 파미르고원으로 진격하여 서돌궐을 붕괴시키고 파미르 산중의 타스쿠얼칸에 총령수착이라는 군진(軍鎭)을 두어 파미르 서쪽 전체를 아울렀는데, 이것이 오늘날 중국 최 서쪽 국경라인이 되었다.

이러한 추이에 따라 당의 수도 장안은 세계 최대의 중심도시로서 서쪽 성문 개원문에는 이국적인 카라반이 낙타를 이끌고 매일매일 찾아왔다. 장안의 길거리에는 화려하고 이국적인 서방의 문물이 가득 했다. 이렇게 당나라에 전래된 모든 인적, 문화적인 교류는 중국의 문화를 더욱 다양하고 풍요롭게 만드는 역할을 하였다.

그러나 중국에서 이렇게 당 왕조가 절정에 도달해 있을 때, 서남아시아에서는 이슬람세력이 빠르게 발전하고 있었다. 이슬람은 마호메트 사후 정통 칼리프 시대(632~661)에 적극적인 대외정복을 추진하여 비잔틴 치하의 시리아를 정복하고, 마침내 642년에 중동의 최강국인 사산조 페르시아를 멸망시켰다. 이슬람세력은 불과 10년 정도의 짧은 기간에 이집트에서 페르시아에 이르는 대제국을 건설한 것이다.

우마이야 왕조(661~750)는 중앙집권적 군주제를 채택하고 더욱 영토 확장에 박차를 가하였다. 서쪽으로는 북부 아프리카 지역을 모두 정복했으며, 711년에는 지브롤터 해협을 건너 스페인의 서고트 왕국을 멸망시키고 유럽진출의 전진기지로 삼았다.

그리고 동쪽으로 아프가니스탄의 카불을 정복하고 8세기 초에 부하라와 사마르칸트, 그리고 페르가나(옛 대원국)까지 점령하여 파미르고원을 경계로 당나라와 접경을 이루었다. 이슬람 세력은 거대한 파미르를 넘기보다는 남쪽으로 말머리를 돌려 파키스탄과 인도의 편잡 지방을 공략하였다. 우마이야 왕조를 이은 압바스 왕조(750~1258)는 이슬람제국을 구축한 강력한 왕조였다. 압바스 왕조는 수도를 다마스쿠스에서 바그다드로 옮기고, 지금까지의 아랍중심의 정책을 탈피하고 인종과 민족을 초월한 정책으로 범 이슬람제국으로의 발전을 꾀하였다. 그래서 압바스 왕조를 역사에서는 이슬람제국이라고 일컫는다. 이러한 이슬람제국의 적극적인 동방경략은 서역에 지대한 관심을 갖고 있던 당나라와 충돌하지 않을 수 없었다.

당나라는 팽창하는 이슬람세력을 그대로 좌시할 수 없어 750년 안서절도사 고선지로 하여금 서역정벌을 단행하도록 한다. 고선지는 7만의 군대를 이끌고 안서도호부가 있던 쿠처에서 파미르를 넘어 석국(타시켄트)으로 공격해 들어가 석국 왕을 사로잡는 전과를 올렸지만, 751년 탈라스 강변에서 이슬람군에게 대패하고 말았다. 이 싸움을 기점으로 당나라는 파미르 서쪽의 실크로드를 완전히 이슬람 세력에게 빼앗겼고, 이슬람은 파미르 서쪽의 실크로드를 독점하고 더욱 발전을 이루게 된다.

이슬람은 육로 실크로드에 더하여 해상 실크로드를 개척하여 동서의 문물이 물밀 듯이 유입되어 수도 바그다드는 당나라 장안에 못지않은 세계의 교역과 문화의 중심 도시가 되었다. 특히 탈라스 싸움을 통하여 중국의 제지술이 도입되어 종이 혁명을 가져와 학문이 꽃이 피어 이슬람의 르네상스를 맞이하기에 이른다.

당나라에서는 탈라스 싸움의 패배에 이어 안녹산의 난(755~763)이 발발하였다. 변방에서 군사력을 키운 안녹산은 파죽지세로 당군을 궤멸시키고 장안으로 쳐들어왔다. 다급해진 당나라는 안녹산의 난을 진압하기 위해 전군에 총 동원령을 내리고 하서 지방의 주둔군까지 불러들였다. 당은 간신히 안녹산의 난은 수습했지만, 그 후유증으로 이전의 모습을 회복하지 못하고 쇠퇴의 길을 걷는다. 더욱이 하서회랑의 주둔군마저 불러들이고 세력까지 약화되자 이 틈을 타고 토번이 하서회랑을 장악하고 타림분지까지 진출하였다. 당나라가 망하고 새로이 중원의 주인이 된 송나라는 대외진출에 최소한의 역량만 투입하는 정책을 택하여 실크로드와 실크로드 왕국은 쇠퇴일로를 걷게 되었다.

이 이후에도 실크로드가 완전히 단절되었다고 할 수는 없어도, 적어도 중국의 입장에서 볼 때 이전의 화려했던 실크로드 역사는 더 이상 회복되지 못했다. 동서를 오고가는 대상들에 의지하며 약 1,000년 동안 번영을 누렸던 사막과 초원의 도시들도 하나 둘씩 사라져갔고 사람들의 기억에서도 잊혀지기 시작하였다. 실크로드는 이렇게 잠이 들면서 역사 속에 묻히고 말았다.

2. 실크로드의 의의

실크로드는 중국 장안과 중앙아시아 그리고 고대 로마를 잇는 단순한 통로가 아니었다. 비록 '실크'라는 물품명이 붙었지만, 단순히 동서 간에 비단이나 향료와 같은 물자만 오고 간 것이 아니다. 동·서양의 문화예술, 종교를 비롯한 무형의 인류자산들의 유통경로였다. 그래서 실크로드는 인류역사의 전개 과정에서 담당하고 수행한 역할과 중요성은 실로 막대하기 짝이 없다. 세계사의 구성에서 중요한 대동맥의 역할을 수행했던 것이다.

서역이라 불리는 중앙아시아의 역사는 아시아와 유럽이라는 두 지역과 항상 밀접한 연관을 가지고 각각의 시대구분에서 중요한 영향을 미치었다. 예컨대 세계사에서 고대는 지금부터 약 4천 년 전에 서역지방에 있던 아리아인이 분산하기 시작했다고 추정되는 연변지역에서 발생하였다. 그리고 유럽의 중세 봉건사회는 실크로드상의 중요 민족이었던 흉노의 대이동으로 말미암아 게르만민족의 대이동이 촉발되어 형성되었다.

그리고 8세기에 시작된 친산지방의 투르크 족의 민족이동은 셀주크 투르크와 오스만 투르크의 출현을 낳았다. 이것은 다시 십자군 전쟁을 유발하는 계기를 마련했으며 그로 인해 이탈리아 여러 도시의 번영과 그에 따른 르네상스운동이 싹트는 주요 요인이 되었다. 이것은 결국 유럽사회를 근대사회로 나아가게 하는 촉매제가 되었다. 다시 말해 실크로드를 중심으로 중요한 세계사적 사변들이 전개되고 수많은 민족과 국가들의 흥망성쇠가 거듭되면서 인류 역사의 바퀴를 오늘에 이르게까지 한 것이다.

문명의 탄생은 교통과 불가분의 관계가 있다. 교통(교류)의 발달없이 문명의 발전과 문화전파는 있을 수 없다. 황하 문명, 인더스 문명, 유목 기마민족 문명, 페르시아 문명, 불교와 이슬람 문명 등은 모두 이 실크로드를 위요한 지역에서 싹이 트고, 이 길을 오가며 발전하여 열매를 맺었다. 이와 같은 사실들을 볼 때에 동서를 연결 짓는 중앙아시아의 동맥인 실크로드가 얼마나 중요한 위치를 차지하고 있는지 알 수 있다.

동양을 기준으로 볼 때에 실크로드는 당을 중심으로 하는 국제 선진문화의 대이동을 의미한다. 따라서 주변의 후진국은 선진문화인 당 문화를 배움으로써 자기들만의 고유문화를 발전시킬 수 있었다. 그러한 결과 8~9세기경부터 당송변혁기의 분위기를 형성하면서 중국 주변의 여러 나라들은 각자의 국어와 국학이 생기고 급기야는 독립의식이 싹터 동아시아에 커다란 변혁을 가져왔다. 다시 말해 이러한 문화운동의 계기는 당 문화의 유입이었으며, 그것은 실크로드의 연장이기도 하다. 문화의 교류는 그것으로 인해 또 다른 문화의 발생 요인이 되거나 발달 촉진제가 되기 때문이다.

실크로드는 물자교역을 기본으로 한다. 서역으로부터 중국으로 들어 온 것은 로마의 금은보화를 포함하여, 대원(大宛)의 포도와 거여목(묵숙), 안식(安息: 파르티아)의 석류 등이 있다. 그 외에도 밀, 콩, 오이, 호두, 깨, 파, 당근 등의 농작물이 있고, 포도와 포도주도 있다. 특히 옥(玉)은 중국인들로부터 가장 사랑을 받았는데, 주로 기련산이나 곤륜산에서 산출되는 것이었지만, 곤륜산의 옥을 으뜸으로 쳤다. 중국인은 옥을 지상의 고귀한 물건으로 여겨 황제의 자리를 옥좌라고 했고, 매우 아름다운 여인의 손을 섬섬옥수라고 하였으며, 귀하게 얻은 아들은 옥동자라고 일컬었다. 그리고 유리도 들어왔다. 유리는 이집트에서 기원전 15세기에 생산한 것으로 기원전 8세기에는 투명한 유리가 만들어졌고, 기원후에는 입으로 불어서 만드는 유리 기술이 크게 발전하였다.

특히 불교와 그에 수반하여 불교 예술이 함께 중국에 들어와서 중국 문화와 예술에 지대한 영향을 끼쳤음은 더 이상의 부연설명을 필요로 하지 않는다.

이 외에도 동서 문화교류는 비파와 공후를 비롯한 악기와 춤과 같은 음악, 미술, 천문, 역법, 수학, 의학, 미술 등 각 방면으로 확대되어, 당시는 물론이고 그 후의 사람들에게 보다 다양하고 윤택한 삶을 제공하였다.

이렇게 실크로드는 세계사 전개의 중추적 역할을 담당하여 지구상에서 가장 역사의 숨결을 진하게 간직하고 있는 곳이라고 정의할 수 있다.

3. 부활하는 실크로드

역사적으로 실크로드가 담당하고 수행한 역할과 중요성은 결코 작지 않다. 실크로드는 아시아와 중앙아시아, 유라시아와 아프리카뿐만 아니라 아메리카까지 이어주는 대동맥으로서 역할을 담당하였다. 그렇기 때문에 실크로드는 명실상부하게 동서 교류의 가교역할을 수행한 인류문명의 생명루트라고 할 수 있다.

실크로드의 중심축을 이루는 서역(중앙아시아)의 역사는 아시아와 유럽이라는 두 지역과 항상 밀접한 연관을 가지며 각각의 시대구분상에 중요한 영향을 끼쳤다. 이것은 실크로드가 세계사적으로 중요한 위치를 차지하고 있었다는 증거이다. 이러한 실크로드가 8세기에 역사의 기억 저편으로 사라진 후 오랫동안 세계무대에 등장하지 못했다. 그것은 비단의 신비가 풀린 후 그것을 대체할 마땅한 수단이 없었기 때문이기도 하다. 그런 실크로드가 20세기 이후 서서히 기지개를 켜고 있다. 실로 1,300년 만의 부활이다.

타림분지를 중심으로 한 고대 실크로드를 깨우는 것은 뭐니뭐니 해도 중국의 서부 대개발이다. 서부 대개발은 만리장성을 쌓는 일에 비유할 정도의 엄청난 대역사(大役事)이다. 개혁개방으로 북경과 상해를 비롯한 동부는 비약적인 발전을 이루었지만, 동부에 비해 상대적으로 발전의 혜택을 입지 못한 서부를 중점 개발하겠다는 정책이 서부 대개발이다. 서부는 섬서성과 귀주성을 기점으로 서쪽 지역을 지칭한다. 사천성, 감숙성, 청해성, 신강성 등이 포함된 지역으로 주로 옛 서역이 이 지역에 해당된다. 서부 대개발은 상상을 초월하는 개발정책이다. 서부의 어디를 가나 어마어마한 규모의 개발이 진행되고 있다. 서부에서도 오지로서 주변은 온통 사막으로 둘러싸여 항상 흙먼지 자욱이 날리는 영하 회족자치구 성도 은촨(銀川)조차 도시 전체를 재건설할 정도의 개발이 진행 중이다.

서부의 신강성으로 통하는 하서회랑은 1970년대 후반에 철로가 부설된 데 이어 최근에는 고속도로건설이 완료되었다. 시안에서 시작한 고속도로는 신강성의 성도 우루무치까지 연결되었다. 그리고 우루무치에서 천산산맥을 넘어 타클라마칸 서쪽 끝 파미르 아래의 카슈가르(옛 소륵)까지 고속도로가 건설되었다.

실크로드가 잠에서 깨어난 지 겨우 1세기 만에 당나라 시대를 방불케 하는 활기를 띠고 있는 것이다. 더욱이 타클라마칸 북쪽(서역북로)으로 철로가 놓이면서 상대적으로 크게 낙후되어 1990년대까지 외부세계와 거의 차단되었던 타클라마칸사막 남쪽의 곤륜산맥 기슭의 오아시스 서역지역도 발전의 기지개를 켜고 있다.

2000년까지만 해도 우루무치에서 타클라마칸 남쪽 뤄치앙(若羌)으로 들어가서 서역남로를 일주하기 위해 교통편과 그곳의 상황에 대해 의견을 구할 때마다 모든 중국인들조차 그곳은 문명화가 되지 못하고 매우 불편하며 위험하기까지 하니 가지 말라고 말렸었다. 더욱이 외국인 혼자서 간다는 것은 스스로 화를 자초하는 행위라고 하였다. 이들의 만류는 진심에서 우러나오는 한결같은 호의적인 말이지만, 그곳을 가지 않으면 진정한 실크로드 답사가 완성되지 못한다고 생각하고 옛 순례승의 마음가짐으로 길을 떠나기로 결심했다. 우루무치에서 쿠얼러에 도착한 다음 한 눈에 보아도 노후한 완행 침대버스를 타고 비포장의 열악한 사막 길을 모래먼지를 뒤집어 쓴 채 18시간을 달려 뤄치앙에 도착하였다. 그리고 비록 개발이 더딘 곳이긴 했지만 뤄치앙은 여느 오아시스 도시와 마찬가지로 사람 사는 곳이었다. 오히려 긴장하고 두려움에 떨었던 자신이 부끄러울 뿐이었다. 뤄치앙을 비롯하여 민펑(니야), 호탄(허티엔), 위티엔은 속도가 느릴 뿐, 현대화가 진행되고 있었다. 그래서 호텔(좋은 여관)에 빈 방이 없을 정도로 찾는 이가 많았다. 2천년 전부터 존재했고 수백년 동안 외부세계와 단절되었던 아주 작은 오아시스인 뤄치앙이나 민펑에 호텔이 있다는 것도 놀라웠지만(2000년에 4개가 있었다), 투숙객으로 만원이라는 것도 놀라웠다. 그 몇 년 전만 해도 여인숙 같이 허름한 숙소에 물마저 없어 샤워는 고사하고 세수도 못했다는 곳이다. 오죽했으면 중국인들조차 가지 말라고 말렸겠는가. 그러나 그것은 아직 그곳이 얼마나 빠르게 변화하고 있는지 모르는 사람들의 기우일 뿐이었다. 상대적으로 개발이 더딘 것은 사실이었지만 그것을 달리 말하면, 그 지역이 오히려 옛 실크로드 모습을 더 많이 간직하고 있다는 말이 된다. 그래서 모래바람이 불면 도로가 없어지고 버스바퀴는 모래에 파묻히는 등 온갖 불편을 감내하고 사람들은 사막남로로 찾아들고 있는 것이다. 쿠얼러에서 먼지를 뒤집어쓰며(타클라마칸 사막의 모래로 목욕한 기분이었다) 18시간 만에 도착한 뤄치앙은 타마리스크 나무가 가로수로 되어있는 작은 오아시스 도시로서 그 옛날의 실크로드 정취를 물씬 풍기고 있어 마치 2천 년 전의 장건의 시대에 온 듯한 느낌이었다. 서역남로(사막남로라고도 한다) 실크로드는 여러 면에서 타클라마칸 이북의 서역북로(사막북로라고도 한다)와 또 다른 정경이었다. 그러나 2004년에 쿠얼러에서 뤄치앙 – 치에모 – 민펑 – 호탄 – 사처 – 카슈가르로 이어지는 도로가 새로이 개설되어 포장되어, 이제 2000년에 필자가 갔던 고단했던 서역남로의 답사도 머나먼 추억의 전설로 남게 되었다. 교통편이 좋아졌다는 소식에 기쁘기보다는 오히려 아쉬움만 가득 남는다.

그리고 실크로드 주변 국가들의 노력으로 파미르를 넘어 기르기스탄과 파키스탄으로 이어지는 옛 실크로드에 아시아 하이웨이라는 도로가 개통되었다. 이 길을 통해 많은 물동량이 교류되고 있으며 갈수록 그 양은 증가하는 추세다. 낙타를 타고 말을 타고 막막함과 두려움의 공포 속에 이동했던 고대의 실크로드가 이제는 자동차와 기차로 이동하는 루트로 재탄생한 것이다.

21세기의 실크로드는 일반인들에게도 흥미있는 곳으로 떠올랐다. 지구상에 남은 최고의 답사지이자 여행코스로 각광받기 시작한 것이다. 가장 많이 알려진 돈황 막고굴은 말할 것도 없고, 만리장성의 서쪽 끝 가욕관 등은 여행 철 내내 불야성을 이룬다. 사신과 대상들로 가득했던 자리를 이제는 답사하는 사람들과 여행객이 메우고 있는 것이다. 실크로드가 20세기 초에 1,300년 만의 잠에서 깨어난 이후 1980년대까지 역사와 문화를 연구하는 소수의 학자들만 찾았는데, 이제는 일반 대중들로 만원을 이루고 있는 것이다. 실크로드의 서역은 당대를 이어 제 2의 전성기를 구가하고 있다.

21세기의 서역은 새로운 모습으로 또 다시 경제의 중심지로 등장하고 있다. 고대의 비단 못지않은 황금자원이 나타났기 때문이다. 옛 중국의 서역지대 곳곳에 노천 석탄광산이 즐비하고 수많은 가스와 유전지대가 발견되고 있는 것이다. 이 외에도 여러 지하자원의 매장이 확인되고 있으며, 풍력발전에도 가장 좋은 지역으로 손꼽혀 세계 최대의 풍력단지가 조성된 것으로도 유명하다. 그래서 현재 서역으로 오고가는 철로와 도로에는 화물차로 가득하니, 이는 변형된 실크로드 대상의 이동이라고 할 수 있다. 중국 동부와 서부의 서역지대가 새로운 경제파이프로 연결되는 것은 물론이고, 중국의 경제발전은 중앙아시아 각국으로 하여금 실크로드를 따라 중국으로 부지런히 넘나들게 만들었다. 대상들이 낙타를 타고 넘나들던 실크로드는 아시아 하이웨이라는 새로운 이름으로 물건을 가득 실은 화물차가 꼬리에 꼬리를 물고 이어지고 있는 것이다.

실크로드 시대에는 한가로이 양들이 풀을 뜯던 평범한 오아시스 초원에 불과했던 신강성의 성도 우루무치는 제 2의 실크로드 황금기를 맞이하여 인구 200만 명의 대도시로 성장하여 곳곳에 현대식 백화점을 비롯하여 우아하고 아름다운 고층건물들로 하루가 다르게 스카이라인이 바뀌고 있다. 우루무치 기차역은 웅장한 모습으로 재탄생했고, 주변지역까지 깨끗하게 정비된 도로에는 늘어난 차량으로 온 종일 교통 혼잡을 이룬다. 아무리 발전을 이루었다고 한들 오아시스는 어디까지나 오아시스일 테니 복잡해보아야 얼마나 복잡하겠냐는 생각을 갖고 있다가 막상 우리나라 출퇴근 모습과 전혀 다를 바 없는 러시아워 모습에 놀라지 않을 수 없다. 사막의 오아시스에 러시아워라…… 어딘가 좀 어울리지 않는다는 생각이 들기도 하지만, 이것이 21세기 신 실크로드의 실상이다.

1,300년 만에 부활하고 있는 실크로드! 실크로드가 영원히 축복의 땅이 되기를 바란다.

제5장 실크로드를 통한 동서 문화교류

1. 동서 문화교류와 그 내용

장건에 의해 실크로드가 개척되기 이전에도 동서교류는 있었다. 서방의 채도(彩陶)가 중국에 전파되었고, 은나라와 주나라 시대의 옥(玉) 중에는 곤륜산맥의 산물도 있었다. 춘추전국시대의 천문, 역법, 지리, 신화전설에도 인도를 비롯한 서역의 영향이 나타난다. 그렇지만 본격적인 동서의 문물교류는 비단길 개척 이후에 전개되었다. 특히 한대와 수·당대에 가장 활발하였다.

그러면 구체적인 동서 문화교류에는 어떠한 것이 있었을까? 미리 전제할 것은 이것을 이분법으로 동과 서로 나누어 설명하기는 다소 곤란하다는 점이다. 직접적으로 교류된 것도 있지만, 중간단계를 거치면서 변형된 것도 많기 때문이다. 또 어떤 것은 전래된 다음 그곳에서 더욱 발전하여 세월이 흐른 뒤에 다시 역전래된 것도 있다.

여기서는 일단 전통적인 중국지역인 중원지방과 오늘날의 신강성 서쪽지역을 모두 서역으로 간주하여 교류의 내용을 살펴보기로 하겠다. 먼저 서역에서 중국으로 동류한 것을 보기로 한다.

가장 일반적인 것은 물품의 전래였다. 산호, 호박, 유리, 옥 등의 보석류와 말, 향료, 양탄자 등이 이에 속한다. 식물과 과일류는 말먹이 풀인 거여목, 연(蓮), 목화, 홍람(천 물감으로 쓰는 잇꽃)을 비롯하여, 수박, 포도, 토마토, 포도, 참깨, 오이, 땅콩, 마늘, 호도, 석류, 무화과, 살구, 후추, 땅콩, 당근 등 매우 많다. 이러한 물품의 전래는 당시의 경제 상태를 고려할 때에 매우 중요하다. 중국에서는 서역에서 들어 온 것을 한자로 표기할 때에 첫 머리에 호(胡)자를 붙인다. 가령 당근은 호라복(胡蘿卜), 후추는 호초(胡椒) 등이다. 따라서 앞 글자에 호(胡)자가 붙은 것은 일단 서역에서 들어온 것으로 보면 된다. 호 대신 가끔 서역의 서(西)자를 붙이기도 한다. 그래서 수박을 서과(西瓜)라고 한다.

당시 중국인에게 놀라온 동물로 여겨졌던 타조와 타조 알은 서역의 안식국을 통하여 들어왔고, 의학과 약품도 들어왔다.

놀이를 비롯한 여러 문화도 전래되었다. 각저라고 하는 씨름, 닭싸움, 페르시아에서 시작된 타구(打毬)가 전래하였다. 특히 타구는 당 현종이 즐긴 놀이로 유명하다. 그 외 알렉산드리아로부터 마술과 곡예가 들어왔다. 칼을 삼키고, 입에서 불을 내뿜으며, 콩을 입으로 불어서 싹을 틔우는 등의 마술과 곡예는 중국에서 대단한 인기를 끌어 공연 때마다 인산인해를 이루었다. 서역(이슬람)의 발달된 천문과 역법도 많은 영향을 주었는데, 10월을 1년의 첫 달인 세수(歲首)로 하는 것과 9월과 10월 사이에 윤달을 넣는 것도 바빌로니아의 영향으로 생각된다.

악기와 춤을 비롯한 음악도 빼놓을 수 없다. 흔히 호악(胡樂)이라고 불리는 서역 음악의 전래는 한대를 필두로 해서 위진남북조 시대에 확대과정을 거쳐 수·당대에 이르러 전성기를 맞이하였다. 비파와 공후는 전래되자마자 중국의 주요 악기가 되었다. 비파는 페르시아에서, 공후는 서아시아에서 전래하였다. 피리의 일종인 호적(胡笛)을 비롯하여, 굴자, 호고, 동발 등의 악기도 전래되었다. 이들 악기의 특징은 그 음조가 비감하고 처량하다는 것이다. 악기와 함께 빠른 템포의 호선무(胡旋舞)라는 춤도 들어와 크게 유행하였다.

그런데 음악이나 춤에 관련된 것은 대개가 쿠차로부터 온 것이다. 쿠차는 서역에서 가장 음악적 재능이 뛰어난 나라이다. 쿠차는 그 지리적 요충지로 말미암아 실크로드에서 매우 중요한 중계지 역할을 담당하였는데, 그 중에서도 음악분야만큼 동서양 진영에 강한 영향을 끼친 것도 없다.

쿠차는 실크로드를 통해 새롭고도 다양한 음악을 받아들여 그것을 자기 문화에 접목시켜 종합예술로 발전시켰다. 현재까지 쿠차에 남아있는 유명한 천불동벽화에서 그러한 흔적을 예외 없이 확인할 수 있다. 구모또라 천불동 벽화에는 고대 쿠차 음악에서 매우 중요한 악기로 기능하였던 비파와 배소를 연주하는 천사의 그림이 있다. 또 3~4세기 경에 조성된 쿠르즈가하 천불동에는 앗시리아에서 만들어진 견공후를 연주하는 것과 페르시아에서 전래된 4현 비파, 중국에서 전래된 배소가 나타나며 필률이라는 쿠차 고유의 피리도 보인다. 특히 키질 천불동의 38굴은 온갖 종류의 악기를 연주하는 벽화로 가득하여 음악동굴이라고 불릴 정도이다. 쿠차인들의 음악적 재능이 동서 문화교류의 지리적 이점과 결합하여 화려하고도 독특한 쿠차 음악을 탄생시킨 것이다. 쿠차인들은 음악인을 문화사절로 삼아 사마르칸트나 장안으로 파견할 정도였다.

현재 지구상의 모든 나라에서는 외국에서 대통령 같은 귀빈이 오면 으레 자기들의 공연문화를 관람시키는 것이 하나의 관례가 되었고, 때로는 음악인으로 구성된 문화사절단을 해외에 파견하기도 한다. 이러한 문화사절단의 공연과 해외 파견의 선구자가 바로 쿠차였다. 쿠차가 처음으로 문화를 상품화했고, 또 성공하였다. 쿠차의 음악사절은 가는 곳마다 최고의 인기를 누렸고, 쿠차 음악은 금이나 옥처럼 사고파는 하나의 상품으로 자리 잡았다. 현장법사도 쿠차의 기악을 최고로 꼽았다. 중국으로 전래한 쿠차의 음악은 민간과 궁중을 막론하고 심대한 영향을 끼쳤다.

실크로드를 타고 동방으로 전래한 문물에는 일상생활과 관련 있는 것도 많다. 가령 호복, 호장(胡帳), 호상(胡牀), 접는 의자, 걸상 같은 것들이다. 여성의 치장과 화장법에도 서역의 영향을 받아 머리카락을 높이 올려 땋는 퇴계형이 유행했고, 입술을 연지로 검게 발랐으며, 눈가는 남청색 화장을 하였다. 볼에 반원 또는 원으로 칠하는 혈훈장도 유행했다.

인도와 페르시아에서는 설탕 만드는 제당법이 전래되었다. 일찍부터 중국의 남방에서 사탕수수가 재배되고 있었지만, 7세기에 인도의 마가다국에서 제당법을 소개하면서 본격적인 사탕제조가 이뤄졌다. 후에는 중국의 제당수준이 서역을 능가하여 역수출되기도 했다.

중국의 회화는 당나라 초기에 사마르칸트에서 온 서역화가 위지을승의 영향을 받았고, 페르시아의 영향으로 명암과 원근법도 생겨났다. 조각에서도 서역의 영향을 받았다.

이미 서술한 대로 서역의 마술과 곡예는 대중을 사로잡는 최고의 예술이었다.

불교를 비롯하여 조로아스터교(배화교), 마니교, 네스토리우스교(경교), 회교로 불리는 이슬람교 등의 종교전래도 이뤄졌다. 이들 다양한 외래종교는 특히 개방주의 정책을 편 당대에 크게 발전하였다. 종교전래와 함께 종교의식에 수반되는 종교미술, 종교

음악, 종교풍습 등의 종교예술의 발전도 가져왔다.

이상과 같이 중국에 들어 온 다양한 서역문화는 중국의 전통문화와 융합되어 당대에 이르러 국제적이고 귀족적인 성당문화로 꽃을 피워 인근의 한국, 일본, 월남 등지로 뻗어나갔다.

중국문화의 서역전파도 활발하였다. 대표적인 것이 비단이다. 사실 실크로드(비단길)에서 비단을 빼고 무엇을 말할 수 있겠는가?

비단은 중국에서도 귀한 물건이었지만, 서역에서는 그 값을 매기기가 어려울 지경이었다. 특히 로마에서 폭발적인 인기를 누렸다. 새털 같이 가볍고 감촉이 부드러우며 은은한 색상, 그러면서도 따뜻하고 질긴 환상의 옷감이 비단이다. 때문에 비단은 단숨에 로마사람들의 마음을 사로잡았다. 그래서 로마에서는 비단을 금과 무게를 따져 같은 값으로 쳤다.

로마에서 비단은 한동안 귀족들에게만 사용이 허용되었다. 아마도 천상의 물품으로 알려진 비단의 고귀함 때문에 그러하였을 것이다. 비단은 로마에서 의복으로 신분의 귀천을 구별되게 하는 위력까지 발휘한 셈이다. 그러다가 3세기 아우렐리우스 황제시대에 누구나 입을 수 있게 되었다. 로마인들은 비단생산의 비밀을 알려고 많은 노력을 기울였지만 끝내 그 신비의 비밀을 풀지 못했다.

실크로드가 개통된 한대이후에 서역의 많은 나라들은 비단산지와 비단의 신비에 대해 많은 정보를 가질 수 있었다. 그러나 로마는 여전히 중국과 직접 교통하지 못하고 서역의 여러 나라, 예를 들어 인도나 파르티아 왕국, 또는 사산조 페르시아왕국을 통해서 비단을 교환했다. 그것은 서역 각국이 비단에 대한 일체의 정보를 로마에게 철저히 비밀로 했을 뿐만 아니라, 로마와 한나라와의 사신교환을 방해했기 때문이다. 그렇게 함으로 해서 그들은 높은 중계 수수료를 챙길 수 있었던 것이다.

최고의 부를 안겨주는 비단을 찾아 서역의 대상들은 죽음을 무릅쓰고 실크로드를 넘나들었다. 하서회랑과 타림분지, 그리고 광막한 사막으로 연결되는 죽음의 길을 넘고 또 넘었다. "위로는 나는 새도 없고 아래로는 달리는 짐승도 없다. 아무리 둘러보아도 망막하고, 가야 할 길을 찾으려 해도 어디로 가야할 지 알 수가 없다. 언제 이 길을 가다 죽었는지 알 수 없으나, 오직 죽은 사람의 해골만이 길을 가리키는 표지가 되고 있다"는 구법을 위해 서역을 왕래한 법현(337~422년)의 말처럼 실크로드를 오가는 사람들은 언제 닥칠지 모르는 죽음과 싸우며 인류의 문화교류에 기여했다. 수수께끼 같은 제조과정은 물론이고, 이 같은 현실적인 어려움 때문에 서방에서 비단은 더욱 신비의 물건으로 취급될 수밖에 없었다.

서방으로 전래된 또 하나 중요한 것은 종이와 제지술이다.

종이의 발명은 후한시대의 채륜이 기원후 105년에 만든 것으로 알려져 있다. 종이발명 이전에는 주로 나무나 대나무 조각을 이용하였다. 나무에 쓴 기록물을 목간(木簡), 대나무에 쓴 것을 죽간(竹簡)이라고 한다. 은나라 시기에는 거북이 껍질이나 짐승의 뼈에 썼기 때문에 갑골문자(甲骨文字)라고 했다. 이런 것들에 비해 종이는 편리하고 대량생산이 가능하여 학술을 비롯한 지식문화 발전에 획기적인 기여를 하였다.

제지법의 서역전파는 751년 탈라스 싸움에서 포로가 된 중국인 제지공에 의해서였다. 탈라스 싸움은 고구려의 후예 고선지가 이끄는 당나라 군대와 이슬람 군대가 파미르 서쪽 평원에서 싸운 전쟁인데, 전쟁에 패해 이슬람의 포로가 된 당나라 군인에 의해 사마르칸트에 제지술이 전파되면서 서방에 알려졌던 것이다. 사마르칸트에서는 서역 최초로 제지공장이 들어섰고, 거기에서 제조된 종이는 사마르칸트 종이로 불리며 오랫동안 명성을 누렸다. 사마르칸트 종이는 이집트의 파피루스와 양피지를 대체하며 빠르게 전파되었고, 이에 자극받아 10세기 경에는 바그다드를 비롯한 아랍의 여러 지역에도 제지공장이 들어서게 되었다.

이슬람의 제지술은 다시 지중해 연안의 아프리카 북부를 거쳐 12세기 무렵에 이베리아 반도로 전파되었다. 그리고 유럽으로 전달되어 인쇄술의 발명과 함께 지식의 대량 보급이 가능해져 르네상스를 일으키는 원동력이 되었고, 뒤이은 종교개혁도 가능케 하였다. 결국 종이와 제지술은 유럽의 지식산업을 일으켰고, 그 결과 유럽의 신문명 사회를 여는데 결정적인 기여를 하였던 것이다.

제지술뿐만 아니라 다른 동방문화의 서방전파는 탈라스 싸움이 중요한 계기가 되었다. 탈라스 싸움에서 당나라 군대 2만 명이 포로로 잡혔다. 그 포로병과 후예들 중에는 아랍에서 직조공이나 금은세공사, 화공(畵工) 등으로 활약한 사람들이 많았다. 이들 중국인 기술자들은 사마르칸트를 비롯한 중앙아시아와 이라크 땅에 살면서 중국의 기술문화를 서방에 전파하는 문화의 전파사 역할을 하였다.

중국의 도자기도 서역에서 인기가 높았다. 페르시아의 수도 수사에서는 당나라 때 무덤의 부장품에 쓰였던 명기(冥器)인 당삼채가 출토되었다. 당삼채는 당나라 시대에 녹색·황색·백색 또는 녹색·황색·남색의 3가지 빛깔의 도용(陶俑)을 일컫는 것이다. 이 당삼채는 조형예술에서 새로운 경지를 개척한 것이라고 평가받고 있는데, 낙양을 위시한 귀족들의 거주 지역에서만 출토되는 것이 특징이다. 이러한 당삼채가 페르시아에서 발견된다는 것은 서방의 도기제작에도 중국적 요소가 영향을 주었을 것임을 시사한다.

중국의 금과 은, 칠기, 차 등도 서역상인의 낙타에 실려 서역으로 흘러갔다. 특히 차는 갈수록 서양인이 애호하는 기호품으로 정착되어 갔다.

물품 이외에도 중국의 관혼상제 같은 풍습도 서역에 영향을 끼쳤는데, 주로 파미르 동쪽의 투르판 일대를 중심으로 한 신강성 지역에서 유행하였다. 이러한 관습의 전래는 인종적으로나 지리·풍토적으로 이질적인 신강성 지역이 후에 중국영토로 편입되는 데에 주요한 문화적 역할을 하였을 것으로 사료된다.

이상과 같이 실크로드를 통한 동서교류는 단순히 인적 물적 품목에 한정하지 않고 불교를 비롯한 종교와 천문, 역법, 의학, 예술 등 각 방면에서 고루 이루어졌다. 그럼으로써 상호의 문화를 더욱 다양하고 풍요롭게 하여 당시에는 물론이고 그 후의 삶의 질을 보다 윤택하게 하였다.

흐르지 않는 물은 썩어버리는 것과 같이 문화도 교류가 없으면 소멸되고 만다. 그러한 문화의 현장을 가장 잘 보여주는 곳이 실크로드이다. 활발한 교류는 문화의 번영을 낳는다는 사실을 실크로드를 통해서 확인할 수 있다. 많은 사람들이 실크로드를 오고가면서 문화를 전파하면서 위대한 인류문화는 쌓여갈 수 있었다. 그것을 바탕으로 오늘날의 인류문화가 탄생한 것이다.

2. 불교의 동점과 발전

실크로드를 통한 문화교류에서 가장 주목되는 것이 불교의 동점과 발전이다. 아시아에서 불교가 끼친 영향은 매우 크다. 불교는 인도에서 서역의 실크로드를 거쳐 오는 동안 여러 민족의 생활과 풍습이 가미되어 중국으로 들어왔다. 그것은 석굴이나 불상을 조각하는 것에도 영향을 주어 인도와는 다른 성격의 불교를 탄생시켰다. 불교는 종교와 사회 전반에 걸쳐 깊은 문화적 변용을 초래하였다. 고대 및 중세의 불교문화는 종교에 한정하지 않고 하나의 종합 문화체로서 정치, 경제, 문화의 각 분야에서 종합적인 영향을 끼쳤다.

초기에 전래된 불교는 국가를 수호하는 종교로서 정치권력과 밀접한 관계를 가지고 아시아 각지의 의식주에 커다란 변혁을 일으키는 동시에 아시아 전역의 문화수준을 높이는데 커다란 공헌을 하였다.

불교의 중국 전래는 대체로 기원전후 무렵이었다고 추정된다. 그러나 초기에는 일부의 지식계급에만 한정되었고, 일반 민중에까지 뿌리를 내리지는 못했다. 불교가 중국에서 사회적 신앙으로 발전한 데에는 시대상황의 변화와 함께 한역(漢譯)불경이 보급되면서다.

후한 말에 서역 월지국의 지루가참과 안식국의 안세고 같은 명승이 중국을 방문하고 경전도 조금씩 번역되면서 불교는 서서히 일반 민중 속으로 침투하게 되었다. 특히 위진남북조시대에 불교는 본격적인 발전을 이룩한다. 위진남북조 시기는 복잡다단한 분열기인 동시에 혼란기로서, 북방 이민족의 중원침입까지 맞물린 극심한 전란기였다. 유민은 곳곳에 가득 차고 주검은 이곳저곳에 어지러이 널려 있었다. 사서에 '천리 간에 개 울음소리가 들리지 않고, 들에는 오직 해골만이 널려있을 뿐이다'라고 기술된 것처럼 사람들은 유위전변(有爲轉變)의 파도에 휩쓸리면서 현세의 고단한 삶으로 인해 내세의 안신입명을 간구하였다. 당시 사람들에게 죽음은 멀리 있는 것이 아니라 늘 옆에 있었던 것이다. 사람들은 전쟁을 피해, 굶주림을 피해 고향을 떠나 이리저리 유랑했지만, 그들이 쉴만한 곳은 많지 않았다.

장기간에 걸친 이와 같은 불안한 상황은 모든 사람들로 하여금 삶에 대한 회의와 인생의 허무를 느끼게 하였다. 사람들은 '인간이 하늘과 땅 사이에서 살아가는 것은 홀연히 멀리 여행하는 방랑객과도 같으니……'라고 인생무상과 덧없이 흘러가는 시간에 대한 비애의 감정을 쏟아냈다. 정신적이고 육체적인 고뇌와 함께 늘 죽음에 직면하면서 삶과 죽음에 대해 진지하고도 심각한 고뇌를 하였던 것이다. 그러나 이러한 문제에 대해 중국의 지배철학인 유교는 현실주의적인 생철학으로서 인간의 영혼이라

든가 죽음에 대하여 충분한 해답을 제공해 주지 못했다. 불교는 이러한 시대 흐름을 타고 발전하였던 것이다.

불교발전의 또 하나의 계기는 5호16국으로 통칭되는 북방의 이민족왕조가 자기들과 같은 외래종교인 불교를 적극 진흥시켰기 때문이다. 5호의 왕조들은 불교를 적극적으로 장려하는 한편, 국가의 진호(鎭護)를 위하여 서역의 고승을 다투어 초빙하였고, 명승을 얻기 위한 전쟁도 불사하였다. 하나의 예로 전진(前秦)은 서역의 명승 구마라집을 얻기 위하여 저 멀리 쿠차에까지 군사를 파견하는 수고로움을 아끼지 않았던 것이다. 구마라집은 쿠차의 왕자로서 간다라에서 불교를 연구한 서역 제일의 명승이었다. 그 외 축법호, 도안, 혜원 등의 명승이 속속 중국에 초빙되어 경전의 한역에 종사하였다. 특히 구마라집은 300권에 달하는 불경을 번역하여 초기 불교발전에 지대한 공헌을 하였다. 만약에 모든 불경이 고대 인도어인 산스크리트어로 되어 있다면 불교의 대중화는 요원했을 것이다. 그래서 초기 승려들이 심혈을 기울인 것이 중국인들이 읽을 수 있도록 한문으로 번역하는 일이었다.

5호의 군주들은 불교의 옹호에만 머물지 않고 그들 스스로가 불자로 귀의하기도 하였다. 아울러 사원과 불상을 대대적으로 조성하는데 앞장섰다. 그러한 결과 돈황석굴을 위시하여, 용문석굴, 운강석굴, 맥적산석굴 같은 세계적 규모의 석굴사원의 조성이 이뤄지게 되었다.

남방의 한족정권도 북방 호족왕조 못지않게 불교발전에 힘을 기울였다. 불교는 노자가 일으킨 종교라는 민간전승이 있었고,

불교사상이 기존의 노장사상과 크게 다르지 않기 때문에 한족들이 불교를 수용하는데 심한 거부감은 없었다. 그래서 남조에도 '480불사(480개의 사찰)'가 세워질 정도로 불교는 융성했다. 남북조 시기는 남과 북 공히 불교문화가 화려하게 꽃피었던 시대였다.

불교가 발전하면서 중국인 가운데서 불교의 고장인 천축(인도)으로 가서 직접 구법하려는 자들도 나오기 시작하였다. 구법행렬은 4세기 말에서 8세기 사이에 가장 활발하였다. 그들은 장비라고 할 만한 것도 없이 오로지 불심 하나로 죽음의 길인 실크로드를 넘나들었다. 그렇지만 여름철에는 숨조차 쉬기 어려울 정도의 50~70도의 열기를 내 뿜고, 겨울철에는 영하 20~30도의 모래바람이 몰아치는 망막한 사막과 설산의 빙하지대, 그리고 길도 없는 깎아지른 듯한 산악지대를 오고가는 구법순례의 길은 죽음 그 자체였다. 구법승 법현은 '사막에서 악귀나 열풍을 만나면 모두가 죽고 한 사람도 살아남지 못한다. 위로는 나는 새도 없고 아래로는 달리는 짐승도 없다. 아무리 둘러보아도 망막하고, 가야 할 길을 찾으려 해도 어디로 가야할 지 알 수가 없다. 언제 이 길을 가다 죽었는지는 알 수 없으나, 오직 죽은 사람의 해골만이 길을 가리키는 표지가 되고 있다'는 말은 고난의 정도를 십분 이해하게 해 준다. 그래서 불행하게도 많은 사람들은 귀환하지 못하고 모래 위의 백골로 남고 말았다.

많은 구법승 가운데 우리가 기억하는 사람은 주로 여행기를 남긴 사람들이다. 법현의 『불국기』, 혜초의 『왕오천축국전』, 의정의 『남해귀기내법전』, 현장의 『대당서역기』가 대표적으로 이들의 구법기는 실크로드의 역사와 문화를 연구하는데 없어서는 안 되는 매우 귀중한 자료들이다.

불교는 실크로드를 타고 동방으로 전래하면서 곳곳에 수많은 불교유적을 남겼다. 불교는 발상지 인도보다 오히려 실크로드와 중국에서 보다 더 꽃을 피웠다. 실크로드에 남겨진 사찰과 탑, 불상은 종교사인 동시에 중요한 동서 문화교류사이다. 지금도 실크로드에 남아있는 불교유적은 역사의 변천과 함께 그 옛날의 영화를 상기시켜 준다. 티엔수이의 맥적산 천불동, 란저우의 병령사, 돈황의 막고굴, 투르판의 베제크리크 천불동, 쿠처의 구모또라 · 쿠르즈가하 · 키질 천불동은 지금도 실크로드의 대표적 유적지로 답사객을 끌어들이고 있다. 이 외에도 실크로드 곳곳에 산재해 있는 불교와 관련된 유적이나 유물은 문화의 변용과정이 어떻게 진행되었는가를 알려주는 동서 교류의 살아있는 역사현장이다. 불상이 처음 탄생한 간다라 지방에서 서양인 모습을 띤 불상은 실크로드를 타고 서역으로 오면서 서역인의 모습으로, 다시 중국에 가까워질수록 중국인의 모습으로 변화과정을 겪는다. 서역의 초기 불교벽화에서는 콧수염이 그려진 석가모니와 날개를 단 천사가 보인다. 이렇듯이 하나의 문화가 시대의 흐름에 따라, 그리고 다른 문화와 접속되며 어떻게 변용되어 발전하는지 그 과정을 보여주는 곳이 실크로드이다.

오늘날 실크로드 문화 가운데 가장 주목되는 것 중의 하나가 대규모 석굴사원이다. 앞에서 예를 든 천불동을 포함하여 낙양의 용문석굴, 대동의 운강석굴 등이 대표적이다. 중원을 장악한 5호의 군주들은 불교를 옹호하면서 그들 스스로 불자로 귀의하기도 했으며, 사원과 불상을 대대적으로 조성하는데도 앞장섰다. 그러한 결과 세계적 규모의 석굴사원의 조성이 이뤄질 수 있었다. 엄청난 재력과 지난한 수고로움을 필요로 하는 석굴조성은 '불상을 만드는 것이 곧 불도(佛道)를 성취하는 것'이라는 법화경에 따른 것이다. 석굴사원은 주로 서역과 중국 북방의 건조한 지역에 건설되었다. 남방은 상대적으로 마애석불이 발달하였다.

혹한과 혹서가 반복하는 중앙아시아의 열악한 기후조건을 극복하고 효율적인 불사를 건립하기 위해 조영된 석굴사원은 인도의 탑원굴(차이티야)과 승원굴(비하라)에 기원한다. 그러나 중국에 들어온 석굴사원은 중국적인 특징으로 발전하였다.

돈황석굴은 더 이상의 설명이 필요 없는 세계 최고의 불교유적지이다. 실크로드 시대에 돈황은 주요한 요충지였다. 어느 길을 이용하든지 장안에 도달하려면 반드시 돈황을 거쳐야 했다. 그래서 실크로드를 타고 전래한 불교가 돈황에서 활짝 꽃을 피웠던 것이다. 당대에 돈황은 인구 1만 6천 명에, 승려가 1,000명이었으니 불교가 얼마나 번성했는지 미루어 짐작할 수 있다.

돈황석굴에는 상반신은 전형적인 서역풍이고, 팔에 걸친 초록색의 의복은 그리스풍의 본존교각미륵보살이 있는데, 이것은 5세기의 북위시대가 중국풍과 서역풍이 활발히 교류하던 때임을 보여준다. 중국의 신화와 전설을 담고, 20세기의 야수파를 연상케 하는 벽화도 있다. 또 장건이 한 무제의 명을 받고 서역으로 떠나는 벽화도 있다.

돈황 막고굴의 불교예술에서 가장 으뜸인 것은 벽화다. 모든 벽화를 일렬로 이어 붙인다면 54km가 된다. 그런 벽화 중에서도 최고는 비천(飛天)이다. 기다란 옷을 하늘에 나부끼며 행운의 구름을 타고 날렵하게 비상하는 모습은 미술사의 극치를 보여주는 아름다움이다. 비천은 인도에서 들어와 중국에서 꽃이 피고 중국 것이 되었다.

흔히 장경동이라고 일컬어지는 제 17굴에서는 11세기 이전의 불경과 불화, 법기, 조로아스터교를 비롯한 여러 종교 및 호적·계약문서, 사곡(詞曲)과 같은 문학류 등 약 3~4만점이 되는 발견되어 당시의 역사와 문화를 이해하는 주요한 자료가 되고 있다.

돈황시 서쪽에는 쿠차의 고승 구마라집이 인도에서 장안으로 오던 중, 타고 온 백마가 그곳에서 병사하자 이를 애도하여 세웠다는 흰색의 9층 백마탑이 있다. 이러한 유적 하나 하나는 살아있는 역사의 현장이 된다.

지리적 여건으로 말미암아 일반인들의 발길이 잦은 곳은 운강석굴과 용문석굴이다. 하북성 대동에 있는 운강석굴은 북위시대에 조성된 것으로 53개의 석굴에 51,000개의 불상이 안치되어 있다. 운강석굴은 서역의 영향이 강한 석굴에서부터 유목민족적 전통을 간직한 석굴을 거쳐 중국인의 모습으로 변모하는 과정을 보여준다. 독특한 석굴양식과 눈부시게 화려한 채색의 석굴은 보는 이를 황홀경에 빠지게 한다. 짧은 시간에 가장 강한 인상을 주는 곳은 단연 운강석굴이다.

용문석굴은 낙양에 조성된 것으로 돈황석굴, 운강석굴과 함께 중국 3대 석굴예술의 보고로 일컬어진다. 돈황석굴은 벽화로, 운강석굴은 채화로, 그리고 용문석굴은 뛰어난 조각으로 유명하다.

용문석굴의 조성은 북위의 효문제가 낙양으로 천도한 뒤부터 시작해서 400년간 계속되었다. 용문석굴에서 가장 유명한 것은 봉선사 비로나사불이다. 측천무후를 모델로 했다는 이 불상은 팔각형의 연화대 위에 결가부좌를 틀고 앉아 있다. 그 좌로는 천왕과 역사(力士)상이 있는데 이는 당대의 무신형상이며, 우측의 제자상은 당대의 문신을, 보살상은 궁중의 비빈형상을 본떴다고 한다.

실크로드를 따라서 동아시아에 전해진 불교는 서역남도와 서역북도 간에 그 불교양식을 조금씩 달리했다. 간다라 지방에서 직접 불교예술이 전파되었다고 생각되는 서역남도의 여러 오아시스에는 불탑건축이 많고, 서역북도(천산남로)상의 여러 오아시스에는 석굴사원이 발달하였다. 쿠차나 투르판 등에 석굴사원이 많고, 돈황과 용문, 운강 그리고 맥적산 등에 천불동이 많은 것이 이것을 말해준다.

종교는 일종의 문화현상이기 때문에 그 전파과정이나 전파결과에 관계없이 문명교류사적 시각에서 다루는 것이 옳다. 특히 불교는 불・법・승의 3보와 이 3보를 안치하는 가람과 사찰, 그리고 그 속에서 거행되는 각종 종교의식과 그것을 연찬하는 학문, 아울러 탑이나 불구(佛具) 등을 건조하고 장식하는 각양각색의 회화, 조각, 복식, 음악, 무용, 건축 및 공예술을 망라하는 하나의 종합 문화적 성격을 띤다. 그렇기 때문에 불교는 실크로드사에서 가장 중요한 문화요소로 위치하고 있다. 실크로드에서 불교는 단순히 신앙의 대상이 아니라 역사이자 문화인 까닭이 이 때문이다.

3. 실크로드와 한국문화

1965년 러시아에서 옛 소그드 왕국의 아프라시압 왕궁터가 발굴되어 학계의 비상한 관심을 끌었다. 소그드는 실크로드 상에서 가장 활발한 활동을 보인 왕국이었다. 그러나 소그드의 번영은 몽고군대의 무차별적인 공격을 받고 역사 속으로 사라지고 말았다. 그 후 소그드는 사람들의 뇌리에서 잊혀지면서 오랫동안 그 존재조차 희미해져 갔다. 이렇게 1,000년간 역사무대에서 사라졌던 소그드는 어느 날 옛 왕궁인 아프라시압 왕궁터가 발굴되면서 다시금 화려한 스포트라이트를 받으며 역사의 무대에 복귀하였다. 아프라시압 왕궁터의 발굴은 소그드의 부활인 동시에 실크로드 전성기인 7세기 역사의 부활이었다. 이 유적발굴은 실크로드사에서 가장 가치 있는 고고학적 발굴 중 하나로 현재까지도 발굴이 진행 중이다.

그런데 우리와는 까마득히 먼 듯한 이 유적에 주목하는 것은 왕궁벽화 때문이다. 서쪽 벽에 2단으로 그려진 인물벽화에는 세계 각처에서 온 사절상이 묘사되어 있다. 놀랍게도 그 가운데 둥근 상투모양에 깃털장식의 조우관을 한 2명의 고구려 사신이 있다. 고구려 사신은 그저 평범한 사신으로서가 아니라 주요 사절로 묘사되어 있고, 허리에는 띠를 매고 칼까지 차고 있다. 사신이 칼을 차고 묘사되는 경우는 매우 드물다. 이것은 분명히 실크로드에서 고구려의 위상을 대변하는 모습이다. 일부에서는 그들을 신라 사절로 보기도 하지만 대부분의 학자들은 고구려 사신으로 보고 있고, 필자 또한 그렇게 생각하고 있다. 이 아프라시압 벽화는 삼국시대부터 우리가 실크로드와 직접 교류하고 있었고, 그것도 주요국이었음을 명백히 보여주는 살아있는 증거이다.

고구려의 각저총은 씨름하는 벽화가 그려져 있는 고분이다. 그런데 그 씨름하는 사람의 얼굴을 자세히 들여다보면 서역인임을 알 수 있다. 중국과 러시아(구소련)와 외교관계가 없었던 시절에는 서역에 가볼 수도 없고, 국내의 실크로드 연구도 부진하여 예전에는 그 서역인에 주목하는 사람이 별로 없었다. 그저 우연히 등장하는 인물정도로 이해했을 뿐이다. 그러나 아프라시압 벽화에서 확인되었듯이 각저총에 출연한 서역인은 고구려가 직접 서역과 교류하였음을 보여주는 또 하나의 명백한 증거이다. 서역의 아프라시압 벽화에 등장하는 고구려인, 고구려 벽화에 등장하는 서역인, 이것은 고구려와 서역 간에 인적 교류가 빈번하게 이뤄지고 있음을 명백히 보여주는 실증이다. 우리 문화와 서역 간에 상당한 연관이 있음을 확인시켜주는 것이다.

그러나 아쉽게도 많은 우리나라 사람들은 아직도 우리와 실크로드는 그다지 관계가 없다고 여긴다. 심지어 고대의 우리나라 사람들은 실크로드를 전혀 알지도 못했을 것이라고 생각한다. 하기야 지금도 멀기만 한 그 먼 실크로드지대를 삼국시대에 어떻게 알았으며, 알았다 한들 어떻게 그곳과 교류를 했을까? 언뜻 상상이 되지 않는다.

그런데 최근의 연구결과에 의하면 서역에서도 끝 중의 끝인 터키의 이스탄불(콘스탄티노플)의 귀부인이 사용하는 머리핀이 신라 경주에 도착하는 데 불과 6개월밖에 걸리지 않았다고 한다. 생각보다 문화이전이 매우 빠르게 이뤄졌던 것이다. 이런 사실은 비단과 같은 대부분의 교류가 여러 오아시스를 거쳐 중국과 로마에 전달된 것처럼 간접방식의 교류도 많았지만, 의외로 직접교류가 많았음을 시사한다.

당대의 장안에는 서역상인을 비롯한 세계의 상인들이 몰려들었다. 그래서 장안에는 서시와 동시라는 2개의 국제시장이 개설되어 있었다. 시장과 노점에는 세계 각처의 물품들로 가득하고 각국에서 몰려든 상인들의 홍정소리에 도시는 시끌벅적 하였다.

이러한 장안의 국제시장에 신라를 비롯한 백제와 고구려인도 섞여 있었다. 그들은 서역의 물건도 구입하고 서역인과 교류하며 서역에 대한 이해의 폭을 넓혔을 것이다. 통일신라시대에는 더 많은 신라인들이 장안으로 몰려들었는데, 거기에는 유학생과 불법을 구하기 위한 승려가 많았다. 장안은 고구려의 유민장군으로 파미르를 넘나들며 서역일대를 지배하여 '유럽의 그 어떤 장군보다도 위대하다'고 평가받는 고선지가 살았던 곳이기도 하다.

굳이 시장만이 아니라 한이나 당나라의 조정에서도 고구려, 백제, 신라의 사신들은 서역 각국의 사신들과 접할 수 있었다. 중국에 내방하는 서역국이 36국, 57국, 또는 61국이었으니 이들을 통한 정보도 상당히 많았고 정확했을 것이다. 중국 남북조시기인 남조의 양나라(502~557) 때에 중국에 온 각국의 사신모습을 그려놓은 『양직공도』에는 백제인의 모습도 보인다. 양직공도에는 서역인은 물론이고 남방국의 사신까지 그려 놓았다. 이러한 사실들에 입각해 볼 때에 고구려, 백제, 신라 삼국은 이미 서역과 남방을 포함한 세계관을 갖추고 있었음에 틀림없다.

이제 고구려나 신라, 백제가 실크로드에 대한 이해를 하고 있었느냐 아니냐의 문제를 논의하는 것은 더 이상 무의미하다. 교류의 흔적을 구체적으로 살필 일만 남은 것이다.

서방에서 비단제조에 대해 잘 몰랐다면, 동방에서는 유리의 신비를 풀지 못했다. 그래서 중국과 우리나라에서 유리는 가장 귀중한 물품의 하나였다. 유리의 값어치는 상상 이상으로 비쌌다. 경주 박물관에는 금이 간 유리그릇을 금으로 감싸고 있는 신라시대의 유물이 있다. 얼마나 유리가 귀했으면 깨진 유리그릇을 금으로 감아 사용했을까. 지금은 집집마다 창문으로 사용할 정도로 흔하디흔한 것이 유리다. 그러나 고대에는 귀족들이나 겨우 만져볼 수 있는 귀한 물품이었다. 우리나라 초기의 유리가 주로 왕릉급 무덤에서만 나오는 것도 그 귀함을 말해준다.

유리는 매우 다양한 용도로 쓰였다. 구슬을 비롯한 장식품으로부터 시작하여 제조법과 그 기법이 발달하면서 용기제작으로 발전하였다. 그래서 유리제품은 유리 장식품과 유리용기로 나뉘며, 최고의 유리 공예품으로는 장식품인 관옥(통형구슬)을 친다.

우리나라에서는 기원전 2세기부터 각양각색의 유리장식품이 출현하였다. 간혹 국내 제조의 유리도 있었으나 대부분이 서역에서 들어온 것들이다. 구체적으로는 로만 글라스(비잔틴 유리), 사산 유리, 이슬람 유리가 대표적이다. 서역에서 직접 들어온 것도 있을 것이고, 중국을 경유하여 온 것도 있었을 것이다. 신라 고분에서 많이 발견되는 유리구슬(옥), 유리그릇, 유리 사리병은 주로 로만 글라스계통으로 중동의 팔레스티나 지방에서 4~5세기 후반에 만들어진 제품들이다. 장식품으로 많이 쓰이는 구부러진 구슬인 곡옥(曲玉)도 마찬가지이다. 다만 백제 무령왕릉에서 발굴된 수많은 구슬은 인도나 동남아시아에서 만들어진 것으로 파악되고 있다.

옥(玉) 가운데 최고의 옥은 말할 것도 없이 서역산이다. 유리는 그 제조방법만 알게 되면 희귀성이 바로 떨어지는 것이지만, 옥은 그 자체가 생산할 수 없는 광물성이기 때문에 유리보다 훨씬 오랜 기간에 걸쳐 대우받았다. 중국에서도 그렇지만, 서역산 옥은 우리나라에서 신의 선물로 여겨질 정도였다. 옥은 고귀함의 상징일 뿐만 아니라 영적인 힘을 갖고 있는 것이라고 생각되어, 인간과 신이 교통할 때에 중개자 역할을 한다고 믿었다. 그래서 황제가 죽으면 입에 옥을 물렸는데, 그것은 옥의 영적인 힘으로 신과 좋은 관계를 이뤄지기를 기대했기 때문이다. 지금도 귀한 아들을 옥동자라고 하고, 여인의 가장 아름다운 손을 섬섬옥수라고 하며, 임금이나 부모님의 몸을 옥체라고 하는 등 옥에 비유하는 것은 모두가 귀하고 귀한 것들이다. 이런 옥 가운데 최고 품질의 옥은 타클라마칸 남쪽 곤륜산에서 나는 호탄산이다. 호탄 옥은 중국을 경유하여 한반도로 유입되었을 것이다. 우리 한복에 다는 옥으로 만든 노리개도 호탄의 영향으로 보고 있다.

악기도 서역에서 전래한 것이 많다. 통일신라시대의 향악기인 삼죽은 관악기로서 고구려의 횡적(橫笛)을 수용·발전시킨 것인데, 횡적은 장건이 서역에서 가져온 악기이다. 고구려 벽화에 자주 보이는 관악기인 소(簫)도 서역의 대표적인 악기 중 하나이다. 우리나라 사람들이 우리 고유의 악기로 알고 있는 거문고도 원래는 서역의 악기이다. 『삼국사기』에는 중국에서 보내 온 거문고를 왕산악이 고쳐서 우리 음악의 연주에 알맞도록 만들었다고 기록하고 있다. 실크로드를 거쳐 중국에 들어 온 거문고가 다시 우리나라로 온 것임을 알 수 있다. 비파도 마찬가지이다.

악기는 춤을 수반한다. 고구려 황해도 안악 3호분의 벽화에는 세 사람의 악사와 한 사람의 무용수가 나온다. 그 무용수의 모습을 들여다보면 고구려 복장을 한 서역인이다. 어떤 학자는 아예 투르판인이라고 주장하기도 한다. 그가 추는 춤도 전형적인 서역 춤인 호선무로 추정된다. 호선무는 다른 고구려 고분벽화에서도 많이 볼 수 있다.

신라의 음악과 춤은 중국 당나라로부터 영향을 받았다고 사서에 기록하고 있는데, 앞에서 언급한 대로 당나라의 음악과 춤은 서역으로부터 영향을 받은 것이다. 때문에 신라의 음악과 춤은 실크로드와 그 선이 닿아 있다. 우리나라에서 자주 공연되는 사자춤도 중국을 거친 서역의 춤이다. 우리나라는 원래 사자가 존재하지도 않는 나라이다.

고려시대 역사연구에 중요한 『고려도경』이라는 역사서에는 '오늘날 고려에는 두 가지 계통의 음악이 있다. 하나는 당악으로 중국의 것이며, 다른 하나는 향악으로 고려의 것이다'라고 하였다. 당악은 앞에서 누누이 말한 것처럼 서역요소가 강하게 스며 있는 음악이다. 그러니 고려시대 음악에도 서역의 영향이 강하게 미치고 있었음을 알 수 있다. 그런데 서역에서도 쿠차의 음악이 중국에 가장 강하게 영향을 끼쳤으니, 우리나라에도 쿠차 음악이 스며든 셈이다. 필자가 쿠차에서 들었던 음악이 전혀 낯설고 어색하지 않았던 까닭이 다 이유가 있었던 것이다.

목화가 고려 말 공민왕 때에 문익점에 의해 중국의 원나라로부터 들어왔다는 사실은 누구나 익히 알고 있는 내용이다. 목화의 유입은 의복의 혁명을 가져왔다. 비단이 최고의 옷감이지만, 실용적인 측면에서는 불편한 점이 한 둘이 아니다. 비단 옷은 안방에서 쉬거나 나들이 할 때에, 그것도 귀부인이 품위를 지키며 입을 때가 제격이다. 이에 반해 목화로 만든 의복은 실용성에서 비단과 비교가 되지 않는다. 일을 할 때나 잠잘 때에 목화로 만든 옷이 매우 편하다. 솜도 아주 실용적으로 쓰인다. 가난한 평민의 입장에서는 여름철의 무더위보다는 추운 겨울철 나기가 문제이다. 그런데 비단 옷은 시원한 여름에 맞는 의복이다. 겨울철 의복으로는 목화를 재료로 한 것이 좋다. 따라서 실질적인 면에서 볼 때에 목화의 전래가 훨씬 실용적이고 값의 측면에서도 대중적이라고 할 수 있다.

그러나 목화가 중국에서 들어왔다고 해서 목화의 원산지를 중국이라고 생각한다면 잘못이다. 목화는 4세기 전후에 서역에서 중국으로 전래한 것이다. 서역에서 목화가 전래하자 중국에서는 바로 그 효용성을 깨닫고 적극적인 보급정책을 펼쳤다. 우선 서역과 풍토가 비슷한 지역에 대대적으로 목화단지를 조성하였다. 그곳이 오늘날의 감숙성과 신강성 일대이다. 당나라 때인 7세기에 돈황 일대는 온통 목화밭이었다고 한다. 그것이 계기가 되어 지금도 감숙성과 신강성 일대에는 목화밭이 매우 많다. 아무튼 4세기에 중국에 전래된 목화가 13세기에 우리나라에 전래되었으니, 서역에서 중국으로 전래되고 다시 우리나라로 전래되는데 900여년의 세월이 소요된 셈이다. 중국에서 바로 전래되지 못한 것은 중국이 목화씨의 해외 반출을 엄격히 금했기 때문이다.

삼국시대에 전래한 수수와 탑등이라는 모직품도 서역산이다. 이 물품은 유목민족의 특산물로서 서아시아 산이 최고의 품질이다. 계라는 모직물도 들어왔는데, 이것은 워낙 고가의 귀중품이어서 신분에 따라 그 사용이 금지될 정도였다.

불교의 전래와 그 중요성에 대해서는 말할 필요도 없다. 고구려에는 호족왕국인 전진(前秦)을 통하여 순도라는 승려가 불상과 경문을 가져왔고, 백제는 침류왕 원년인 384년에 서역승 마라난타가 불교를 전하였다. 신라는 아도화상이 서역으로부터 남중국과 백제를 거쳐서 왔다. 삼국 모두가 서역의 승려로부터 불교를 받아들인 것이다. 신라에 온 묵호자도 그 이름으로 볼 때에 서역승으로 판단된다. 서역에서 꽃을 피운 불교는 직접 서역인에 의해 우리나라에 전래된 것이다.

한반도로 들어온 불교는 한국적 불교로 다시 태어난다. 초기의 한국불교는 호국 불교적 성격이 강했고 후에는 선교의 일치와 삼교일치 등 제종의 회통을 전통으로 삼아 왔다. 이것이 서역과 다른 한국 불교의 특징 중 하나이다.

우리나라가 자랑하는 문화재로는 경주 석굴암이 빠지지 않는다. 석굴사원의 기원은 인도인데, 란저우의 병령사나 뤄양의 용문석굴처럼 오히려 중국내지에서 활발히 조영되었고, 그것이 다시 우리 한반도에 영향을 끼쳐 석굴암을 탄생시킨 것이다.

불교가 한반도에 전래된 후 고구려, 백제, 신라를 비롯한 고대 삼국을 위시하여 통일신라시대와 고려시대에 걸쳐 우리의 수많은 승려가 중국으로, 또는 인도로 불법을 구하러 갔다. 이들 순례승에 의해 불교문화를 포함한 다양한 문화교류가 이뤄졌음은 불문가지이다.

우리나라 사찰에서 흔히 볼 수 있는 문양 중 하나가 인동당초문이다. 인동당초문은 헬레니즘 문화에서 발원하여 인도를 거쳐 우리나라로 전파되었다. 이 외에도 여러 가지 형태의 꽃이나 잎을 종합적으로 구성하여 그것을 형상화한 보상화문, 구슬형태로써 둥근 모양으로 문양을 나열한 연주문, 중앙의 나무아래 좌우대칭으로 새를 묘사한 수하쌍조문 등도 모두 서역→중국→한국으로 이어진 문화이다. 특히 수하쌍조문은 중앙에서 나무가 수직으로 올라간 다음 잎이 무성한 나뭇가지가 좌우로 뻗은 나무아래에서 좌우로 두 마리의 새가 서로 마주보고 있는 것을 말하는 것인데, 이것은 페르시아가 원류로 서역에서 발달한 그림이다. 수하쌍조문에 나타나는 나무는 타마리스크라는 나무로 서역의 오아시스에서 가장 많이 볼 수 있는 나무이다. 타마리스크는 오아시스의 생명의 나무이고 신성한 나무로서 지금도 거의 모든 오아시스에서 볼 수 있다. 그래서 서역인들은 회화에 자주 타마리스크를 등장시키고, 또 그 나무아래에 인물이 있는 수하인물도를 많이 그렸다. 타마리스크가 없는 오아시스는 불모의 오아시스요, 그런 오아시스에는 인간이 존재할 수가 없다. 필자도 오아시스를 여행하면서 종종 타마리스크 아래에서 무더위를 식히곤 했는데, 그 모습을 회화로 나타내면 바로 수하인물도였던 것이다. 그런데 우리나라의 수하쌍조문은 타마리스크나무 아래에 인물 대신 새를 등장시키고 있다.

우리나라의 불탑이나 사리함에 많이 조각되어 있는 사천왕상도 서역풍의 영향이 강하다. 사실 일일이 거론할 필요 없이 불교와 관련된 것은 모두가 인도를 비롯한 서역의 영향을 받은 것이라고 할 수 있다. 영향을 받지 않았다면 그것이 오히려 이상한 일이다.

신라 원성왕의 능묘로 추정되는 괘릉과 헌덕왕릉의 무인석에는 서역인의 석상이 서 있다. 학자에 따라서는 그 서역인을 위구르인이나 소그드인으로 보기도 한다. 왜냐하면 그 두 왕국이 가장 활발하게 원거리 교역을 했기 때문이다. 또 이슬람 지리서에 신라가 표기되어 있고, 이슬람인들이 신라에 진출한 기록도 여럿 있다. 우리나라 사서에도 고려시대의 개경에 이슬람인들이 집단으로 거주했다는 기록이 있다. 이런 사실들은 모두가 우리와 서역이 아주 밀접하게 교류하고 있음을 증명한다. 신라의 경주일원에 산재되어 있는 많은 유적지에서 사산조페르시아 풍의 화려한 금속제품이나 유리제품, 의복이 발견되는 것은 결코 우연이거나 예외적인 현상이 아닌 것이다.

요컨대 실크로드를 중국과 서역이라는 특정 지역 간의 문화교류로 한정해서 이해해서는 아니 된다. 실크로드는 서양과 인도, 인도와 중국, 중국과 타림분지를 중심으로 멀리는 우리나라까지 동서의 문화가 종합적으로 교류했던 길이다. 그러한 교류를 통하여 고대사회는 결코 정체되지 아니 하고 끊임없이 변화와 발전을 이룩해 나갔던 것이다.

다만 아직도 우리 한국과 실크로드와의 관계에 대한 연구는 충분하지 못하다. 그러나 분명한 것은 우리 한반도는 실크로드라는 대교통망의 고리로 연결되어 있었다는 사실이다. 때문에 실크로드는 우리문화 원류의 현장이기도 하니, 지속적인 관심이 필요하다.

제6장 실크로드의 삶과 문화

푸른 하늘에 우뚝 솟은 천산산맥의 기슭이나, 광막한 사막 한 가운데서 몇 십, 몇 백 km 떨어진 만년설에서 녹아 흐르는 물을 이용하는 오아시스가 여기저기 흩어져 있는 곳이 실크로드이다. 예전의 대상처럼 육로로 이들 지역을 이동하는 것은 인간의 한계를 넘는 고행의 길이지만, 먼 하늘에서 이들 오아시스들을 바라본다면 아마도 황갈색의 융단 위에 눈부시게 빛나는 초록의 보석을 아로새긴 듯한 모습을 띠고 있을 것이다. 이 오아시스를 잇는 길이 고대에서부터 근세에 이르기까지 아시아와 유럽을 이어주는 꿈의 루트였던 것이다.

모든 문화가 이 루트를 따라 동에서 서로, 서에서 동으로 이동하고, 때로는 카라반(대상: 隊商)이, 때로는 군대가 이동하면서 역사를 움직였다. 호탄의 찬란한 옥과 아라비아의 향료, 아름다운 로마의 유리그릇 등이 낙타의 등에 실려 동방으로 왔으며, 중국의 비단이 이 길을 따라 저 멀리 로마의 궁정에까지 운반되었다. 비단은 동양인에게도 그러했지만, 비단이 생산되지 않던 서양에서는 최고의 선망의 대상이었다.

중국 장안과 로마를 잇는 실크로드는 히말라야나 곤륜산맥·천산산맥 같은 거대한 산맥들이 사방으로 뻗어있고, 끝이 없을 것 같은 사막과 암석이 겹겹이 쌓인 가파른 절벽지대와 고원지대가 간단없이 이어진다. 또 세계의 지붕이라는 거대한 파미르가 가로막고 있고, 돌아올 수 없다는 타클라마칸 사막의 타림분지도 있다. 지도상으로는 이곳들이 흑갈색으로 그려져 사람이 거주하기 어려운 곳으로 생각하기 쉽지만, 그곳에는 점점으로 이어진 도시와 촌락이 산재하며 수 천만 명의 사람들이 자신들의 전통을 간직하며 살아가고 있다. 이러한 내륙아시아의 깊은 모래에 둘러싸여 있는 오아시스야말로 깊고 깊은 사막가운데 빛나는 보석과 같이 동서교역을 꾸준히 유동시켜왔던 실크로드의 모태였다. 그리고 아직까지도 많은 오아시스 도시들이 몇 백 년, 또는 1천년 넘게 외부세계와 차단된 채로 고유의 문화와 관습을 간직하고 있다. 그래서 누구라도 한 번 이곳을 여행한다면 영원히 잊혀지지 않는 전설과 꿈의 추억이 될 것이다. 이제 이러한 곳을 역사 문화와 함께 살펴보고자 한다.

1. 영원한 실크로드 도시 시안

시안은 오랜 역사를 지닌 신비한 땅이어서 그곳의 나무 하나, 풀 한 포기, 벽돌 하나, 기와 한 조각까지도 모두 역사이고 전설이다. 마르코 폴로 또한 일찍이 "중국의 화려함과 아름다움에 감탄하지 않을 수 없다"라고 하였다. 그 화려함과 아름다움의 중심지가 바로 시안(옛 장안)이다.

중국의 역사도시를 대표하는 시안은 황하의 지류인 위수(渭水) 부근에 발달한 고도로서 주나라 이후 진・한・수・당을 비롯한 중국 역대 11대 왕조의 수도였다. 그 외 5호 16국 시기의 왕조와 농민 반란군의 근거지까지 합산하면 12 왕조의 수도였다. 시안은 언제나 낙양과 함께 중국의 정치 중심지였다. 서안은 천하를 호령할 수 있는 광활한 평야를 갖고 있는 데다 급수와 교통문제도 해결할 수 있고, 홍수의 피해도 받지 않는 천혜의 땅이다. 그래서 한나라에서는 이곳에 수도를 정하고 '자손들이 영원히 평안하기를 바란다(慾其子孫長安)'는 뜻으로 장안이라고 명명했던 것이다. 한나라 시대의 장안은 성곽이 화려했고 성내의 9개의 시장에는 수많은 점포들과 온갖 종류의 상품들로 가득했다.

그러나 시안이 최고의 번영을 누린 시기는 당대(唐代)였다. 지금 시안에 있는 웅장한 성벽은 명대의 성벽이다. 당대의 성벽은 이것의 8배 크기로 동서 10km, 남북 8km로 성곽 둘레가 36.7km, 면적 84km^{2}의 거대한 규모였다. 장방형의 성곽 안은 동서남북의 네 부분으로 나누어져 있고, 人口는 100만으로 서양의 바그다드보다도 더 큰 세계 최고의 도시였다. 옛 장안은 지금도 작지 않은 시안시의 두 배 면적이었다. 옛 장안의 중심지는 지금의 종루가 있는 곳이다.

시안은 실질적으로 실크로드가 시작되는 곳이다. 그래서 주변국을 포함한 서역의 상인들이 장안으로 몰려들었다. 시안의 서쪽 성문 밖에는 그 먼 실크로드를 통해 낙타를 타고 서안으로 들어오는 서역인의 모습을 조각한 상이 서 있다. 당대의 장안에는 세계 도처에서 몰려드는 상인들을 위해 국제도시에 걸맞은 시장이 열렸다. 그곳에는 고구려, 백제, 신라인들도 있었다. 당시 고구려나 신라, 그리고 백제인이 수많은 이국인들 속에 서 있었다고 생각하면 실크로드는 더욱 우리에게 가깝게 느껴진다.

이 태백의 시를 통해 화려했던 장안의 모습을 보기로 한다.

어디서 그대와 이별하면 좋을까

장안의 동문인 청기문에
호희(서역의 여인)는 하얀 손을 내밀어 손짓하여 부르고
손님은 금준(좋은 술병에 담아있는 술)으로 취하네
(李白의 送裵十八圖南歸嵩山 중 일부)

이태백의 시뿐만 아니라 당시의 많은 시에 서역의 여인과 서역의 술(대부분 포도주를 뜻함)과 술집이 등장한다. 그만큼 서역풍이 일세를 풍미하고 있었다는 뜻이다. 당대의 장안에서는 서역에서 들어 온 야광 술잔에 서역의 과일인 포도로 빚은 술을 가득 채워 마시는 것이 최고의 인기였다. 군청색 아이섀도로 요염하게 짙은 화장을 한 이국풍의 서역 술집 여인은 지체 높고 돈 많은 귀족자제와 유협소년을 뇌쇄시키고 있었다. 서역인들은 문물을 교역하러 왔다가 이런 저런 이유로 아예 장안에 정착하는 사람들도 점차 많아졌다. 그들은 인구 100만의 장안에 정주하고 벼슬을 하는 등 각자의 방식에 따라 다양한 삶을 영위해 갔다.

당시의 국제도시 장안을 알 수 있게 해주는 수많은 유물이 있는데, 그 대표적인 것이 뤄양 박물관의 대표적 유물인 당삼채이다. 서역인들이 낙타를 타고 악기를 연주하는 모습의 당삼채는 실크로드를 상징하는 유물이다.

현재 시안에서 회족과 이슬람사원을 많이 볼 수 있다. 이미 당대에 장안에 거주하는 이슬람교도가 1,000여명에 이르렀다고 했는데, 현재는 수만 명에 이를 것으로 추정된다. '청진'이라는 글자가 붙은 것은 모두 이슬람과 관계되는 것인데, 시안부터 서

역에 이를수록 자주 눈에 띈다.

실크로드와 옛 장안의 역사를 이해하기 위해서는 시안 비림박물관을 찾아가면 된다. 이곳에는 시안 일대에서 발견된 수많은 비석이 모여 있다. 비석이 숲을 이뤘다는 의미로 비림이라고 하는 것이다. 비석 하나하나가 모두 가치 있는 것이지만, 그 중에서도 석대효경비(石臺孝經碑)는 당대의 유교사상을 이해하는 데에 더 없이 좋다. 누각에 보호되고 있는 거대한 이 비는 당나라 현종이 주석을 단 것으로 유명하다. 당나라 때 건립된 개성석경(開成石經)도 마찬가지이다. 개성은 당 문종(文宗)의 연호로서, 이 석경은 830년부터 837년까지 약 7년간에 걸쳐『주역』『상서』등 유학경전을 돌 비석에 새겨 국립대학인 국자감에 세워 놓았던 것이다.『시경』을 비롯한 유교의 13경전을 모두 227개의 비석에 새겼는데, 글자 수만 650,252자에 달한다. 돌로 만든 책이라고 보면 된다.

당나라의 개방주의 정책에 따라 장안에 외래종교가 활발히 유입되었음은 이미 앞에서 언급했다. 그러한 외래 종교 가운데 하나가 경교(景教)다. 경교는 네스토리우스교라고도 하는데, 그들은 예수의 신격을 부정했다는 이유로 에페수스 종교회의에서 이단으로 몰려 로마제국에서 쫓겨나 소아시아, 아라비아반도 그리고 페르시아로 흘러들어갔다가 마침내 장안에 들어왔다. 그들은 이동하면서 그리스와 로마의 문명을 전달하는 역할을 담당하였다. 그리고 아랍지역을 거친 경교는 당나라에 이슬람의 과학문명을 전달했다. 그 증거가 비림박물관에 있는 유명한 대진경교유행중국비(大秦景教中國流行碑)이다. 이 비는 당나라 덕종(德宗) 때인

781년에 경교전래를 기념하기 위해 세운 것으로 한자와 시리아 문자로 1,870자가 새겨져 있다. 비석에 나와 있는 82명의 신자 가운데 77명이 시리아 사람들이다. 종교와 함께 활발한 인적교류가 이뤄졌음을 증명해 준다.

현재 시안시를 상징하는 것은 삼장법사와 관련있는 자은사와 대안탑이다. 지금도 입장료를 추가로 지불하면 대안탑의 꼭대기에 오를 수 있다. 당나라 당시에는 그 맨 꼭대기에 오르면 전체 장안 시가지를 조망할 수 있었다고 한다. 중국의 대부분의 탑은 우리나라와는 달리 올라 갈 수 있게 되어 있다. 대안탑은 한층 오를 때마다 수명이 연장된다는 속설이 있어서 언제나 인파로 넘쳐난다. 그러나 현장법사의 유골은 홍교사에 안치되어 있다. 홍교사는 시안 시가지에서 다소 외곽에 위치하여 찾는 이가 그리 많지 않지만, 홍교사에는 현장법사가 직접 가져왔다는 나무조각에 산스크리트어로 쓰여 있는 패엽경이 보존되고 있는 곳으로 유명하다.

시안에는 시안의 상징인 대안탑과 더불어 15층의 소안탑(小雁塔)이 남문 밖 천복사(薦福寺)에 있다. 천복사는 중국 유일의 여황제 측천무후가 고종의 명복을 빌고자 세운 절로, 그 안에 신라의 혜초(慧超)스님이 불경을 한문으로 번역했던 번경원(飜經院)이 있었다. 혜초는 8세기에 해로로 인도로 갔다가 실크로드로 중국으로 귀환하여『왕오천축국전』을 저술한 구법승으로 유명하지만, 중국에 밀교(密教)를 뿌리내리게 한 고승으로도 유명하다. 중국에 밀교를 전래한 스님은 인도의 금강지(金剛智)이다. 그는 당나라 황제의 극진한 대우를 받아가며 천복사 번경원에서 현장법사, 라집법사, 진체법사와 더불어 불경을 번역하며 4대 역경가(譯經家)로 우러름을 받았다. 혜초 스님은 그 금강지의 수제자로 『대승유가금강경』 등의 구술을 받아 적는 일을 맡았으며 후에 금강경에 혜초스님이 서문을 짓기도 했다. 이와 같이 천복사는 혜초 스님의 체취가 스민 사찰이다. 금강지의 법통을 이어 받은 혜초는 당나라 황실의 기우승(가물 때 기우제를 담당하는 국가 승려)으로 선택받기도 했다. 시안 서남쪽 200리 섬서성 동지현에 있는 선유사라는 절 부근의 옥녀담에서 당시 황제 대종(代宗)의 어명을 받아 혜초가 기우제를 올리자 '비단같은 비가 흡족하게 내렸다'는 기록이 있다.

시안은 진시황제와 불가분의 관계를 갖는 도시이다. 시안의 역사는 진시황제와 함께 시작하였다고 해도 과언이 아니다. 그래서 현재의 시안을 대표하는 많은 유적지가 진시황제와 관련된다.

진시황제는 기원전 221년 전국시대(戰國時代)를 통일하고 시안 부근의 함양에 도읍을 정하고 중앙집권체제를 확립하였다. 진시황제는 도량형과 화폐를 통일했고, 북부지역의 유목민족들의 침략을 막기 위해 만리장성을 쌓았다. 그러나 자신의 개혁 정책을 비판하는 학자들을 생매장하고 그들의 책을 불태워버리는 분서갱유를 일으켜 호된 비판을 받기도 했다. 또 불로초를 구하기 위해 어린 소년 소녀들을 신선이 살고 있다는 동해 바다로 보내기도 했고, 살아서는 물론이고 죽어서도 최고의 권력을 누리고자 했다. 그래서 그는 그의 후손들에게 "만세까지 내 이름을 전하라"라고 당당하게 말했으나, 그의 제국은 불과

15년 만에 붕괴되고 말았다.

1974년 진시황제 무덤에서 1.5km 떨어진 곳에서 20세기 최고 최대의 고고학적 발굴이라고 찬사를 받는 유명한 병마용(兵馬俑) 갱이 발견되었다. 용(俑)이란 고대 분묘에 부장하던 사람 형태의 조각상을 말한다. 용은 사람 형상뿐만 아니라 안마(鞍馬), 우거(牛車), 병기(兵器), 공구, 주방용품 등 다양하다.

병마용 갱은 2천 년의 어두운 세월을 뚫고 20세기의 서광 속에서 인류 문명의 품으로 돌아왔다. 호호탕탕한 진용(秦俑) 대군이 산하를 집어삼킬 듯한 위용으로 세상에 드러나자 마치 진나라 제국이 부활하는 듯했다. 병마용 갱으로 말미암아 만리장성과 함께 진시황제의 이름은 더욱 영원하게 되었다. 그러니 그가 후손에게 말한 "만세까지 내 이름을 전하라"라는 말은 어찌 되었든 실현된 셈이다.

발굴된 진용 중에서 주목을 받지 않는 것은 하나도 없지만, 그래도 사람들의 가장 큰 관심을 끈 것은 4마리의 말이 끄는 동으로 만든 동거마(銅車馬)라는 수레이다. 중국에서 교통수단으로서의 수레가 언제 발명되었는지는 고증하기 어렵다. 다만 몇 가지 고고학적 발굴에 따르면 적어도 3,700여 년 이상 올라간다. 그러나 아쉽게도 이전 왕조의 수레는 모두가 목재여서 썩어버리거나 심하게 파손된 채로 발굴되어 고대 수레의 전모를 밝힐 수가 없었다. 그런데 진시황 병마용 갱에서 출토된 진나라 동거마는 2천 년 전 수레를 그대로 재현해 놓았다. 이 동거마는 고급 관료용 수레로 추정된다. 일설에 의하면 진시황제가 타던 수레는 청동과 황금으로 장식한 금근거(金根車)로 여섯 마리의 말이 일렬로 서서 끌었으며, 그 뒤로 음양오행에 따라 각각 다섯 가지 색깔의 입거(立車)와 안거(安車)를 거느렸는데, 각기 4필의 말이 그것을 끌었다고 한다. 진시황제가 순행에 나설 때는 언제나 호피(虎皮)로 장식한 장필거가 어가를 호위하며 길을 열었고 연이어 문무백관을 비롯한 황후, 비빈, 태자, 공주의 수레가 뒤를 이었다. 이처럼 위풍당당한 순행을 통해서 진 제국의 위용과 풍모를 유감없이 과시할 수 있었던 것이다. 동거마를 끄는 말에 씌우는 마구(馬具), 예를 들어 고삐나 굴레, 말 머리 부분의 장식도 모두 금으로 만들었다. 2호 갱 출토의 동거마는 총 중량이 2,308kg으로 3,462개의 부분으로 구성되어 있다. 그 가운데 금으로 만든 것이 737개로 3kg 정도이고, 은으로 만든 것이 983개로 4kg이다. 아마도 중국은 물론이고 세계에서 최초의, 그리고 완전한, 그리고 장식이 화려한 청동마차일 것이다.

진시황제는 천하를 통일하고 자신의 위업을 공고히 하기 위해 전국을 순행하였다. 그는 흙먼지를 마다하지 않고 먼 곳까지 달을 달렸다. 천하를 순행하는 데 편리하도록 수도 함양을 중심으로 치도(馳道)를 건설하였다. 치도는 넓이가 50보이고, 3장마다 나무를 심었으며, 도로 양 끝으로는 두텁게 둑을 쌓고 푸른 소나무를 심었다고 한다. 요즘의 고속도로라고 하면 될 것이다. 아직까지도 이 도로의 일부가 남아 있다.

진시황이 순행할 때에는 그 진용이 삼엄하고 성대했으며, 백성들에게는 진귀한 볼거리를 제공하는 것이기도 했다. 그는 천하를 순행하면서 불로장생의 영약을 구하기도 했다. 그러나 삶과 죽음을 뛰어넘으려는 진시황의 갈망은 끝내 실현될 수 없었다. 그의 무덤 공사는 36년 간을 끌면서도 완성되지 못했고, 그가 친히 창건하여 만세를 이어가기를 원했던 진나라도 그의 죽음과 함께 무너지고 말았다. 15년 만에 망했으니, 중국 역사상 가장 단명한 왕조라고 할 수 있다.

진시황제 능은 병마용 갱에서 버스로 세 정거장 떨어져 있다. 70만 군사가 38년 간이나 공사를 했다는 진시황제 능은 진시황제 관을 안치하는 묘실을 포함하여 능역 전체를 말한다. 진시황제 전체 묘역은 60여만 평이고, 묘역 안팎에 내성(內城)과 외성(外城)을 쌓아 당시 도성인 시안의 모습과 같았다고 한다. 바깥 성곽의 길이만도 12km에 달한다니 그것은 무덤이라기보다 하나의 도시라고 해야 할 것이다.

진시황제 능의 지하무덤 구조에 대해서는 정확한 정보가 없다. 추측컨대 지하궁전은 지하 4층까지 파 들어가 4층 중앙에 관을 안치했다고 한다. 아울러 살아있을 때처럼 무덤 안에서 휴식을 취할 수 있도록 별도의 편전(便殿), 부장품을 놓은 부장묘구(副葬墓區)까지 설치했다고 한다. 사마천의 『사기』에 '위에는 천문(天文)을 갖추고 있고, 아래로는 지리(地理)를 갖추고 있다'고 한 것으로 보아, 진시황제 지하궁전은 하늘은 둥글고 땅은 네모나다는 중국적 이치에 따라 건축된 것으로 생각된다.

능묘를 감싸고 있는 능원 규모도 매우 컸고 많은 건물이 있었을 것이다. 그러나 진나라 말기의 병란으로 능원 전체의 지상 건물은 모두 파괴되었다. 현재 여러 곳에서 진시황릉과 관련되는 건물지가 발견되고 있다. 진시황제 능이 건축되면서 함께 조성된 여산읍 역시 휘황찬란했을 테지만, 엄청난 불길 속에 끝내는 황량한 초원으로 변하고 말았다. 오랜 세월이 흐른 지금도 능 주위에 붉게 그을린 흙에 목탄이 뒤섞여 있고, 깨진 기와조각과 잡초가 서로 엉겨 있어 황량한 모습만 드러내고 있다.

웅장하고 화려했으며 일반인은 근처도 갈 수 없었던 진시황제 능은 입장료만 지불하면 누구나 정상까지 올라갈 수 있다. 인생무상을 느끼지 않을 수 없다.

진시황제 능에서 그리 멀리 떨어져 있지 않은 곳에 당나라 현종이 양귀비와 사랑을 나눴다는 화청지가 있다. 화청지는 1936년 중국 현대사의 흐름을 바꿔놓았던 시안사건이 일어났던 현장이기도 하다. 꽃조차 양귀비의 미모에 부끄러워했다고 하는데, 결국은 양귀비의 미모가 나라를 망쳐놓고 말았으니 경국지색은 어찌할 수 없는가 보다.

강태공은 위수에서 60년이나 낚시를 했다. 그리고 마침내 세월을 낚는데 성공하여 주나라 무왕을 도와 은나라를 멸하였다. 강태공이 그렇게 오랫동안 낚시했다는 위수는 시안에서 함양으로 가기위해 반드시 건너야 하는 강이다. 위수는 한대 실크로드가 개척된 이래로 서역으로 떠나는 사람을 가족이나 친지들이 전송하던 이별의 강이었다. 그래서 한나라 시대 이래로 위수 가에는 여관이 즐비하였고, 그곳에서는 이별의 술잔이 오고갔다고 한다. 역대의 많은 시인의 시구에서 위수에서 이별하는 내용을 찾을 수 있다. 한·당 시대에는 서역으로 떠나는 사람을 위해 위수 강변의 버드나무를 꺾어 주었다고 한다. 당대까지만 해도 위수는 수량도 많고 매우 맑았던 듯하다. 두보(杜甫)의 시에 위수는 '맑은 물'로 자주 등장하기 때문이다. 그러나 지금은 수량이 매우 줄어들어 옛 위용을 뽐내지도 못하고 물 또한 맑지도 못하다. 늘 책으로만 접했던 위수를 처음으로 눈으로 대하게 될 때는 흥분되지만, 그 초라한 모습에 곧 실망하고 만다.

시안에서 살아있는 옛 실크로드 문화를 느끼려면 장안에 왔다가 서역으로 돌아가지 못하고 남은 후손들이 집단으로 거주하는 회족거리를 찾아가 보는 것이 좋다. 여름철이면 그 거리에서 펼쳐지는 야시장은 전성기의 당나라 장안의 서시에 온 듯한 착각을 불러일으킨다. 아무튼 서안을 가보지 않고 어찌 중국을 가보았다고 할 수 있으며, 실크로드에 대해 말할 수 있겠는가?

2. 관중지역의 실크로드

시안에서 기차를 타고 3시간을 가면 빠오지가 나온다. 시안에서 빠오지까지는 온통 황토평원이다. 빠오지는 공업도시로 발전하는 대도시이면서 서역으로 들어가는 중원의 마지막 도시라고 할 수 있다. 시안과 이 일대의 관중지역에는 대단히 많은 역사유적지가, 그것도 실크로드와 관련한 유적이 많다.

실크로드 개척을 지휘한 한나라 무제의 능묘인 무릉도 이곳에 있다. 무릉은 능묘이름이기도 하지만, 행정 명칭(무현)이기도 하다. 무현은 무제가 즉위 3년 후 건설한 신흥도시로 수도 장안에서 서북쪽으로 약 4km 지점에 있던 장안의 위성도시였다. 여기에 무제는 자기의 능묘를 만들기 위한 도시를 건설하였다. 중국의 고대 제왕들은 즉위 후 자신의 능묘를 건설하는 관습이 있었다. 진시황제가 살아생전에 36 년간에 걸쳐 자신의 무덤을 만든 것도 이 때문이다. 무제가 무릉을 건설한 것은 두 가지 뜻이 있었다. 하나는 자신의 사후에 능묘가 잘 보존되기를 바람에서이고, 다른 하나는 수도 장안이 지나치게 서쪽에 치우쳐 있어서 경제 방면에서 황하 하류 또는 산동성에 미치지 못한다고 판단하고 장안과 그 부근에 경제력을 집중시켜야할 필요성, 즉 수도의 위성도시가 필요했기 때문이다. 그래서 무릉의 건설규모는 대대적일 수밖에 없었다. 무제는 무릉을 건설하면서 천하의 부호 27만 명을 강제로 무현에 이주시키는 한편, 이주하는 자에게 가구 당 20만전과 땅 200무를 부여하는 특혜를 부여했다. 이리하여 전국 각지에서 다양한 인간들이 무현으로 모여들었고, 위대한『사기』의 저자 사마천의 집안도 이 때 하양(夏陽)에서 무현으로 이주하였다. 무현은 장안의 위성도시로서 또한 신흥도시로서 활기찼을 것으로 추측된다.

무제의 무릉은 높이 46m, 밑변 230m의 작은 산과 같다. 특히 주위가 온통 대 평원임을 고려하면 실제 느끼는 웅장함은 더하다.『한서』의 기록에 의하면 무제는 즉위한 지 2년째 되던 해부터 자신의 능을 건설하기 시작하여 53년 만에 완공했다고 한다. 묘실로 통하는 네 문에는 검과 쇠뇌 같은 것이 장착되어 도굴을 방지했고, 능묘에는 아름드리 나무를 심었다. 그러나 무제가 죽고 얼마 지나지 않은 전한 말에 적미군(赤眉軍)이 난을 일으켜 수도 장안을 점령할 때에 무릉은 파헤쳐지고 유물은 약탈당했다고 한다.

앞 장에서 설명한 대로 무제는 흉노와의 싸움을 위해 장건을 서역에 파견하여 결과적으로 실크로드를 개척하는데 일익을 담당한 군주이다. 돈황 막고굴 323굴에는 장건이 황제의 명을 받고 서역으로 떠나는 장면이 벽화로 남아있다. 그것을 「장건출서역도(張騫出西域圖)」라고 한다. 이 벽화는 장건이 서역에 갔다 온 지 8백년 후에 그려진 것으로, 한 무제가 서역으로 떠나는 장건 일행을 배웅하는 모습이 잘 묘사되어 있다.

한나라 무제는 서역에서 얻은 천마를 이용하여 기병부대를 편성해서 흉노를 공격하였다. 이 때 젊은 장수 곽거병을 기용하였는데, 그는 기대에 어긋나지 않게 연전연승하며 마침내 흉노 땅인 하서지방을 정복하고 흉노군 10만 명을 포로로 잡는 전공을 세웠다. 그 후에도 여러 차례 흉노와의 싸움에서 뛰어난 무공을 세워 무제의 절대적인 신임을 받았지만, 안타깝게도 24살의 짧은 나이에 운명하고 말았다. 무제는 매우 슬퍼하며 그의 묘를 자신의 무릉 옆에 쓰도록 하였다. 황제의 능 주위에 조성하는 무덤을 배총이라고 하는데, 배총은 황제와 특별한 관계가 있는 자들의 무덤이다. 현재 무릉에 가면 무릉박물관이 조성되어 있는데, 사실은 무제의 무릉박물관이 아니라 실제는 곽거병의 무덤을 이용한 박물관이다. 그곳에서 가장 눈길을 끄는 것은 곽거병 묘역에서 발견된 '흉노를 짓밟는 천마석상'이다. 이 유물이 무릉 전시관에서 가장 중요한 유물로서, 천마의 기상과 그 효용성을 상징할 뿐만 아니라 흉노를 무찌르고 싶은 무제의 열망을 대변하는 것이다. 무제와 곽거병에게 말, 특히 천마와 흉노를 빼면 이야기할 것이 아무 것도 없다. 하지만 실크로드의 역사를 모르는 사람들에게 오랜 세월의 풍상으로 퇴색된 그 석상은 겉이 화려한 일반 유물에 가려 관심밖에 머물 따름이다.

또 하나 관중지역의 유명한 황릉은 건릉이다. 건릉은 당 나라 고종과 측천무후(則天武后)의 합장릉으로 중국 최대이면서 세계 최대의 무덤이다. 당대의 무덤 조성은 한대와는 다르게 인적, 물적 자원을 절약하고 도굴을 방지하기 위해 산을 이용하여 무덤을 만들었다. 그래서 건릉의 높이는 1,048m에 달한다. 건릉의 웅장한 기세는 진시황제 능도 미치지 못한다. 더욱이 당 태종의 무덤인 소릉(昭陵)을 비롯한 당대의 많은 능묘가 도굴 당했지만, 건릉만큼은 도굴 당하지 않고 원래대로 보존되고 있다. 산의 암석이 견고하고 거석으로 봉분의 문을 봉해 놓았기 때문이다.

진시황제 능묘가 파괴된 이래 끊임없이 황제 능이 도굴되고 훼손당하자 당나라 이후에는 대부분의 황릉에 궁노(弓弩), 독가스, 암전(暗箭) 등을 장치하는 것이 관례였다. 그럼에도 황릉은 도굴을 피하지 못했고, 또 도굴과정에서 이른바 도굴방지를 위해 고안해 놓은 장치들이 어떤 작용을 했고, 어떤 효과를 발휘했는지 확인할 수가 없다. 민간에 전해지는 도굴범들의 도굴과정이나 그 방지 장치들에 대한 언급은 믿기가 어렵다.

당 고종과 측천무후 시기는 중국 역사상 최고의 문화 절정기로서 이 황릉을 발굴하면 또 한 번 세계를 놀라게 할 것이다. 중국의 고고학자들이 가장 발굴하고 싶은 황릉이 진시황제 능이 아니라 건릉인 것만 보아도 알 수 있다. 더욱이 건릉은 고종이 죽자 측천무후가 장차 자신과 합장하는 것을 전제로 자신이 직접 조성하였기 때문에 그 유래를 찾아보기 어려울 정도의 거대하고 화려한 황릉으로 조성되었다. 현재 건릉의 전체 묘역은 예전보다 크게 축소된 상태로서 원래는 입구에서 황릉까지 4km가 넘었었다. 건릉으로 들어가는 도로(예전에는 그 도로를 신도라고 했다)의 양쪽에는 4.5m의 거대한 석상들이 늘어서 있다. 신기한 동물상과 함께 당시의 신하들을 본 뜬 문무 관료의 상이다. 문무 인물상이 끝나는 황릉입구에는 당시 세계 각국에서 온 61개국 조문사절들의 석상이 있다. 61개국 중 많은 수가 서역의 사신이기 때문에 당시에 실크로드가 얼마나 번성했는가를 알려준다. 다만 명나라 시대에 그들의 두상이 모두 파괴되어 어느 나라 사신인지 식별할 수 없다. 이 61개국 사신 중에는 신라(통일신라)의 사신도 있었다.

건릉의 능 입구에 있는 거대한 비석 2개는 보는 이를 압도한다. 하나는 고종의 비석으로 측천무후가 직접 쓴 송덕비이고, 또 하나는 글이 하나도 쓰여 있지 않은 것으로 측천무후의 비석이다. 묘비는 반드시 죽은 후에 쓰는 것으로 측천무후는 후대인들이 자신에 대해 가장 웅장하고 아름다운 비문을 써 주기를 바라면서 거대한 비석을 세워놓았으나, 그녀가 죽은 후 아무도 그녀를 위해 비문을 쓰지 않았다. 그래서 지금까지 글씨가 없는 채로 서 있는 것이다. 아무 글씨가 없기 때문에 흔히 '무자비(글씨가 없는 비석)'라고 일컬으며, 글씨가 없는 비석으로는 이것이 세계에서 유일할 것이다. 무자비에서 다시 한 참을 걸어 올라가야 봉분에 이른다.

장회태자와 의덕태자 그리고 영태공주는 측천무후가 권력을 장악해가는 과정에서 죽임을 당한 그녀의 아들과 손자, 손녀인데, 그들의 무덤은 모두 건릉의 배총이다. 이들 묘는 1970년대에 발굴되어 수많은 부장품과 함께 묘도에 그려진 화려한 벽화로 인해 사람을 놀라게 하였다. 벽화는 당시 장안 사람들의 삶과 의복 등을 이해하기에 좋은 자료가 된다. 특히 영태공주 묘에서는 비단 옷을 입은 아름다운 당나라 미인을 만날 수 있다. 벽화의 채색이 많이 퇴색되었지만 그래도 1,300년 전의 실크로드 시대 장안의 모습을 생생하게 볼 수 있는 곳이다.

법문사는 관중의 대표적인 사찰이다. 실크로드를 따라 서역에서 온 승려 안세고 는 관중의 심장에 해당하는 지역에 석가모니의 진신사리를 봉안한 탑을 건립하고 웅대하고 위엄있는 사원을 건립하였다. 이것이 법문사의 시작이다. 법문사는 건립된 이래로 중국 불교계에서 극히 중요한 위치를 차지했다. 법문사와 그 보탑은 역사의 부침과 왕조의 변화, 그리고 황제나 재상들의 애증에 따라 흥망성쇠와 영욕을 거듭하였고, 지진으로 탑이 몇 차례 무너지기도 했다. 지금의 탑은 명나라 때인 1579년부터 시작하여 30년에 걸쳐 1609년에 중건 되었다. 높이 46m의 23층 사리탑이다. 그 후 청나라 때 진도 8의 대지진의 여파로 탑의 일부 모서리가 떨어지고 균열이 발생하면서 남서쪽으로 3m정도 기울고 말았다. 그리고 1976년의 지진으로 피해를 입었고, 1981년 여름에는 강풍과 폭우를 동반한 천둥번개가 내리쳐 13층 팔각 법문사 탑은 마치 예리한 칼날로 내리친 듯 꼭대기로부터 절반이 무너져 내리고 말았다.

법문사는 1987년부터 본격적인 발굴과 복원공사가 진행되었고, 그 때 탑 밑에서 법문사 지하궁이 발견되어 사람들을 놀라게 하였다. 법문사 지하궁에서는 화려하고 독특한 수많은 유물과 함께 석가모니의 최대 사리인 지골(손가락 뼈)사리가 나왔다. 수많은 유물들은 대부분 당대의 유물로서 그 역사적 가치가 매우 높다. 사서의 기록에는 당나라 고조 이연과 태종이 법문사를 방문하였으며, 30년에 한 번씩 불사리를 장안으로 봉영하는 행사를 가졌다고 한다. 법문사에서 장안에 이르는 200여 리의 봉영 길에는 황제 어림군의 의장대 인도를 따라 황실의 온갖 악기들이 연주되고 수백 명의 승려들이 합장하며 그 뒤를 따랐는데 그 소리가 일대 장관을 이루었고, 길가에는 일반 백성들이 좌우의 길을 메웠다고 한다.

법문사는 역사와 함께 불교가 숨 쉬는 곳이다. 실크로드 역사에서 불교는 가장 중요한 문화의 하나이고, 법문사는 자은사와 함께 가장 중요한 사찰의 하나이다. 오랫동안 역사 속에 묻혀있던 법문사였는데, 이제는 그곳에 박물관이 건립되어 세상 사람들에게 잊혀진 역사를 일깨워주고 있다. 법문사는 소림사에 비해서 일반인들에게 매우 생소한 사찰이지만, 역사성으로 볼 때에 소림사가 어찌 법문사와 비교될 수 있겠는가!

3. 티엔수이와 맥적산 천불동

시안에서 티엔수이(천수 – 天水)까지 가는 주변경관은 우리나라에서 볼 수 없는 풍경이다. 이 구간은 본격적으로 서역에 진입하는 지역으로 독특한 지리적 특색을 보여주기 때문이다. 역사적 의미나 문화를 떠나 시안에서 우루무치를 거쳐 카슈가르에 이르는 실크로드 전 노정을 기차로 완주한다면 그 풍경만으로도 잊을 수 없는 추억이 될 것이다. 시안에서 하서회랑에 이르는 동안 보이는 것은 온통 누런 황토이다. 대부분의 황토지대는 나무가 없어 비에 씻겨 깊게 패인 단애지대를 만들기도 하고 곳곳에 계단식의 밭을 만들어 고량, 옥수수, 밀 등을 재배한다. 기본적인 삶은 제공해주나 고단한 농촌의 현실이 아닐 수 없다. 그리고 황토 단애지대에는 사람들이 굴을 파고 살기도 하는데 그것을 요동이라고 한다. 요동은 산서성, 섬서성, 감숙성 일대에 많은 편이다.

요동(窯洞)은 말 그대로 동굴 형태의 집이다. 다소 미개한 삶이라고 생각하기 쉬우나 이것은 매우 오랜 역사를 가진 고풍스런(?) 집이라고 할 수 있다. 왜냐하면 습도와 온도가 조절되며 여름에는 시원하고 겨울에는 따뜻하기 때문이다. 황토지대에서 요동이 발달한 이유는 나무 구하기가 매우 어렵고 값도 매우 비쌌기 때문이다. 당나라 시대의 유명한 시인 두보도 요동에서 태어났다. 현재 요동에 살고 있는 인구는 약 4천만 명으로 추산된다. 그러나 중국이 경제발전을 이룩하면서 요동은 점차 사라지는 추세에 있다.

티엔수이는 진시황제의 진나라가 탄생한 곳이다. 그래서 이 주변에는 많은 역사유적과 볼거리가 많다. 티엔수이 중심 시가지를 진성(秦城)이라고 하는데, 이는 진나라(秦) 도시(城)라는 뜻이다. 티엔수이는 500년 간 분열된 춘추전국시대를 통일한 진나라의 발상지인 것이다.

티엔수이(천수)의 지명유래는 동화 같고 아름답다. 한나라 무제 때에 대지가 갈라지며 땅속에서 붉은 빛이 솟아나 하늘의 번개와 뒤섞였는데, 그 때 천하(天河: 은하수)의 물이 땅이 갈라진 곳에 내려와서 호수가 되었다고 한다. 물맛이 감로(甘露 – 달콤한 이슬)와 같고 깨끗하여 사람들은 그 호수를 천수정(天水井)이라 불렀다고 한다. 이때부터 이곳의 이름이 천수가 되었다는 것이다.

티엔수이는 중국의 전설상의 황제인 복희씨의 고향이다. 복희는 원시시대에 수렵과 어로를 가르친 성인으로 중국인들이 받드는 인물이다. 그래서 복희을 모시는 사당인 복희묘(伏羲廟)가 이곳에 있다. 티엔수이 기차역에 내리면 중국의 전 국가주석 장쩌민이 쓴 '복희고향'이라는 대형 간판을 만나게 된다.

맥적산 석굴은 티엔수이에서 35km 떨어진 깎아지른 절벽 위에 조성되어 있다. 멀리서 보면 산 전체가 하나의 보릿단을 쌓은 모양 같다고 해서 맥적산이라고 하는데, 이런 험한 바위산에 어떻게 굴을 파서 석굴을 조성했는지 신비할 따름이다. 석굴에 올라 밑을 내려 보면 현기증이 일어날 지경이다. 맥적산은 해발 1,742미터지만, 이 지역이 진령산맥 위의 높은 지대에 자리를 잡고 있어서 실제 높이는 142미터에 불과하다. 정상에서 바라보는 전망은 대단히 좋다.

맥적산 천불동은 석굴이 194개이고, 조상이 7,000여 개로 중국에서 흙으로 만든 불상이 가장 많은 석굴사원이다. 석굴이 조성된 연대는 5세기의 북위와 서위(西魏)시기이다. 이곳의 불상들은 곧은 코, 큰 눈, 얇은 입술과 작은 입의 위엄 있는 얼굴을 하고 몸매가 풍만한 것이 특징이다. 보살상은 모두 높은 관에 머리를 늘어뜨리고 웃옷은 입지 않은 채 긴 치마를 입고 있어 매우 독특한 매력을 풍긴다.

맥적산 석굴에서 빼놓을 수 없는 곳이 제 43굴이다. 그곳에는 가련한 을불황후(乙弗皇后)라는 여인이 있다. 을불황후는 16세에 서위 문제(文帝)의 황후가 된 현모양처의 아름다운 여성이었다. 그러나 그녀가 낳은 12명의 자녀 가운데 11명은 어린 나이에 죽고 겨우 태자 한 명만 온전히 성인이 되었으니, 불행한 어머니이기도 하다. 서위는 유목민족인 선비족 계열이다. 서위는 몽골계 유목민족인 유연(柔然)으로부터 자주 국경을 침범 당하자 서위 문제는 고심 끝에 결혼정책으로 그들의 침략을 저지키로 한다. 이에 문제는 유연 출신의 도후(悼后)와 결혼하고 그녀를 새 황후로 삼고, 황후로 있던 을불황후는 출가하여 승려가 될 것을 명했다. 538년 을불황후는 황궁을 떠나 궁벽하고 쓸쓸한 이 외진 맥적산 석굴에 와서 비구니가 되었다. 그러나 그녀의 운명은 이것으로 끝나지 않았다. 새 황후인 도후는 문제와 을불황후가 은근히 관계를 지속한다고 의심한 것이다. 그녀는 친정인 유연족이 다시 침입하여 서위를 굴복시키자 문제에게 을불황후와의 관계를 문제 삼았다. 서위 문제는 을불황후와 관계가 없음을 해명했지만, 도후는 물러서지 않았다. 문제는 할 수 없이 깊은 산속의 석굴에서, 궁중의 온갖 화려한 영화를 뒤로 하고 처량하게 비구니 생활을 하고 있던 을불황후에게 자결을 명하지 않을 수 없었다. 황후는 황제의 만세와 천하평안을 위해서라면 죽어도 한이 없다면서 시녀들의 머리를 잘라 모두 출가시킨 뒤 31세의 젊은 나이로 목숨을 끊었다.

가련한 을불황후가 죽자 그녀의 무덤을 맥적산 석굴 절벽에 정하고 적릉이라고 했는데 그것이 제 43굴이다. 서위가 강성해진 후에 그녀의 시신은 영릉으로 이장했지만 제 43굴의 불상이 을불황후의 모습을 본떠 만들었다고 하니, 그것으로 우리는 허전한 마음을 조금이나 달랠 수 있다. 제 43굴 불상이 맥적산 석굴 전체에서 가장 아름다운 불상이라는 평가를 받는다. 을불황후를 죽음으로 몰아넣은 도후는 14살에 결혼하여 2년 뒤에 산후처리가 좋지 않아 너무나 짧은 16세의 나이에 세상을 떠나고 말았으니, 이것은 그녀의 업보일까?

티엔수이에는 한대의 장군 이광의 묘가 있다. 한 무제 때 흉노와의 싸움을 통해 수많은 명장들이 명멸했지만, 이광만큼 명성이 자자하고 그 자신과 그의 후손만큼 불행한 경우도 없다. 이광은 그의 생애 대부분을 흉노와의 싸움으로 보내면서 혁혁한 공을 세웠지만, 만년에 그를 시기하는 무리들에 의해 목숨을 잃고 만다. 그의 세 아들들도 모두 무장으로 이름을 날렸지만, 모두가 불행하게 생을 마감하였고, 유복자로 태어난 그의 손자 이릉도 흉노와의 싸움에서 상당한 공을 세웠지만 한 번의 실패로 흉노에게 항복하고 말았다. 이릉의 항복에 격노한 한나라 무제에 의해 이릉의 집안은 9족이 멸족당하여 영원히 대가 끊어지는 화를 입고 말았다. 그리고 항복한 이릉을 변호했던 위대한 역사가 사마천은 궁형의 참화를 입고 절망감과 자괴감 속에 빠졌지만 발분하여 위대한 『사기』를 저술하였다.

이광의 묘 입구에 제대로 다듬지도 않은 나무판자 위에 흰 색 분필로 간략하게 이광을 소개하는 글이 안내판을 대신하고 있다는 것이 어이없기도 하고 신기하기도 하지만, 그 삐뚤삐뚤한 나무 소개판도 머지않아 떨어져 없어질 것이라고 생각하니 인생무상과 세월의 덧없음만 느껴진다.

4. 서역의 관문 란저우

하서회랑의 길목으로 들어가는 황토지대에는 생각보다 많은 작은 도시들이 간단없이 이어진다. 모두 기련산을 덮은 만년설이 녹아 흘러내린 물이 오아시스를 만든 결과이다. 그러나 이렇게 궁벽한 시골 구석구석에도 개발의 변화는 일고 있다. 중국의 어디를 가든지 개발이 한창이다. 한 번 불이 붙은 중국의 개발과 발전은 브레이크 없는 페달과 같다는 생각이다. 빠르게 변화하는 중국에 공포심이 느껴질 때가 한 두 번이 아니다. 전 산업분야에서 우리나라를 추월하는 것은 오직 시간뿐이라는 생각마저 든다.

란저우(蘭州 – 난주)는 감숙성의 성도로서 중국정부의 서부 대개발 정책에 따라 빠르게 발전하여 인구 200만의 대도시로 급성장하였다. 란저우는 중국 역사상 서쪽 방위의 제 1선이 되어 군사도시로서의 기능을 담당하였지만, 현재는 서부 대개발의 혜택을 크게 입어 서북의 공업도시로 발전하고 있다. 란저우는 인근의 옥문관(玉門關)에서 채굴되는 석유로 인해 그 관련공업이 발전하고 있고, 양모의 집산지로서 모직공업을 비롯한 경공업 분야도 매우 빠르게 발전하는 서부의 대도시이다.

란저우는 예로부터 실크로드에 해당하는 감숙성과 청해성, 그리고 신강성을 가려면 반드시 거쳐야 하는 동서교통의 요충지였다. 란저우를 경계로 동쪽과 서쪽지역은 지리적으로 민족적으로 또 생활관습 등에서 판이한 모습을 보인다. 베이징이나, 상하이, 또는 산동성에서 열차를 타고 신강성으로 갈 때에 이곳부터는 중국이 아닌 새로운 세계로 들어가는 느낌을 받는다. 역사에서 말하는 서역도 실질적으로 이곳부터 서쪽지역을 말한다.

황하의 발원지는 청해성의 티베트 지역이지만 도시로서는 실질적으로 란저우에서 시작한다. 양자강은 난징이나 우한과 같은 대도시를 끼고 흐르지만, 황하에는 이상하게도 그런 대도시가 없다. 과거에 수도였던 장안이나 뤄양도 각각 위수(渭水)나 낙수(洛水) 주변에 있긴 했지만 이들 강은 황하의 지류였지 본류는 아니었다. 항하의 남쪽 연안에 있는 란저우는 그런 의미에서 아주 예외적인 존재라고 하겠다. 이러한 연유 때문에 란저우의 황하 가에 황하모친상(黃河母親像)을 조각해 놓았을 것이다. 란저우는 날씨의 변화가 심한 곳이다. 고도가 워낙 높기 때문에 여름에도 다른 사막의 오아시스에 비해 서늘하다. 란저우는 보슬비가 자주 내린다. 그래서 이곳 사람들은 한 여름에도 반바지 대신 긴 바지를 입고 있다.

란저우는 한나라 무제 때에 흉노 공격의 전진기지였다. 그러한 유적이 오천공원에 가면 확인할 수 있다. 곽거병이 무제의 명을 받고 흉노를 정벌하러 출정했을 때에 이곳에서 숙영했다. 그러나 숙영지에 마실 물이 없어서 병사들이 싸우지도 못하고 쓰러지게 되자, 곽거병이 산 위로 말을 달려 채찍을 다섯 번 내리치니 다섯 개의 샘물이 솟아 나왔다고 한다. 그 다섯 개의 샘물이 있다고 해서 '다섯 오(五), 샘물 천(泉)'의 오천공원이다. 그 다섯 샘물은 지금도 보존되고 있다.

백탑산(白塔山) 공원은 란저우 시가지를 한 눈으로 조망하기에 가장 좋은 곳이다. 백탑산은 생각보다 꽤 가파르다. 18세기까지만 해도 란저우는 이곳이 중심지였다. 옛 지도를 보면 백탑산 주변에만 마을이 형성되어 있을 뿐, 현재의 도시지역은 텅 비어 있다. 백탑산이라고 부르게 된 연유는 원대의 라마식 흰 탑이 있기 때문이다. 백탑은 17m 8각 7층의 전탑으로 명대에 보수하여 지금에 이르고 있다. 한대에는 높이 2백 미터의 백탑산에 성채를 쌓고 금성이라고 불렀다. 금성은 흉노정벌에서 매우 중요한 역할을 담당했었다.

란저우 위쪽에는 유가협(劉家峽) 댐이 있다. 1958년부터 15년간 공사하여 완공한 댐으로 우리나라의 소양강 댐 수역보다 14배가 큰 130km²이니, 그 넓이를 어림하기도 쉽지 않다. 한대와 당대까지만 해도 실크로드는 원래 이곳을 관통했는데, 유가협 댐이 완공되면서 옛 실크로드의 길은 물에 잠기고 말았다. 유가협 댐 안으로 들어가면 유명한 병령사(炳靈寺)가 나온다.

병령사는 5호16국시대인 4~5세기부터 조성된 석굴이다. 그 후 1,000여 년 간 황하유역에서 가장 번성한 사찰이었다. 병령사는 서역으로 들어가는 관문에 있었기 때문에 더욱 발전할 수 있었다. 병령사의 '병(炳)'은 '10만의 미륵불'이라는 뜻이고, '령(靈)'은 '부처가 계시는 곳'이라는 의미로 불상이 매우 많다는 뜻이다. 지금까지 밝혀진 석굴과 감실 수는 모두 196개이다. 병령사를 대표하는 불상은 당대에 세워진 높이 27m의 대불이다. 또 병령사의 조성연대를 정확히 알려주는 것은 169굴이다. 169굴에 '건홍(建弘) 원년(420년)'이라는 조성기가 있기 때문이다. 운강석굴은 이보다 다소 늦은 시기에 만들어졌다.

란저우는 인촨 다음으로 회족의 중심도시이다. 청대 후기에 이곳에서 수 만 명의 회족들이 저항과 순교를 하여 비극의 현장이 되기도 했다. 회족들이 존경하는 그들의 민족 지도자 마명심의 묘지도 란저우에 있다. 현재 란저우를 비롯한 감숙성에만 약 100만 명의 회족이 살고 있다. 그래서 란저우에 이슬람 사원인 청진사가 많다. 그 중 동관(東關)의 청진사가 대표적이다. 전형적인 이슬람 사원 양식인 돔 양식의 건물이 아니고 우리나라 경복궁과 같은 건물 양식이다. 예배 보는 시각이 아니면 청진사는 아주 한산하고 조용하다.

5. 영하지구의 실크로드

실크로드와 깊은 관계를 맺고 있는 민족이 중국의 소수민족인 회족(回族 – 회족)이다. 회족은 란저우 이서지방에서 많이 볼 수 있는 민족으로 흰 모자를 쓰고 있거나 흰 스카프를 두르고 있다.

회족은 약 9백여 만 명으로 중국의 55개 소수민족 중 장족(壯族) 다음으로 많다. 이들은 주로 중국의 서북지역에 집중적으로 분포하여 영하 회족 자치구(寧夏回族自治區)에 200만 명, 감숙성에 100여만 명 그리고 신강성에 80만 명 정도가 살고 있다. 이들 민족은 목축을 포함한 농업에 종사하지만 상업과 수공업에 종사하는 사람도 많다. 회족은 이슬람 경전인 꾸란(흔히 코란으로 알려진 이슬람의 경전. 한자로는 고란<古蘭>으로 표기한다)을 독경하는 경우를 제외하고는 한어, 즉 중국어를 사용한다.

회족을 위구르족과 혼동하거나 같은 종족으로 이해하는 경우가 있다. 회족은 위구르 족과 같은 이슬람교를 믿지만 종족은 전혀 다르다. 외모로 구분하자면 위구르족은 터키나 아랍인에 가깝고, 회족은 한족과 비슷하다. 그래서 회족을 '한족 가운데 이슬람교를 믿는 사람들'이라고 정의하기도 한다. 그러나 이슬람교를 믿지 않는 데도 스스로 회족임을 자처하는 사람들도 있다.

회족(回族)할 때 '회'는 한자로 '回'로 메카 성지에 있는 신전의 모습을 형용한 것 또는 몸과 마음을 메카로 향해 '돌린다(回)'는 의미로 해석하기도 한다. 그러나 실크로드를 따라서 이곳에 온 이들이 여러 가지 이유로 인해 돌아가지 않고 정착했지만, 언젠가는 이슬람의 고향 땅으로 돌아가겠다(回)는 뜻으로 이해하기도 한다. 또 일부는 '회회(回回)족'에서 나온 것으로, '회골(回鶻 – 위구르족)'의 앞 글자 '회'자를 떼어 온 것으로 본다. 회회란 송나라 때 중앙아시아의 회골이 이슬람교를 믿었기 때문에, 회골과 회회는 같은 무슬림으로 통용되었다.

회족의 공통점은 이슬람교를 신봉한다는 점이다. 중국에서 이슬람교는 회교, 청진교(清眞教), 천방교(天方教), 대식교(大食教) 등으로 불렀으며 이슬람교를 믿는 사람들을 무슬림(穆斯林)이라고 한다. 이슬람교의 중국 전래는 당나라 고종 때인 서기 651년대식국에서 사자를 파견하면서 시작되었다. 그러나 이슬람의 전래를 그보다 조금 앞선 당 태종 때라고 주장하는 사람도 있다. 당 태종 때에 3,000명의 아랍인이 중국에 들어올 때에 그 속에 회족이 있었을 것으로 추론한다. 아무튼 당 이후 이슬람인들은 속속 중국에 들어왔고, 당 나라 말기와 서하시기에 상당수의 페르시아, 대식국, 아랍의 사신과 상인 그리고 전교사(傳教師)가 왕래하였다. 이들은 바다를 통해 중국의 동남해안 지역으로도 진출하여 천주(泉州)와 영파(寧波), 양주(揚州)일대에 그 흔적을 남겨놓고 있다. 그러나 이들의 대부분은 실크로드를 따라 들어왔고 그 주변지역에 자리를 잡고 뿌리를 내렸다. 실크로드의 출발지인 시안에서 하서회랑을 따라 파미르에 이르는 서역에 회족이 점점이 거주하는 것은 이러한 사실을 뒷받침 해준다. 역사에서 말하는 이슬람인은 아랍인, 위구르인, 페르시아인, 투르크인 등을 통칭하는 말이다. 이들은 중국의 서부지역을 중심으로 정착하면서 먼저 위구르족의 선주민에 해당하는 회골(回鶻) 족과 몽고족 등과 융합하고, 다시 토착 한족과 섞이어 오늘날의 회족을 이루게 된다.

송대에는 하서회랑 일대에 건국한 서하의 도성인 홍경부(현재의 인촨)를 중심으로 무역활동을 하던 이슬람인들이 많았다. 그러나 뭐니 뭐니 해도 이슬람인이 중국에 대거 들어온 시기는 원대이다. '원나라 시대에 회회는 천하에 골고루 미쳤다'는 기록이 이러한 정황을 대변한다. 민족과 종교를 차별하지 않는 원의 개방정책이 이들을 불러들인 것이다. 원나라는 자신들의 사회구조 속에 소위 색목인이라는 아랍계 인사들을 중용하여 편입하였고,

이슬람교를 믿는 '회회군(回回軍)'까지 조직하였다. 쿠빌라이는 영하일대와 그 서쪽에 세력을 뻗치고 있던 서하를 멸망시킨 후, 15만의 군대를 그곳에 주둔시켰는데, 그들 대부분이 이슬람을 신봉하는 자들이었다. 원은 계속해서 서진정책을 추진하여 아랍 지역을 정복하고 그곳에 일 한국을 건설하였다. 원나라의 세계 제국 건설은 결과적으로 아랍과 중국 간에 국경이 사라지게 한 셈이었다. 이러한 추세를 타고 이슬람의 상인, 학자, 장교(掌教 – 이슬람교 관리자), 관리 등이 대거 중국에 들어왔으며 그 중심부는 영하부(寧夏府)였다. 란저우 박물관 회교 전시실에는 '원나라 시대에 중앙아시아와 신강지역에 살던 무슬림들이 대거 감숙지방으로 이주해 오기 시작하였다'라고 기록하고 있다.

요컨대 회족은 당송시기에 육지와 바다의 비단길을 따라 들어온 아랍, 페르시아, 무슬림의 번객(蕃客)과 원대에 대거 중국에 온 중앙아시아, 페르시아, 아랍인이 주류를 이루고, 여기에 중국의 여러 민족과 융합되어 오늘에 이른다고 말할 수 있다.

그러면 현재의 회족들은 자신들의 유래에 대해 어떻게 생각하고 있을까? 회족들은 자신들이 원래 아랍인으로 당송대에 중국에 왔다고 믿는다. 오로지 비단을 찾아 육지와 바다의 실크로드를 통해 왔다는 것이다. 역사적 사실여부를 떠나 회족 스스로가 자신들의 역사유래에 대해 어떻게 생각하고 있느냐도 중요하다고 본다.

회족은 명나라 시대에도 그 수를 꾸준히 증가시켜 청나라 초기에 이르면 영하일대에 상당한 인구를 이루었다. 그리고 이들은 청의 통치방식에 불만이 쌓여 청 중기에 대규모의 봉기를 일으켰다. 1781년과 1860년대의 동치(同治)년 간이 대표적이다. 이들의 봉기에는 독립에 대한 열망도 있었을 것이다. 이러한 회족에 대하여 청조는 가혹한 제재를 가하고 그들을 각지로 분산시키는 정책을 단행했다. 중국 각지에서 이들을 볼 수 있는 것이 바로 이 같은 역사적 산물의 결과이다. 청조 붕괴 후 국민당 정부와 중국정부의 견제와 보호 속에 회족은 영하 회족 자치구를 중심으로 그들의 문화와 전통을 발전시키고 있다.

실크로드를 따라 중국에 들어온 이슬람인들이 영향을 끼친 것은 한 두 가지가 아니다. 경제 분야는 말할 것도 없고 자연과학과 기술 분야에서의 기여가 적지 않다. 아라비아 숫자의 전달과 그 효용에 대해서는 더 이상의 언급을 필요로 하지 않으며, 달력제작에도 크게 도움을 주었다. 그 외 의학과 약학, 화학분야의 발전에도 도움을 주었다. 지금 우리가 사용하는 '알콜'이라는 용어도 이슬람에서 연유한다. 이러한 이슬람의 과학은 우리나라에도 영향을 주어 이른바 조선 세종시기에 칠정산내외편이 편찬되었다.

중국은 소수민족의 배려차원에서 성(省)단위로 5개 소수민족 자치구를 두고 있다. 그 중 회족의 자치성은 영하 회족 자치구이다. 영하 회족 자치구는 감숙성과 산서성, 그리고 내몽고자치구 사이에 끼여 있는 매우 작은 성급 행정구역으로, 흔히 영하지구로 불린다. 소수민족 자치구는 어느 정도의 자치권을 갖고 있으며 자기 나름대로의 풍속과 종교를 유지할 수 있다. 물론 소수민족의 자치구라고 해서 하나의 소수민족만이 거주하는 것은 아니다. 예를 들면 위구르족이 주로 모여 살고 있는 신강 위구르 자치구에는 다른 소수민족도 많이 살고 있다. 다만 위구르족의 숫자가 절대다수를 점하고 있기 때문에 위와 같은 명칭을 사용하고 있는 것이다.

영하지구는 외부인들에게 많이 알려져 있지 않다. 실크로드를 얘기할 때에도 영하지구는 늘 제외된다. 그러나 이곳은 실크로드 상에서 아주 중요한 지역이다. 실크로드에서 주요 역할을 담당한 사람들이 서역 상인이었음은 누차 설명하였다. 서역의 대상들이 비단을 찾아 서방의 이국적 산물을 싣고 낙타를 타고 오는 모습은 실크로드를 상징하는 모습의 하나이다. 이러한 서역인의 활동과 정착이 활발했던 곳이 영하지구이다. 영하지구가 절정을 누린 시대는 원나라 시기이다. 원 나라의 수도가 베이징으로 정해지면서 실크로드의 주요 루트가 베이징에서 내몽고와 영하지구로 이어졌기 때문이다. 그러나 1960년대에 란저우와 신강으로 이어지는 난신철도가 놓일 때에 장안(시안)에서 란저우를 거쳐 바로 하서회랑으로 연결되었다. 즉 영하지구는 스쳐지나가지도 않게 된 것이다. 난신철도가 놓인 이래로 서역 실크로드에 대한 관심과 그곳으로 탐방하는 사람들이 부쩍 증가하였지만, 주요 이동수단이 철도가 됨에 따라 영하지구는 일반인들의 관심에서 멀어지고 말았다. 철도가 비켜가면서 영하회족자치구는 원대 이전의 역사 속에 잠들게 하였다. 더욱이 영하회족자치구는 최근에 붐이 일고 있는 내몽고 답사에서도 빠지기 일쑤여서 그야말로 이쪽저쪽 모두에도 끼지 못하는 외톨이 신세가 되고 말았다. 그래서 서역의 실크로드를 말할 때도 으레 영하회족자치구는 빠지고 감숙성과 신강성만 일컬어질 뿐이다. 그러나 실크로드를 말할 때에 영하지방을 뺄 수는 없다.

인촨을 중심으로 하는 영하지구는 중원의 농경문화와 북방의 초원문화가 만나는 문화의 접경지대이다. 흔히 하투(河套)지역, 즉 오르도스(ORDOS)지역이라고 일컬어진다. 이곳은 그 지리적 특성으로 말미암아 아주 일찍부터 여러 민족이 빈번하게 접촉하여 독특하고 다양한 문화를 만들어냈다.

3~4천 년 전 이곳에서 활동한 초기의 유목민족은 은(殷)나라 시기의 강(羌)과 훈육(薰育)이었다. 그리고 춘추전국시대 이래로 흉노가 주요 활동무대로 삼았다. 흉노가 강성하게 되자 천하를 통일한 진시황제는 만리장성을 쌓는 동시에 이곳을 정복하고 대장군 몽염으로 하여금 30만 대군을 거느리고 흉노침입에 대비케 하였다. 자신들의 터전을 빼앗긴 흉노는 진나라 말기의 혼란을 틈타 다시 이곳을 차지하고 중원공격의 거점으로 삼았다. 한나라는 이곳을 수복하기 위해 여러 차례 공격을 시도한 끝에 무제 때에 흉노를 격파하고 우웨이와 장예까지 진출하고 그곳을 서역 진출의 전진기지로 삼았다. 흉노는 다시 신나라에 의해 전한이 붕괴되는 왕조교체기의 혼란을 틈타 이곳을 차지하고 동서교역의 경제적 이익을 차지하였다. 신나라를 무너뜨리고 한나라를 재건한 후한은 장군 반초를 파견하여 이 일대를 수복하는데 성공한다. 이렇게 인촨을 중심으로 영하지역은 서역으로 나아가는 요충지로서 중원의 농경민족과 흉노로 대변되는 유목민족 간에 끊임없이 전쟁이 발발한 전장이었다. 이 같은 뺏고 빼앗기는 일은 진나라 말기부터 송대까지 무려 1,000여 연간 반복되었다.

이와 같이 회족은 오랜 역사 속에서 억압과 박해 그리고 처절

한 투쟁을 겪어온 민족이다. 이러한 회족의 역사는 현재 중국 내의 소수민족 문제가 달라이 라마를 중심으로 하는 티베트인의 독립투쟁에만 초점이 맞춰지면서 상대적으로 희석되어 있는 상태이다.

회족의 반란과 봉기가 청대에 처음 시작된 것은 아니다. 이미 명대부터 시작되었다. 명말의 회족반란은 명의 운명을 재촉하는 하나의 요인으로 작용하기까지 했다. 그리고 이러한 현상이 청대에 더욱 심화되어 중국 서북지역은 반란의 온상지로 자리 잡는다. 18세기 회족의 반란은 회교지도자 마명심의 지휘아래 일어난 항거이다. 전쟁의 발단은 이슬람 교단끼리의 주도권 싸움이었으나 나중에는 청나라와의 싸움으로 비화되었다. 회교도를 진압하기 위해 청의 2만 군대가 투입되었고, 결국 완강하게 저항하던 회족은 8,000명이 넘는 희생자를 내고 끝을 맺었다.

그러나 이 싸움은 끝이 아니라 시작으로 이후 끊임없는 저항과 순교가 반복되었다. 1784년의 봉기 때는 2만 여명의 회족이 죽임을 당했고 많은 수가 노비로 전락하였다. 또 수 천 명의 회족은 낯선 중국 남부지방으로 강제 이주되었다. 은인자중하던 회족은 1860년대에 다시 한 번 대규모의 봉기를 일으켰다. 청나라는 끊임없이 반복되는 회족 봉기의 싹을 자르기 위해 가혹하게 진압하였다. 수많은 사람들을 도륙하고, 이전보다 훨씬 많은 사람들을 각지로 유배 보냈다. 회족 또한 무차별적인 청의 탄압을 피해 다른 곳으로 이주해 갔다. 그러한 결과 회족의 본고장인 감숙과 섬서, 영하지구는 그 수가 급격히 줄어들었다. 가령 섬서성만 해도 800여 개의 청진사와 100만 전후의 회족이 있었지만, 반란이 진압된 후 시안 주변의 2~3만 명을 빼고는 모두 인적이 끊어진 지경이다. 이 이후 이들의 항거는 크게 쇠퇴할 수밖에 없게 되었다.

그러나 이들의 저항정신은 100년 만에 다시 불타올랐다. 1983년에 란저우에서 수 천 명의 회족들이 옛 회교 지도자 마명심의 묘지 앞에서 시위를 벌여 중국당국을 긴장시켰던 것이다. 란저우의 도시개발로 인해 마명심의 묘지가 파헤쳐질 위험에 처하자 그것을 저지하려는 이슬람교도들이 집회를 열었던 것이다. 결국 중국정부가 이슬람교도들의 요구를 들어주어 사태는 마무리되었지만, 중국의 서북 일대는 아직도 회족의 민족정신이 짙게 깔려 있는 곳이다.

실크로드를 이해하고 실크로드를 탐사하려면 이러한 회족에 대한 이해 없이는 역사 이해의 결여와 함께 스스로 화를 자초할 수가 있다. 그들 민족에 대한 편견이나 무심결에 그들의 상처를 건드려서는 아니 된다. 아울러 중국정부 또한 소수민족의 분리독립 문제를 가장 민감하게 대응한다는 사실도 간과해서는 안 된다. 회족을 포함한 소수민족과 중국 정부의 문제는 동전의 앞뒤 면과 같아서 제 3자적 위치에 있는 우리로서는 각별히 언행에 신중해야 한다. 그렇지 않으면 양쪽으로부터 화를 입을 수 있다.

회족의 인구가 소수 민족 중 두 번째임에도 불구하고 영하 회족 자치구가 내몽고 자치구의 10분의 1도 되지 않는 이유는 이렇게 청나라 말기부터 끊임없이 발생한 분리 독립운동과 무관하지 않다. 중국정부는 회족을 약화시키기 위해 그들을 중국 각지로 이주시켰고, 신강성 위구르족의 독립 투쟁과 맞물려 영하지구를 감숙, 신강지역과 묶어 오랫동안 외부와 차단시켰다. 그래서 이들 3개 성은 오랫동안 외부인의 출입이 통제되어 외국인의 출입은 2000년대에 들어와서 자유로워졌다. 이른바 개혁개방정책이 없었다면, 또는 그러한 정책이 조금 더 늦게 시행되었다면 이 지역의 출입은 아직도 곤란할 것이다. 현재의 중국은 표면상 그다지 종족문제가 크게 대두하지 않는 듯하지만, 56개의 다양한 민족을 거느린 내부역사는 그렇게 간단하지 않다. 이러한 중국의 복잡한 민족문제를 생각할 때에 단일민족인 우리는 어느 면으로 행복한 나라라는 생각이다.

영하 회족 자치구의 성도는 인촨(銀川)이다. 인촨을 찾아가려면 란저우에서 가는 것이 좋다. 만약 베이징에서 직접 가고자 한다면 후허하오터를 거쳐 내몽고를 경유해 가는 철도편을 이용하는 것이 좋다. 그러나 이 노선은 그렇게 일반화되어 있지 않다.

인촨은 영하지구의 성도로서 정치·경제·문화의 중심지이다. 유구한 역사도시로서 독특한 문화유산과 이슬람문화의 풍부한 매력을 느낄 수 있는 곳이다. 그래서 인촨은 중국정부에 의해 1992년 중국이 보존할 '중국역사문화도시'로 선정되었다. 인구는 약 80만이고, 회족을 비롯하여 한족, 만주족, 몽고족 등 25개 민족이 거주하고 있다. 그 가운데 회족이 24만 명으로 전체의 약 30%이다.

인촨은 평원지대에 위치하고 있다. 인촨 북쪽으로 조금만 올라가면 유목지대가 나타나지만, 인촨일대와 그 아래쪽은 광활한 농경 지대이다. 그래서 대규모의 전답이 이어지고, 많은 양떼들을 볼 수 있다. 역사적으로 인촨을 중심으로 중국민족과 유목민족 간에 이곳을 중심으로 치열하게 싸운 이유가 여기에 있다. 내몽고를 거쳐 인촨을 가면 왜 인촨지구(하투지역)가 역사적으로 그렇게 중요했었던가를 한 눈에 알 수 있다. 끝없는 초원지대와 사막지대가 이어지다가 녹색의 대 평원지대를 만나는 곳이 인촨이다. 그리고 인촨 서북쪽으로는 거대한 음산산맥이 병풍처럼 이어지고, 그 아래에는 하란산이 길게 펼쳐진다. 그 음산산맥과 하란산 너머에는 또 광활한 유목지대가 자리 잡고 있다. 하란산이 끝나는 인촨 아래의 서북통로는 바로 그 유명한 하서회랑이다. 때문에 영하지구를 확보해야 하란산과 음산산맥을 경계로 유목민족을 방어할 수 있다. 이곳을 확보하지 못하면 바로 장안이 위험에 처하게 된다. 인촨의 동북방은 거대한 황하가 풍부한 물의 공급과 함께 천연의 경계를 만들어 주고 있다. 그러니 어찌 천연의 요새가 아니겠는가. 때문에 역대 중원 국가들이 이 지역에 대하여 깊은 관심을 기울였던 것이다. 5백년간의 춘추전국시대를 통일한 진시황제가 내부 소요 방비보다는 이곳을 방어하기 위해 진나라 최고의 장군 몽염으로 하여금 30만 대군을 거느리고 이곳에 주둔하게 하였으며, 더욱이 자신의 장자인 부소까지 이곳에 머무르게 한 것은 이 같은 요인에 기인한다.

유목민족 입장에서 볼 때에도 영하지역을 장악하면 관중지역으로 진출하는 것은 용이한 일이 된다. 게다가 음산산맥과 황하 너머 북쪽 보다는 이 지역이 훨씬 기름지고 살기에도 알맞는다. 즉 전략적 요충지를 떠나 삶의 터전으로서도 욕심날 수밖에 없는 곳이다.

삭막한 사막과 반유목지대가 이어지는 인촨지구지만 의외로 물은 풍부하다. 인촨은 서부 대개발에 힘입어 개발이 한창이다. 개발의 규모가 어마어마하다. 인촨이 생긴 이래 최대의 개발일 것이다. 인촨 개발의 현장을 보면 서부 대개발을 실감할 수 있다. 주변으로 통하는 길은 고속도로가 이미 완공되어 있다. 인촨 일대는 벼가 많이 재배되고 있으며, 옥수수 또한 많다. 밀과 해바라기도 풍부하다. 그 외 일교차가 크고 일조량이 많아서 질 좋은 과일이 많이 생산되는 곳으로 이름 높다. 인촨은 과일이 풍성한 도시라는 뜻의 '과성(果城)'이라는 별칭을 갖고 있다. 복숭아, 대추, 은행, 포도 등이 생산된다. 그러나 영하지역을 대표하는 특산물은 구기차를 만드는 구기와 모든 한약재에 들어가는 감초(甘草)다.

영하지구의 기후는 란저우와 비슷하다. 일기변화가 심하여 날씨를 예측할 수가 없다. 특히 여름철이 그렇다. 어제는 구름 한 점 없는 맑은 날씨에 푹푹 찌는 폭서였다가도 오늘은 구름 가득한 음산한 날씨에 가을처럼 선선하기도 하다. 더욱이 하루의 일기변화도 매우 심하다. 겨울은 길고 봄은 늦고 가을은 일찍 그리고 짧게 온다. 겨울의 추위도 맹위를 떨치지만, 봄이 가장 힘든 계절이다. 인촨지구는 황사의 진원지 중 하나여서 매우 강한 모래바람이 불기 때문이다. 인촨은 란저우와 함께 가장 혹독한 황사피해를 당하는 도시로 유명하다. 앞이 보이지 않을 정도로 황사로 뒤덮일 때도 있다.

인촨은 서하(西夏: 10~13세기)왕국의 수도였다. 서하는 탕구트족이 건설한 왕국으로 한자에서 파생된 독자의 문자도 만들어 사용했지만, 13세기에 징기스칸의 공격을 받고 그들의 문자와 함께 지구상에서 영원히 사라지고 말았다. 서하는 영하지구(정확하게는 오르도스 지역)에서 건국하였다. 그 때가 대략 7세기이다. 이들은 점차 실크로드의 관문인 서쪽의 하서회랑 지역으로 진출하여 돈황, 쥐취엔, 우웨이까지 아우르며 11세기에 대 세력을 형성하였다. 이들은 오르도스 지역과 하서회랑을 잇는 동서교역의 중심지로 발돋움하면서 번영을 누렸다. 그러나 13세기 몽고의 혹독한 공격으로 말미암아 그 기원과 그 결말도 모르는 민족이 되고 말았다. 서하는 오늘날의 감숙성 대부분, 섬서성 북부, 청해성 동부, 내몽고 서부, 그리고 현 몽고공화국의 남부에 걸쳐 있었던 제국이었다. 사서(史書)에 '동쪽으로는 황하에 이르고, 서쪽은 옥문관으로 경계를 삼고, 남쪽으로는 소관과 접하고, 북쪽으로는 사막을 제어했다'라고 기재하고 있다. 서하는 스스로 '대백고국(大白高國)'이라고 칭했다. 서하 왕릉은 서하의 역사유적을 대표한다. 서하 왕릉은 9개의 왕릉과 253개의 배총(陪冢)으로 구성되어 있다. 무덤들은 상당히 넓은 지역에 분포하고 있다. 서하 왕릉을 '동방의 금자탑(金字塔)'이라고 부르는데, 그것은 왕릉의 능대(陵臺)가 '금자(金字)' 식의 구조를 갖고 있기 때문이다. 독특한 외형과는 달리 묘실구조는 당나라와 송나라의 황릉과 큰 차이가 없다. 서하 왕릉은 완형에 가까운 보존 상태를 유지하고 있고, 그 독특한 무덤양식으로 말미암아 날이 갈수록 찾는 사람이 늘고 있다. 매년 200여만 명이 찾는 명소가 되었다.

인촨은 실크로드 상에 위치한 지리적 여건으로 말미암아 불교

유적도 많다. 대표적인 것이 배사구(拜寺口) 쌍탑이다. 배사구 쌍탑은 서하시기에 건립되었다. 탑은 동서로 100m 떨어져 있는데 모두 벽돌 탑(전탑; 磚塔) 구조이다. 동탑은 8각형의 13층탑으로 높이 39m이고, 서탑은 14층에 높이 41m이다. 각 탑신마다 나한(羅漢)과 역사(力士) 등이 조각되어 있다. 두 탑의 내부는 나무계단으로 층을 이루고 있어서 탑 정상까지 오르내릴 수 있다. 웅장하면서도 고탑(古塔)의 건축적 특징을 보이고 있는 쌍탑은 뛰어난 회화와 조각예술의 진수를 보여준다.

해보탑(海寶塔)은 407년 서하시기에 건립되었지만, 두 번에 걸친 대 지진으로 청나라 때에 중수되어 오늘에 이르고 있다. 정방형의 9층 45m의 탑이다. 사면을 청색의 벽돌로 구성하여 시각적인 독특함을 나타내고 있다. 진북보(鎭北堡) 고성(古城)은 명청시대에 하란산 이북의 유목민족 침입에 대비해 설치한 군사 요새이다. 그러나 이 고성은 세월이 흐르면서 대부분이 허물어져 사람들의 관심을 잃어 들녘 한 가운데에 방기되어 있었다가 장예모 감독이 이곳을 배경으로 <붉은 수수밭>을 찍으면서 유명해졌다. <붉은 수수밭>외에도 우리나라에 잘 알려진 <신용문객잔>과 <방세옥시리즈> <동사서독>도 이곳에서 촬영되었다. 현재까지 이곳에서 촬영된 영화가 약 80편에 이르니 이곳은 중국영화의 메카라고 할 수 있다. 그래서 이곳은 역사성이 있는 진북보 고성보다는 진북보 서부영성(鎭北堡西部影城; 진북보서부영화촬영지라는 뜻) 또는 화하서부시성(華夏西部視城)으로 더 잘 알려져 있다. 유적지 입구에는 서부영성(西部影城)이라고 쓰여 있다.

삭막한 사막과 건조지대지의 인찬인근에 서호(西湖)와 사호(沙

湖)를 비롯한 호수가 여럿 있다. 특히 사호는 매우 크고 호수에는 모양이 특이한 수초가 자라고 있어 신비의 아름다움을 선사한다. 사호는 바다를 볼 수 없는 이곳 사람들에게 특별한 사랑을 받는다. 이런 사막 속에 어떻게 이렇게 큰 호수가 자리 잡고 있는 것인지 신기할 따름이다.

인촨을 포함한 영하지구는 감숙, 신강 같은 다른 서부지역과 마찬가지로 중국에서 가장 경제적으로 낙후된 지역이었다. 그러나 이곳도 서부 대개발에 힘입어 조금씩 발전의 변화를 꾀하고 있는 중이다. 다시 찾았을 때에 발전한 인촨의 모습을 기대해 본다.

6. 하서회랑의 서역제국

하서회랑(河西回廊)은 남쪽으로 기련산맥과 함께 1,000km를 달린다. 하서회랑을 통과하는 내내 보이는 것은 오직 기련산맥뿐이다. 낙타를 타고 간다면 꼬박 1달이 걸려 이곳을 통과할 수 있다. 장건과 현장법사를 포함하여 서역을 오고갔던 모든 사람들이 이 길을 통해 서역으로 오고 갔다.

하서회랑은 여러 민족이 지배한 곳인데, 그 중에서도 가장 세력을 자랑한 민족이 흉노였다. 자갈과 거친 흙, 그리고 사막이 한없이 펼쳐진 메마른 고비사막을 놓고 한나라와 흉노는 숙명적인 싸움을 벌였다. 하서회랑은 실크로드를 오고가기 위해서는 반드시 통과해야 하는 지역으로 중국과 흉노는 이 지역을 확보하기 위해 결사적으로 싸울 수밖에 없었다.

중국은 진나라 때부터 흉노의 침공에 대비하기 만리장성을 축조하였고, 한대에는 한나라의 세력이 서북쪽으로 계속 신장되면서 만리장성은 더 서쪽으로 뻗어갔다. 이때에 하서회랑으로 만리장성을 연결하였고, 지금도 그 유적이 남아있다. 흉노는 전투를 할 때에 언제나 양떼를 몰고 다녔다. 그것은 그들의 식량을 해결하기 위한 방책이었다. 그래서 한나라에서는 양의 이동을 차단하는 역할로 만리장성을 이용하기도 했다.

중국이 하서회랑 전역을 장악한 것은 한나라 무제 때였다. 하서회랑을 장악한 한나라는 이곳을 군사도로로 이용하면서 4곳의 오아시스 지역에 요새를 구축하였다. 이것을 하서 4군이라고 한다. 흉노는 빼앗긴 하서회랑을 되찾기 위해 끊임없이 공격하여왔다. 하서회랑은 사막의 연속이지만 기련산맥의 만년설이 녹아흘러내려 곳곳에 기름진 대 초원을 이루고 있다. 기련산맥은 해발 4,000~5,000m에 3천 여개의 빙하가 총 면적 2,000km^{2}의 거대한 얼음호수와 만년설을 형성하고 있다. 여기서 녹아내린 물이 곳곳에 강과 호수를 이루고 오아시스를 형성하였다. 이렇게 형성된 대 초원지대는 유목민에게 안성맞춤의 생활터전을 제공한다. 그래서 흉노를 비롯한 유목민족들이 일찍부터 이곳을 자신들의 영역으로 삼았던 것이다. 그래서 흉노의 공격은 줄기차고 치열할 수밖에 없었다.

한나라 무제는 흉노와의 싸움을 이기기 위해서는 우수한 서역의 명마를 확보해야 했다. 그러나 서역에서 명마를 얻는 일은 일시적이라고 보고, 항구적으로 서역의 명마를 공급받기 위해 하서회랑에서 직접 말을 사육할 필요성을 느꼈다. 그래서 목장을 설치한 곳이 현재의 산단목장이다. 융단 같이 드넓게 펼쳐진 산단목장은 우웨이에서 서북쪽으로 더 들어간 기련산맥에 위치하고 있다. 산단목장은 중국 역대 최고의 군마장으로 6세기 수나라 때는 10만 필의 군마가 사육되기도 했다.

하서 4군 중에서 가장 일찍 개척된 곳은 우웨이다. 우웨이는 한대에 실크로드의 중심지로 중요한 군사 주둔지였다. 그러한 실상을 알려주는 2,000년 전의 한나라 장군의 묘가 1969년에 발견되었다. 장군묘 입구에서 날렵하고도 힘차게 하늘로 뛰어 오르는 앞발과 소리를 지르는 듯한 표정, 그리고 뒷발 하나는 제비를 밟고 있는 청동제의 천마상이 발굴되었다. 이것이 마답비연(馬踏飛燕)으로 그 뜻은 '천마가 나는 제비보다 더 빨리 달린다'는 의미이다. 마답비연은 예술적으로 뛰어난 것은 말할 것도 없고 당시 천마에 대한 궁금증을 풀어주는 실크로드 최대 최고의 유물로 평가받는다. 마답비연은 중국을 대표하는 유물의 하나로 외국의 정상들이 중국을 방문할 때에 중국정부로부터 받는 선물로 이용된다. 장군 묘에서는 의장대도 출토되었다. 그것을 동분마(銅奔馬)라고 하는데, 지금까지 발견된 최대 수량의 한대 거마의장동용(車馬儀仗銅俑)이다. 의장대는 38마리의 말, 14량의 전차, 수행하는 17명의 창을 든 무사, 28명의 시종노비로 편성되었다. 한대 지방장관의 의장대를 이보다 더 정확하게 보여주는 것은 없다. 현재 마답비연이 나온 곳은 뇌대공원(雷臺公園)으로 조성되어 있으며 공원에 실물크기의 동분마가 진열되어 있다. 전체적으로 한대 장군묘는 완벽하다 싶을 정도로 축조되었다.

한대의 무덤축조 기술이 얼마나 뛰어났는가를 보여주기에 충분하다. 한대의 문화는 이미 상상을 초월하는 수준이었음이 여러 경로로 확인된다. 우웨이의 동분마도 그러한 시대상을 보여주는 유적의 하나이다.

우웨이의 또 하나 유명한 유적은 구마라사(鳩摩羅寺)다. 구마라사는 5호16국시대인 후량(後凉)시대에 창건된 절이다. 구마라집은 쿠처 왕국의 왕자로서 간다라에서 불교를 연구한 서역 제일의 명승이었다. 그는 7세에 출가하여 9살에 불법을 익혔다. 그의 명성은 중국에까지 미쳤다. 그래서 전진(前秦)의 왕 부견이 장군 여광에게 군대를 주어 쿠처에 가서 구마라집을 장안으로 모셔오도록 하였다. 여광이 쿠처에 도달하여 겨우 구마라집을 데리고 양주에 도착했을 때 전진은 이미 멸망했다는 소식을 듣는다. 이에 여광은 스스로 양주에서 후량(後凉)이라는 나라를 세우고 왕이 되어 구마라집을 자기 나라에 머물게 하였다. 구마라집은 양주에서 17년 간 머물며 불경번역에 정진한다. 구마라집이 양주에서 머물며 역경사업을 하던 곳이 바로 구마라사다. 구마라사는 폐사지가 되었고 오직 13층 탑만 남아있다. 구마라집은 후에 후진의 왕 요흥의 초빙을 받아 우웨이를 떠났지만, 그는 어디에 가든지 경전한역에 매진하였다. 그가 번역한 경론이 70여 부, 300권에 달하는 것으로 초기 중국불교 발전에 지대한 공헌을 하였다.

하서회랑에서 만나는 큰 강의 하나는 장예천이다. 장예천은 그 수원을 기련산의 만년설에 두는데, 역사에서는 그 강을 약수 또는 흑수라고 한다. 장예천은 오랜 세월 동안 흐름을 멋대로 바꾸면서 하서회랑의 지도를 바꾸고 역사를 바꾸어 놓았다. 물의 흐름의 변화는 실크로드 오아시스 국가의 운명을 바꾸는 일이 된다. 득고성(得故城)이 그 하나다.

득고성은 2,000년 전 한나라 때에 축성된 것이지만 누가 세웠고 언제 파괴되었는지 모른다. 장예천의 홍수로 무너졌다는 설도 있고 징기스칸의 정복당시 파괴되었다는 설도 있다. 득고성에는 지금도 많은 유물이 널려있다. 1,300년 전의 당나라 시대의 생활용기 조각이나 도자기 파편을 줍는 일은 어렵지 않다. 하서회랑의 오아시스 성은 군사적 역할 뿐만 아니라 실크로드를 오고가는 사신과 상인들을 보호하는 것도 중요한 기능이었다.

하서회랑에서 서역으로 나가기 위해서는 끝없이 이어지는 고비사막을 통과해야 한다. 고비사막은 생사를 가르는 1차 관문인 셈이다. 작렬하는 태양과 풀 한 포기 없는 사막은 저주의 땅으로 생각될 뿐이다. 아무리 보아도 사막 저 너머에 사람이 사는 고을이 나올 것 같지가 않다. 그러니 정확한 정보도 없이 오직 귀동냥으로만 이곳을 통과해야 했던 고대인들은 여정 내내 두려움과 공포가 엄습하였을 것이다. 많은 사람들이 길을 잃어버리거나 먹을 것과 물이 떨어져서, 또는 낙타 등의 교통수단을 잃고 죽었을 것이다. 옛 기록에는 하서회랑을 통과하는 대상들은 하나의 오아시스를 떠나 반나절이 지나야 다음 오아시스가 나왔다고 한다. 죽음밖에 없을 것 같은 메마른 하서회랑이 영원히 죽지 않는 까닭은 오아시스가 점점이 이어졌기 때문이다.

실크로드에서 가장 중요한 교통수단은 낙타였다. 낙타는 사막의 환경에 잘 적응한 동물로서 사막여행에서는 없어서는 아니되는 동물이다. 낙타는 덩치에 비해 온순할 뿐만 아니라, 볼록 튀어나온 혹 안에는 지방으로 가득하여 영양을 보급해주기 때문에 사막의 메마른 부족한 풀로도 며칠 동안 너끈히 견뎌낸다. 뜨거운 햇빛 아래에서 2백kg 이상의 짐을 지고 하루에 30km를 걸을 수 있으며, 1주간을 강행군해도 끄떡없다. 72시간 물을 마시지 않는 것은 보통이고 물을 한꺼번에 100리터쯤 마시기도 하는데, 이렇게 많이 마시고 나면 땀과 오줌이 적어 2주에서 3주 정도는 물을 마시지 않고도 견딜 수 있다. 최고 34일간이나 물 한 방울 마시지 않고 견뎌 낸 적도 있다고 한다. 낙타는 사막의 말라있는 관목도 먹는 식성 좋은 동물이다. 낙타는 체력과 끈기와 침착성을 두루 갖추어 사막에서 가장 뛰어난 동물이다

낙타의 눈 둘레에는 눈썹 털이 많이 있어 모래 바람이 불어와도 눈에 모래가 들어가는 것을 막을 수 있고, 콧구멍도 방사(防沙)구조로 되어 있어 바람이 거세면 닫을 수 있다. 그러나 낙타의 최고 장점은 발바닥이다. 염천(炎天) 밑에서 뜨거운 모래를 밟아도 발바닥 살이 두껍기 때문에 뜨거운 것을 느끼지 못하며, 두 개의 발가락이 오리 발가락처럼 연결되어 있어서 올릴 때는 발가락 사이를 오므리고 땅을 밟을 때는 펴서 발바닥이 넓적하게 된다. 그래서 낙타는 모래 속으로 깊이 빠지는 법이 없다.

하서회랑의 고비사막지대를 지나려면 한 두 사람으로는 불가능하다. 그래서 실크로드의 상인들은 자위와 경제적 이익을 위해 카라반으로 모였던 것이다. 실크로드여행은 장기간이어서 카라반의 구성원은 상인만이 아니고 길잡이와 요리사도 포함되었다. 목적지에 따라 카라반을 구성하는 방식도 달랐다. 구성할 때

는 낙타 20마리가 최소 단위로서 1연(練)이라고 한다. 여기에 낙타몰이꾼 한 사람이 붙는다. 2연을 1파(把)라고 하며, 5파(2백 마리)를 1 정방(頂房)이라고 한다. 1정방이 규모가 큰 카라반의 단위가 된다. 1정방은 2백 마리지만 예비 낙타도 필요하기 때문에 보통은 3백 마리의 낙타로 편성된다. 그 중 220마리에 상품을 싣고 나머지는 식량, 물, 일용품, 천막 등 여행 필수품을 싣는다. 운송수단은 낙타가 대부분이지만 지역에 따라서는 당나귀, 말, 야크 등도 이용된다.

낙타가 걷는 속도는 시속 6km정도이다. 대상은 보통 오후에 숙영지를 출발하여 5~6시간을 행진하며 하루에 30km를 이동하였다. 숙영지에 도착하면 낙타를 행진하던 순서대로 앉히고 짐은 풀어서 안장과 함께 일렬로 정돈하여 서로 혼란이 없도록 한다. 아침 일찍부터 낙타가 풀을 뜯도록 했으며 감시원 외에는 편히 쉰다. 그리고 정오쯤에 늦은 아침 겸 점심을 들고 출발하여 날이 저물 때까지 행진한다.

여름철의 오아시스 도시는 너무 더워서 낮에는 모두가 낮잠을 잔다. 그리고 오아시스의 밤은 뜨거운 낮과 전혀 달리 매우 시원하여 사람들은 모여서 밤늦게까지 식사를 하거나 담소를 나누거나 논다. 그래서 낮에는 조용하기만 하던 오아시스는 밤이 되면 일제히 야시장이 열리고 불야성을 이룬다. 오아시스는 밤의 천국이다. 그렇기 때문에 또 낮잠을 즐길 수밖에 없기도 하다.

오아시스의 삶은 옛날이나 지금이나 고달플 수밖에 없다. 봄에는 홍수, 겨울에는 가뭄에 시달렸고, 강렬한 모래바람은 언제나 농작물을 뒤덮었다. 지금의 사람들은 그런 자연을 이겨내고 살아남은 후손들이다. 하서회랑의 오아시스 지대의 생활방식은 다소의 변화는 있을지라도 2,000년 전이나 현재나 별 반 다르지 않을 것이다. 카라반의 대상이 사라진 하서회랑의 실크로드 지대는 자연환경을 인간이 어떻게 할 수 없는 한, 거친 삶 속에 2,000년 실크로드를 이어주고 인류 문명 발전에 기여했음에도 중국에서 가장 궁핍한 삶을 살아가는 신세를 면치 못할 것이다. 그들이 측은하면서 존경스럽기조차 하다.

우웨이에서 5시간 거리에 있는 장예는 하서회랑에서 가장 큰 오아시스 도시이다. 장예는 란저우에서 우웨이까지의 좁은 하서회랑과는 다르게 잘 가늠되지 않을 정도로 넓은 지역이어서 하서회랑 지대라고 믿겨지지 않는다. 아마 우리나라 김제평야보다도 드넓을 것이다. 8월의 수확 철에는 주위가 온통 누렇게 익은 밀밭으로 뒤덮여 장관을 이룬다. 사막 속에 어떻게 저런 풍요의 대지를 펼칠 수 있는지 자연의 위대함에 고개가 숙여질 뿐이다. 옛 기록에 '장예는 기름진 땅'이라고 했는데, 결코 빈말이 아님을 확인할 수 있다.

한대에 장예는 감주(甘州)라고 했다. 그리고 지우취엔을 숙주(肅州)라고 했는데, 이 감주의 '감'자와 숙주의 '숙'자를 따서 현재의 감숙성(甘肅省)이 탄생하였다. 장예(張掖)라고 지명을 지은 것은 나라(國-국)의 팔(臂-비)과 겨드랑이(掖-액)를 벌려(張-장), 흉노의 팔을 부러뜨리고 서역으로 가는 길을 트라는 소망에서다. 그래서 한나라 때에 이곳에 서역에서 두 번째로 큰 요새를 두었다. 드넓고 풍요로운 땅이고 하서회랑의 중심부에 자리한 지리적 조건으로 장예는 한대부터 당대까지 동서교역이 활발하게 이루어졌다. 많은 서역의 상인들은 장안까지 너무 멀기 때문에, 또는 그 동안의 여행에 너무나 지친 나머지 이곳까지만 왔다가 되돌아갔다. 또 많은 중국의 상인들도 더 이상의 서역행은 포기하고 이곳까지 와서 교역하고 되돌아갔었다. 따라서 중국의 역대왕조에서는 이곳에 직접 관리를 파견하여 시장을 관리하고 서방의 상인들을 불러 모았던 것이다. 7세기 수나라 때는 서역의 27개국 상인들이 찾아왔다.

인구 8만의 오늘날의 장예는 현대화를 추구하고 있다. 고층빌딩이 들어서고 현대식 호텔이 건설되고 있다. 시가지는 고루를 중심으로 발달하고 있고 시장은 실크로드 시대처럼 활기차다. 주변에서 생산된 수많은 농산물과 공업생산품이 활발히 거래되며 사람들로 북적댄다. 시장에서 넘쳐나는 피망과 고추, 토마토, 수박 등은 그 예전 서역의 상인들이 들여온 것들이어서 느낌이 새롭다.

13세기 후반 원나라 시대에 이곳 장예에서 1년 간 머무른 이탈리아 사람이 있었다. 바로 마르코 폴로이다. 그는 파미르를 넘어 하서회랑을 통해 이곳에 왔다. 『동방견문록』에서 그는 이곳 장예에 대해 '장예는 크고 훌륭한 고을이다. 주민은 불교도 외에 이슬람교도, 크리스트교도도 있다. 불교 사찰이 많고, 사찰 어디를 가도 우상(마르코 폴로는 불상을 언제나 우상이라고 한다)이 있다. 불상 중에는 아주 큰 것도 있고, 금으로 도금한 것도 있는데 세금술이 상당히 뛰어나다. 거대한 불상 하나는 옆으로 누워 있다. 그 누워있는 대불의 둘레에는 큰 불상을 받드는 여러 불상이 있다'고 하였다. 마르코 폴로가 말한 누워있는 거대한 불상이란 석가모니 열반상을 말한다. 길이 35m로 1,098년에 만들어진 와불(臥佛 – 열반불)로 하서회랑 일대에서 유명한 불상이다. 당시 사람들은 이 열반불을 보고 그 크기에 압도당했다고 한다. 마르코 폴로가 1,300년쯤 중국에 왔으니 그는 와불이 만들어지고 200년이 지나서 본 셈이다. 이 와불의 남북에 18나한상이 있고 동서 양 벽에는 서유기 등 불경고사의 벽화가 있다. 마르코 폴로가 보았던 열반불은 지금도 그대로 있으며 이 불상이 있는 사찰을 대불사라고 한다.

장예에는 만수사(萬壽寺)탑도 있다. 북주시대에 건축되어 수대에 중건한 탑으로 석가모니의 진신사리를 모신 목탑이다. 탑은 8면 9층으로 높이 32.8m이며, 그 탑 꼭대기에 오르면 장예 시가지가 한 눈에 들어오고, 저 멀리 하얀 만년설을 이고 있는 기련산도 들어온다.

동쪽의 산해관에서 시작하여 장장 5,000km를 달려온 만리장성은 그 서쪽 끝에 큼직한 성을 쌓고 끝을 맺는다. 그 성이 자위꽌(嘉峪關 – 가욕관)이다. 그래서 예전부터 자위꽌은 특별한 의미가 있었다.

오늘날의 자위꽌시는 인공도시이다. 원래 이곳에는 작은 오아시스에 만리장성의 서쪽 관문인 자위꽌만 황량한 사막 한가운데에 외로이 서 있었는데, 란저우에서 우루무치를 잇는 난신철로가 통과하면서 자위꽌을 찾는 사람들이 폭발적으로 증가하자 사막 속에 인공도시를 건설하였다. 오아시스가 아닌 도시여서 물은 저 멀리 눈 녹은 기련산의 물을 끌어 온다. 기련산에서 끌어온 물이 풍부하여 숲을 가꾸고 가로수 또한 풍성하다. 그렇지만 자위꽌은 본래 오아시스 도시가 아니어서 한 여름의 도시는 용광로를 방불케 한다. 이렇게 무더운 도시는 투르판 말고 없을 것이다. 여름철 한낮에는 그늘이 아니면 서 있을 수가 없다. 불덩이 같은 무더위에 인근 오아시스에서 농사지은 수박을 가지고 와서 파는 농민들이 있다. 찌는 듯한 무더운 날씨에 땀을 쏟으며 파는 수박 한 통이 우리나라 돈으로 400원을 넘지 않으니, 안쓰럽고 가련하기조차 하다. 날씨가 무덥고 건조해서 자위꽌의 수박 맛은 세계 제일이다.

섭씨 40도를 오르내리는 사막의 도시에서 바라보는 하늘은 눈부시게 파랗다. 물감을 뿌려도 저렇게 아름다운 파란 색은 뿌리지 못할 것이다. 이글거리는 지상과는 대조적으로 푸른 하늘 속에 솟은 기련산의 만년설은 눈물이 나올 정도로 아름답다. 밤이 되자 도시는 아연 활기를 띤다. 야시장은 불야성을 이루고 낮에 보이지 않던 수많은 사람들이 몰려들어 밤늦도록 왁자지껄하다.

역사에서 말하는 자위꽌은 이곳에선 관성(關城)이다. 관성인 자위꽌은 예로부터 『천하제일관』 『웅관(雄關)』이라고 했다. 자위꽌은 당대 이전의 실크로드 시대가 아닌 14세기 명나라 시대에 세워졌다. 자위꽌은 하서회랑을 통해 중국으로 침입하는 유목민족을 방어하기 위해 3중의 구조로 건축되었다. 1차 관문인 자위꽌루를 들어오면 유원루와 광화루에서 적병을 막고 포위하는 구조이다. 자위꽌에 올라 사방 어디를 바라보아도 오직 모래바람만 불어오는 끝없는 사막뿐으로 적막하기 이를 데 없다. 병사들은 사막 한 가운데에 외로이 서 있는 성루에서 서쪽을 응시하며 먼지를 일으키며 공격해 오는 유목민족들을 방비하고, 서역을 오고가는 사신과 상인을 보호하고 안내하며 그들을 통해 고국의 소식을 들었을 것이다.

자위꽌은 말을 탄 병사가 말에서 내리지 않고 그대로 성루로 오를 수 있는 통로가 있다. 적의 공격이 있을 때 밖에서 들어온 병사가 신속하게 성루로 오를 수 있게 한 구조이다. 망망한 사막의 한 복판에서 만리장성의 서쪽 끝을 지키는 관문이기 때문에 언제 갑자기 유목민족의 기마병이 내습할지 모르는 상황에 대비하기 위한 건축구조이다. 병사들은 싸움터에 나갔다가 다시 성으로 돌아올 때는 성벽에 돌을 던졌다. 성벽에 부딪힌 돌 소리가 메아리쳐 되돌아오면 성이 비었음을 알고 안심하고 들어갔다. 이곳에서 장안까지는 장장 3,000km가 넘는다. 병사들은 향수에 젖고, 과연 살아서 언제 돌아갈 수 있을까를 걱정했을 것이다. 하루하루가 무료하고 막막했을 것이다.

자위꽌 성루를 답사하고 서쪽 성문으로 내려가니 성 밖에서 허름한 유목민족이 탐방객을 상대로 말을 타라고 호객하고 있다. 그 옛날 실크로드 시대에 그의 선조들은 서역의 말을 타고 질풍노도와 같이 자위꽌 성벽을 공격하며 중국을 공포에 몰아넣었는데, 그 후손들은 이제 성벽 아래에서 중국인을 상대로 서역의 말에 올라타는 대가로 돈 벌이나 하는 처량한 신세로 전락했으니, 역사는 무심하기만 하다.

쥐취엔(酒泉 – 주천)은 자위꽌에서 30분 거리이다. 쥐취엔은 이 일대의 중심 오아시스였는데 철도가 자위꽌으로 비켜가면서 자위꽌에게 그 자리를 빼앗기고 변두리로 남고 말았다. 쥐취엔 시내 중심부에는 옛날부터 있던 고루(옛 성루)가 그 자리에 서 있다. 이 고루는 5호 16국 시대인 4세기에 전량(前凉)이 처음 만들었고 청대에 재건하였다. 고루의 4면에는 북통사막(北通沙漠: 북쪽으로는 고비사막으로 통하고), 서달이오(西達伊吾: 서쪽으로는 이오에 도달하며), 남망기련(南望祈連: 남쪽으로는 기련산맥에 접하고), 동영화악(東迎華嶽: 동쪽으로는 중원과 닿는다)의 현판이 달려있고, 누각에는 성진화이(聲震華夷), 기장웅관(氣壯雄關)이라는 현판이 달려있다. 모두 쥐취엔이 사방팔방으로 통하는 지리적 요충지임을 알리는 내용이다.

쥐취엔은 한나라 시대에 흉노토벌의 전진기지였다. 한나라의 곽거병은 하서회랑 일대에서 흉노를 격파하고 이곳에 군사를 주둔시켰다. 그 때 한 무제가 승리의 공로로 술을 하사하자 곽거병은 "승리의 공은 전 장병의 것인데 술이 태부족하다(어찌 나만 마실 수 있단 말인가?)"하고 이곳의 샘에 술을 쏟아버렸다. 그런데 그 샘물이 온통 술로 되어 모든 병사가 마셨다고 한다. 그때부터 그 샘을 쥐취엔(酒泉), 즉 '술 샘'이라고 했고, 나중에는 이곳의 지명으로 되었다. 일설에는 흉노토벌에 나선 이광리 장군이 촌 노인에게서 술 한 병 헌상 받고 이곳 샘에 부어 모든 장졸들과 함께 마셨다고 한다. 아무튼 그 샘물(주취엔)은 지금도 보존되고 있고, 그 샘물을 중심으로 공원이 형성되었다.

그런데 최근에 쥐취엔은 다른 이유로 유명해졌다. 쥐취엔은 중국의 우주발사 기지이다. 중국은 2003년 10월에 중국 최초의 유인 우주선 신주(神舟) 5호를 이곳에서 발사했다. 이 신주 5호의 발사 성공으로 중국은 우주 강대국에 진입했다. 주취엔 우주발사대는 가끔씩 부는 거센 바람만 빼면 최적의 조건을 갖춘 장소로 알려져 있다. 바람이 얼마나 강한지 발사대 경비원이 강풍에 날려가 4일 만에 발견된 적도 있었다.

하서회랑은 점과 선으로 연결된 곳으로 중국의 다른 지역처럼 완전 지배라는 말이 성립하지 않는다. 그래서 이 지역에는 어느 한 국가의 통치가 완벽하게 미치지 않은 오아시스와 민족이 많을 수밖에 없다. 낙타 방울소리 울리며 장안으로 향했다는 수많은 서역의 상인 가운데는 잠시 독립했다가 홀연히 사라진 중앙아시아의 부족들도 있었을 것이다.

하서회랑은 민족흥망의 무대였다. 역사와 민족에 따라 흥망이 반복되면서 동서교류는 이어졌고, 실크로드는 뻗어갔던 것이다.

7. 돈황 막고굴

21세기에 낙타를 타고 실크로드를 탐사한다는 것은 무모하기도 하고 시간낭비이기도 하다. 낙타는 실크로드 시대에 필요한 교통수단이었지, 속도를 다투는 현대의 사회에서는 어울리지 않는다. 실크로드를 열고 발전시킨 것은 낙타였지만, 1,300년 동안 잠자는 실크로들 깨운 것은 기차였다. 난신철도(란저우에서 우루무치까지 이어진 철도)와 남강철도(우루무치에서 카슈가르까지 이어진 철도)가 놓이지 않았다면 실크로드는 아직도 잠을 자고 있을 것이다. 버스도 있고 비행기도 있지만, 20세기 후반에서 21세기 전반기 최고의 교통수단은 기차이다. 기차는 실크로드뿐만 아니라 중국 전역에서 가장 중요한 이동수단이다. 기차를 타야

지구상의 모든 자연풍광을 보여주는 실크로드의 아름다움을 맛볼 수가 있다. 그래서 지금도 대부분의 돈황 방문객은 난신철도를 이용하여 유원(지금은 돈황역으로 개명하였음)에서 내려 버스를 이용하여 돈황으로 간다.

돈황은 곧 돈황석굴과 동의어로 통한다. 돈황석굴은 (돈황)막고굴이라고 부르기도 하고 천불동으로 통칭되기도 한다. 돈황석굴은 서역 불교미술을 상징한다. 석굴 하나하나 마다 그 시대, 그 민족의 문화가 배어 있으며 불교예술이 찬란하게 꽃피웠다가 결국은 쇠퇴하여 스러져가는 과정까지 보여주고 있다. 천여 년에 걸친 시간의 흐름을 느낄 수 있는 곳이 바로 돈황 막고굴이다. 거대하고 웅장한 기백은 운강석굴보다 못하지만, 찬란하고 세련된 모습의 사상과 예술은 돈황석굴을 능가하는 곳이 없다. 천 년의 신비를 뛰어 넘어 가슴에 와 닿는 곳이다.

돈황석굴은 고비사막 가운데에 높이 50m 절벽 위에 마치 벌집같이 조성되었다. 석굴 아래로는 석굴이 반사된 모습을 담은 강이 흐르고, 강 건너 편에는 사미산이 우뚝 솟아있다. 돈황석굴은 남북으로 약 2km에 걸쳐 490여 개의 석굴과 3천여 개의 불상으로 이뤄졌다. 그러나 아직도 석굴은 발견되고 있는 중이니 그 수는 증가할 것이다. 조각 하나 하나, 벽화 하나하나가 모두 충격적이고 황홀경에 빠트린다. 사막 한 가운데의 절벽의 돌산에, 여름이면 숨도 쉬기 곤란한 폭염의 날씨에, 겨울에는 모래폭풍을 동반한 혹독한 추위를 이겨내고 수백 년에 걸쳐 석굴을 조성한 사람들에게 경이와 감탄사가 나온다. 어느 하나 예술성이 떨어지는 석굴이 없다. 석굴을 조성한 사람들은 전문 예술가들인가, 아니면 단순 신앙인인가? 아니면 신앙인이면서 예술가인가? 한 가지 분명한 것은 그들이 누구든 간에 그들은 자신의 영혼을 이 석굴에 바쳤음에 틀림없다. 그래서 돈황석굴은 종교인 동시에 예술이며, 지극한 종교가 지극한 예술을 낳은 것이다.

돈황은 지리적으로 실크로드의 교통의 요지였다. 중국에서 서역으로 나가기 위해서는 반드시 돈황을 경유해야 했다. 서역은 돈황에서 북쪽 길을 이용하여 하미→투르판→우루무치→이닝으로 나아가던지, 남쪽 길을 택하여 뤄치앙→호탄→야르칸트나 카슈가르로 나가야 했기 때문이다. 중국으로 들어올 때에도 어느 길을 경유하든지 반드시 돈황에서 만났다. 그래서 여러 민족들이 수천 년 간 이곳을 장악하기 위해 치열하게 싸웠다. 처음에는 월지가 지배했고, 곧 이어 흉노가 지배하였다.

중국이 돈황을 장악한 것은 한나라 무제 때이다. 기원전 111년 한 무제는 서역의 중요성을 깨닫고 하서회랑 일대에 우웨이, 장예, 쥐취엔, 돈황의 하서 4군을 설치하였다. '돈황'이라는 이름은 이때 붙여졌다. 이후 돈황은 한나라 시대는 물론이고 당나라 시대에도 서북변경의 최고 요충지 관문역할을 담당하였다. 돈황은 동서교통의 요충지로서 무역과 물산의 집결지이자 동서 문화 교류의 장이었다. 뿐만 아니라 돈황은 서역에 대한 정책을 결정하는 눈과 귀의 역할을 하는 곳이었다.

돈황이 발전하고 쟁탈의 대상이 된 또 하나의 요인은 소금 때문이다. 끝도 없는 사막여행에서 물과 소금은 생명과 직결되는 필수품이다. 그러한 소금이 돈황 부근의 호수에서 나온다. 이곳의 소금은 실크로드를 여행하는 상인들에게 아주 요긴하게 이용되었다. 지금도 강과 호수에서 삽으로 소금을 거두는 사람들의 모습을 간간이 볼 수 있다.

돈황만큼 실크로드의 번영과 그 운명을 함께 한 도시도 드물다. 실크로드의 영광이 사라지자 돈황도 옛 영광을 잃어버리고 1천년 넘게 사막 가운데에 잠들고 말았다.

돈황은 중원에서 멀리 서북 변경 끝에 치우쳐 있어 중원의 전쟁과 혼란으로부터 벗어날 수 있었고, 실크로드 요충지이자 서쪽에 치우친 지리적 이점으로 일찍부터 불교가 융성할 수 있었다. 더욱이 시끌벅적한 돈황시로부터 외곽으로 20km나 멀리 떨어져 있어 수도하는 곳으로 이상적이었다.

그 옛날 낙준이라는 승려가 나무지팡이를 짚고 산에서 내려오다가 명사산 언덕에 황금의 빛이 보여 이를 보고 거기에 동굴을 열었다고 한다. 이때가 중국의 북조시대인 서기 366년이었다. 이때부터 위대한 사막의 미술관 막고굴은 열리기 시작한다.

막고굴에서 가장 오래된 석굴은 5세기에 조성된 275굴이다. 미륵보살이 다리를 꼬고 앉아있는 본존교각미륵보살이 있는 곳이다. 석굴 초기의 특징을 잘 나타내 주고 있다. 상반신은 전형적인 서역풍이고, 팔에 걸친 초록색의 의복은 그리스풍이다. 5세기는 중국 북방 이민족이 진(晉)왕조를 무너뜨리고 중국의 중원 지방을 정복하고 서로 각축을 벌이는 5호16국 시대를 마감하고, 북위에 의해 통일이 된 시기로 중국풍과 서역풍이 활발히 교류되던 때이다. 북위는 국가통합을 위하여 불교를 크게 일으키고 여러 곳에 석굴을 조성하였는데, 이때 이 석굴도 그러한 일환으로 조성되었으리라고 생각된다. 이곳 석굴에서 보여주는 독특한 불상조각은 더 이상 중국에서 이어진 흔적이 없고, 동쪽으로 흘러간 흔적도 보이지 않는다.

285굴은 석굴이 조성되고 100년 뒤의 서위시대에 만들어졌다. 이곳에는 승려의 참선을 위한 굴(그것을 '감실'이라고 한다)이 있다. 이것은 인도 비하라 동굴양식이다. 벽화 가운데는 5백강도 성불도가 있다. 옛날 인도에 5백 명의 강도가 떼를 지어 다니면서 약탈을 자행하자 국왕이 체포하여 눈알을 빼내고 험한 산으로 추방하였다. 강도들은 고통에 못 이겨 울부짖으며 부처에게 하소연했고 부처는 신통력으로 그들의 눈을 보이게 하여 이들은 참회하고 모두 불교에 귀의하여 성불했다고 한다. 5백 강도성불도는 바로 이러한 내용을 벽화로 그린 것이다. 천장에는 불교 내용만 그려져 있는 것이 아니라 중국의 옛 신화와 전설도 그려져 있다. 머리가 9개인 용의 그림도 있는데, 이는 중국에서 가장 오래된 역사지리서인 산해경에 등장하는 신화에 기초한 것이다. 중국인에게는 너무나 친숙한 전설의 제왕 복희와 여와의 그림도 있다.

428굴은 6세기 양식이다. 중앙에 있는 기둥은 인도 탑묘 굴의 구조를 따른 것이다. 6세기의 중국적 전통 양식에 서역 양식의 혼합이라는 돈황 초기의 특징이 살아있다. 이곳 벽화 초기에 나타나는 다소 생소하고 비불교적 화풍은 20세기의 야수파를 연상케 한다. 그 대담한 필법에 놀라지 않을 수 없다. 현대회화에서도 그 과감한 예술성으로 주목을 받는 야수파적 화풍을 1,300년의 석굴에서 볼 수 있다는 것이 놀라울 뿐이다.

263굴은 핑크빛의 보살상이 있는 곳이다. 엄숙하고 경건한 종교적 이미지는 없고 다소 요염한 분위기로 우리를 유혹한다. 이것은 당시 사람들이 자유로운 사고 속에서 종교생활을 했음을 엿보게 해준다.

323굴은 이미 앞에서 언급했듯이 무제의 명을 받고 장건이 서역으로 떠나는 장면의 장건출서역도(張騫出西域圖)가 있는 곳이다.

중국에서는 위진남북조의 분열의 시대를 마감하고 6세기 말에 통일 왕조인 수나라가 들어선다. 수는 북조의 북방문화와 남조의 중국문화를 융합하고 통일적 중국문화를 수립하는 시기이다. 이때부터 중국은 우리나라의 고구려, 백제, 신라에게 많은 영향을 준다. 그래서 수대에 조성된 많은 불상은 우리나라의 불상양식과 크게 다르지 않다. 수나라는 돈황석굴에 100여 개의 석굴을 조성할 만큼 불교를 융성시켰고, 삼존불이 많은 것이 한 특징이다. 427굴도 삼존불로 구성된 수대 양식의 석굴이다. 이러한 삼존불 방식은 후에 우리나라의 전형적인 불상양식을 낳았다.

수를 이은 왕조가 당이다. 당대에도 불교는 크게 발전하였으며, 이때 불교가 중국적 전통으로 확립된다. 당대의 석굴로는 대불이 돋보인다. 흔히 막고굴 대불이라고 하는 130굴인데, 1970년대에 지금의 지하석굴 하나를 발굴하면서 드러났다. 바닥에서 위로 미륵대불을 바라보면 불상의 존엄성을 느낄 수 있다. 벽에는 비천상의 극락정토가 그려져 있다. 당대는 실크로드의 번성으로 서역풍이 강하여 서역의 춤(호선무)과 노래가 유행했는데, 220굴에서 그러한 사실을 확인할 수 있다.

막고굴의 꽃은 역시 벽화이다. 오색찬란하고 불교와 신화와 시대상을 담은 오묘한 벽화는 보는 이를 감탄케 한다. 모든 벽화를 일렬로 이어 붙이면 54km가 된다. 세계 최대의 화랑이요, 미술관이라 할 수 있다. 벽화 중에서도 최고는 비천이다. 초기 석굴에서 나타나는 비천은 어색하고 촌스럽지만, 후기 특히 당대에 오면 기다란 옷을 하늘에 나부끼며 행운의 구름을 타고 날렵하게 비상한다. 우리나라에서 아름답다고 찬탄해 마지않는 성덕대왕 종(일면 에밀레종)의 비천상 이상이다. 이곳의 비천은 미술사의 극치를 보여주는 아름다움으로 평가받는다. 비천은 인도에서 들어온 것이지만 중국에서 꽃이 피고 중국 것이 되었다.

돈황벽화에 나타나는 수하미인도(樹下美人圖 – 나무 아래에 있는 미인의 그림)는 전형적인 서역풍이다. 서양에서 수하미인은 풍요의 여신으로 나오며 나무는 제 각각이다. 페르시아에서는 포도나무 밑에 미인이 서 있고, 인도에서는 망고 나무 아래에 서 있다. 그리고 투르판에서는 사막의 상징인 타마리스크 나무 아래에 서 있다. 벽화에 등장하는 나무는 그 지방의 상징적 나무로 그곳의 생명수이다. 이러한 수하미인도는 중원에까지 영향을 주어 당대 장안의 황족의 무덤에서 같은 벽화가 나온다.

벽화는 불교와 전혀 무관한 당시의 시대상을 알려주는 것이 많아서 당시 역사를 이해하는데 좋은 자료가 된다. 45굴의 상인우도도(商人遇盜圖)는 상인이 도둑을 만나는 그림이다. 산 속에서 강도를 만나 물건을 포기하고 목숨을 건지려는 상인들의 모습을 담은 벽화이다. 실크로드는 항상 위험이 도사리는 고난의 길이다. 지리적 난관은 말할 것도 없고 상인을 노리는 도적 떼도 간단치 않은 문제였다.

강력했던 당 왕조가 붕괴된 후에 돈황은 여러 민족의 쟁탈전 속으로 빠진다. 8세기에는 티베트계가 장악했고, 9세기 중엽에는 이 지방 호족이었던 장의조가 티베트계를 몰아내고 다스렸다. 그 장의조가 군대를 거느리고 당당히 행군하는 모습이 돈황벽화에 남아있다. 장의조의 뒤를 이은 지배자는 호탄 왕국이었다. 드디어 호탄의 영향력이 타클라마칸 사막을 넘어 돈황에까지 미쳤던 것이다. 그 호탄 왕의 모습이 98호 석굴벽화에 남아있다. 호탄 왕은 옥의 산지 제왕답게 온 몸에 보석을 달고 있다.

17굴 장경동(藏經洞; 불경을 간직해 놓은 동굴)은 16굴 안에 있다. 16굴은 사각형 전실과 연도, 그리고 사각형 본실로 구성되어 있다. 17굴은 그 16굴의 측실로 일종의 승방이다. 승방이란 승려들이 수도생활을 하는 곳이다. 이곳에서 수많은 불경과 불화, 법기 (法器) 및 기타의 종교와 호적문서, 계약문서 같은 고문서와 사곡(詞曲)과 같은 문학류 등 약 3~4만점이나 되는 문서가 발견되었다. 1907년 이곳을 탐사했던 영국의 스타인과 프랑스의 펠리오가 고문서를 지키고 있던 자칭 왕도사로부터 수많은 자료들을 사갔고(이것을 중국 측에서는 약탈이라고 한다), 그 뒤로도 독일, 러시아 그리고 일본의 오오타니까지 약탈해 갔다. 그 자료 가운데는 우리나라 혜초가 쓴 왕오천축국전도 있었다. 아무튼 17굴에서 발견된 수많은 문서들은 역사학계에 돈황학을 일으켰다. 당대를 비롯한 중국 중세를 연구하는데 있어서 돈황문서는 그 어떤 것보다도 귀중한 자료가 된다.

현재 16굴에는 아무 것도 없고 오직 홍변이라는 승려의 상만 있다. 홍변은 돈황의 승려로 이 지방의 호족이었던 장의조가 기의할 때에 협조하여 후에 하서도승통을 역임한 명망 있는 승려였다. 그가 죽은 후 홍변의 공적과 그의 공덕을 기리기 위해 그의 친지들과 제자들이 16굴을 조성하여 그의 상이 16굴에 있게 된 이유이다.

장경동은 언제, 누구에 의해, 어떻게, 왜 폐쇄되었는지 모른다. 다만 그곳의 문서들이 11세기 이전 것만 있는 것으로 보아 11세기쯤에 폐쇄되었을 것으로 추정될 뿐이다. 현재까지는 두 가지 설이 유력하다. 하나는 11세기 서하가 돈황을 공격하는 1,036년 설이고, 또 하나는 서하가 비록 외부세력이긴 하지만 불교를 내세운 왕조였으니 굳이 숨길 필요가 없다는 전제 하에, 이슬람이 돈황에 쳐들어오는 1,054년 설이다.

돈황 막고굴의 가장 큰 적은 사막이다. 매일같이 불어오는 사막의 모래바람은 사정없이 사원을 뒤덮는다. 계절풍이 부는 4월과 5월은 날아오는 모래의 양이 상상을 초월한다. 그대로 몇 년만 방치하면 막고굴은 모래 속에 묻히고 만다. 그래서 모래의 유입을 방지하기 위해 석굴마다 문을 만들어 놓았으며, 그래도 쌓이는 모래를 퇴치하기 위해 매년 모래정비를 실시하고 있다. 그래서 석굴은 보존될 수 있게 되었지만 그로 인해 이제는 누구나 마음대로 석굴을 볼 수 없게 되었다. 석굴을 보기 위해서는 반드시 안내인을 따라 그들이 열쇠로 따주는 석굴만 보아야 하는 불편함이 생긴 것이다.

또 하나의 적은 인위적 훼손이다. 지금까지 많은 사람들에 의해 석굴이 파괴되고 훼손되어졌다. 이러한 훼손은 이곳만의 문제가 아니고 실크로드상의 모든 석굴이 겪은 문제이기도 하다.

단순한 파괴도 있고, 종교적 차이에서 오는 파괴도 있다. 어떤 이유에서든 용서받지 못할 야만적 행위이다. 인위적 훼손에는 소위 문명 세계라고 자처하는 외부 세계인에 의한 것도 있다. 아름다운 벽화는 아예 칼로 떼어갔다. 돈황석굴을 비롯하여 베제크리크 석굴 벽면에는 벽화를 떼어간 흔적이 선명히 남아있다. 초기의 탐험가들도 여기에 가담했는데 영국이나 프랑스, 독일 그리고 일본에 상당량의 돈황문서와 석굴벽화들이 있는 이유는 이 때문이다. 제국주의의 문화약탈 행위이고 문화파괴 행위이다.

돈황의 원래 지명은 사주(沙州)이다. 말 그대로 사막의 고을이라는 뜻이다. 현 돈황시 외곽, 그러니까 막고굴에서 서쪽으로 20km 쯤 가면 돈황의 옛 성터가 나온다. 사주고성이라고 말하는 유적이다. 당대에는 옛 사주성 둘레에 사찰이 즐비했었고, 인구 1만 6천 명에 승려가 1,000명이었다고 한다. 얼마나 불교가 번성했는지 미루어 짐작할 수 있다.

현재의 돈황은 이 사주성터에서 동쪽으로 3km지점에 있다. 돈황의 인구는 당대 이래로 1,300 동안 변화가 거의 없었다. 그래서 1,300년 전의 당나라 시대에 1만 6천명이었던 인구가 1979년도에 3만 5천명에 불과했던 것이다. 정상적인 농경 지대였다면 8세기의 인구가 1만 6천명이었다면 20세기에는 아마 몇 백만이 되었을 것이다.

실크로드 시대 수많은 서역의 사신과 상인들이 모여들었던 돈황은 지금은 중국인을 포함하여 세계 각처의 사람들로 들끓는다. 바뀐 것은 낙타 대신 비행기나 차로 몰려든다. 1년 내내 사람들이 찾아오는 곳이지만 겨울철은 강풍과 추위 때문에 불편하다. 여름철에는 사막에서 불어오는 바람이 숨을 막히게 한다. 그래서 돈황의 한낮은 한가하다. 그리고 저녁 8시가 넘으면 거리는 인파로 북적이기 시작하여 밤 11~12가 되면 절정을 이룬다. 불야성을 이룬 돈황은 새벽 2~3까지 소란스럽고, 가라오케는 밤새도록 요란하다. 돈황 박물관에 갔을 때 직원들이 의자에 앉아 졸았던 이유가 밤새 먹고 즐기는 이곳의 풍토 때문이란 것을 나중에 알았다.

돈황에서 서북쪽으로 약 100km가면 옥문관이 나온다. 역사에 수없이 나오는 바로 그 옥문관이다. 역사에서 옥문관은 중국의 서쪽 끝으로 외계와 구분되는 관문으로 인식되었다. 기원전 2세기에 한나라 무제가 옥문관을 세운 이후 중국의 서쪽 최전방 보루는 옥문관이었다. 이것은 옥문관 서쪽에 새로운 관문을 설치해도 마찬가지였다. 옥문관은 이미 중국인들의 관념상에 서쪽 끝 관문으로 자리 잡은 것이다. 그렇기 때문에 당나라의 유명한 시인은 이곳에 와서 시를 지어 “장안에서 만리를 달려 이곳에 당도하니, 이 땅의 끝에 왔다는 생각이 들어 가슴이 무너진다”라고 하였다. 또 왕유(701~761)는 “세상의 끝 서역으로 가는 양관(옥문관 부근의 관문) 길은 사막과 먼지뿐이다. 봄에는 때때로 기러기가 보이지만, 만리 간에도 오고가는 행인 드물다”라고 변방의 아득함을 노래하였다. 당대에 중국의 장안에서 돈황까지는 1개월이 소요되었다. 지금 돈황과 옥문관 사이에서 한나라 시대에 세워진 만리장성과 봉화대를 볼 수 있다. 옥문관의 봉화대에서 적의 내습을 알리는 봉화가 올려 지면, 다음 봉화대로 신호가 계속 이어져 반나절 후에는 2천 km밖에 있는 장안에 전해졌다고 한다.

돈황에서 서쪽으로 백양나무 가로수 길을 가면 9층의 백마탑이 있다. 쿠차의 고승 구마라집이 서역 장안으로 가던 길에 이곳에서 그동안 타고 왔던 말이 병사하자 이를 애도하여 세운 탑이다. 높이 12m의 아름다운 흰 탑이어서 어디서나 눈에 들어온다.

돈황에서 막고굴 만큼 유명한 곳은 명사산과 월아천(月牙泉)이다. 명사산은 고운 모래 산으로 바람에 날리는 모래가 마치 구슬피 우는 소리 같다고 해서 붙여진 이름이다. 돈황에서 명사산으로 가는 길의 양편으로는 대추나무와 포플러 나무가 하늘 높이 뻗어있어 이국적인 정취를 물씬 풍긴다. 명사산 안쪽으로 들어가면 신비의 월아천이 나온다. 월아천은 3,000년 전에 조성된 작은 오아시스로 아무리 가물어도 단 한 번도 바닥을 드러낸 적이 없다. 월아천은 온통 사막으로 둘러싸이고 매년 모래바람이 사정없이 부는데 이 초승달 모양의 아름다운 호수가 어떻게 3,000년이 넘도록 그 자리에 존재할 수 있는지 신비할 따름이다. 신발을 벗고 명사산 꼭대기로 오르는 기분은 너무도 좋다. 그러나 너무나 많은 사람들이 명사산에 올라 아름다운 모래 산의 모습이 변형되지나 않을까 걱정스럽다. 월아천 옆에도 여러 전각을 세웠는데, 그 또한 이곳의 자연환경에 영향을 주지나 않을까 염려스럽다.

돈황 근처에는 거무튀튀한 산과 사구가 산맥을 이룬 듯 길게 늘어서 있다. 검은 둔덕들을 멀리서 보면 마치 석탄을 쌓아놓은 듯하다. 이 일대에 많은 석유가 매장되어 그렇다고 하니, 아무튼 이곳은 축복받은 땅임에 틀림없다.

8. 서역남로의 실크로드

돈황을 지나 타클라마칸 사막으로 들어가는 서역남북로는 무시무시한 모래바람과 물줄기의 이동으로 사라진 오아시스가 많다. 그 하나가 누란 왕국이다. 누란 왕국은 돈황에 견줄 만큼 중요한 실크로드 교통로로서 화려한 번영을 누렸지만 어느 날 갑자기 역사무대에서 사라진 신비의 왕국이다. 그래서 혹자는 누란은 애초에 존재하지도 않은 사막의 신기루 왕국이라는 소설 같은 주장을 제기하기도 했고, 호기심 많은 사람들은 온갖 상상의 나래로 동화 속의 왕국으로 그리기도 했다.

누란 왕국은 대체로 기원전 2세기에서 기원후 5세기 까지 존재했다. 선선(鄯善)국이 본래의 명칭이다. 『한서』 서역전(서역전)에 의하면 장안에서 6,100리 떨어져 있는 왕국으로 인구는 44,100명이고 병력은 2,912명이었다. 한나라 시기에 번영을 누리고 5세기 북위(北魏)의 침공으로 멸망당한 후 역사무대에서 사라졌다. 누란은 점차 그 위치조차 잊혀진 채 사람들의 상상과 신비로움을 자극하는 왕국으로 존재할 뿐이었다. 그래서 일찍부터 문학작품의 소재가 되었고, 최근에는 일본의 실크로드 작가 이노우에(井上靖)가 '누란'이라는 소설을 발표하여 상당한 인기를 끌기도 했다.

고대에 누란을 가기 위해서는 돈황의 양관과 옥문관에서 출발하였다. 대략 보름 이상 걸리는 노정이었다. 양관에서 누란 사이는 메마른 사막이 끝없이 이어진다. 사막은 모래이기도 하고 자갈이기도 하며, 메마른 땅이기도 하다. 특히 누란 왕국 가까이에는 돌과 자갈이 마치 칼같이 솟아있어 '칼날 산'이라고 부르는 지역도 있다.

신비의 누란 왕국의 비밀을 풀어준 사람은 스웨덴의 탐험가 헤딘(1865~1952)이었다. 헤딘은 누란 왕국 옆에 자리했던 롭노르 호수의 비밀을 풀었다. 사마천의 『사기』에 '누란 왕국은 염호(鹽湖)의 가장자리에 자리 잡고 있다'고 기술되어 있는데, 여기서 말하는 염호가 롭노르 호수이다. 헤딘은 누란 왕국 옆에 있던 롭노르 호수가 타림분지로부터 물을 공급받았는데, 모래층의 퇴적으로 말미암아 북쪽에서 남쪽으로, 그리고 다시 세월이 흘러 남쪽에서 북쪽으로 이동했다고 주장했다. 즉 1500년을 주기로 물길을 바꾼다는 주장이다. 그리고 자신의 학설에 입각하여 마침내 누란 유적지를 찾아내고 그 곳에서 말라버린 롭노르 호수의 흔적도 찾아내었다. 누란 왕국은 염호의 가장자리 모래더미 속에 폐허로 남아있다. 그곳 유지(遺址)에서 발견된 목간(木簡)의 하한연대가 모두 기원후 300년 이전이니, 최소 1,700년간 모래 속에 묻혀 있었던 것이다.

누란은 지리적으로나 군사적으로 아주 중요한 지역이어서 한나라와 흉노는 이곳을 장악하기 위해 치열한 전투를 벌였다. 누란은 강대한 한과 흉노 사이에서 살아남기 위해 한과 흉노로 왕자 1명씩 인질로 파견하는 고육책을 쓰기도 했다. 당시에는 누란을 지배하는 자가 실크로드를 지배한다고 하였다. 결국 한 무제에 의해 누란은 정복되고 한의 정예군사 700명이 이곳에 주둔했다. 그리고 한나라는 인질로 잡혀 온 누란 왕자를 거세시켜 후환을 없애려는 잔혹한 방법을 썼다. 법현은 전성기의 누란에 대해 "국왕이 불교를 믿으며, 승려가 4,000명이나 된다"라고 했다. 당시 누란의 인구가 4만여 명이니 누란은 왕성한 불교왕국이었던 것이다.

누란에 파견된 한나라 군인들은 가족과 처자식과 떨어져 머나먼 이곳에서 변방수비를 담당했다. 그 고초를 어찌 말로 다할 수 있겠는가. 누란 유적지에서 발견된 건물지 중에는 한나라 군인들의 주둔지로 여겨지는 곳이 많다. 우물도 있고, 백양나무로 지은 건물과 불탑도 있다. 금반지, 방적기, 유리구슬도 발굴되었다. 유리구슬은 페르시아 제품으로 실크로드를 통해서 들어온 것이다. 인도의 쿠샨왕조에서 들어온 구리동전도 발굴되었다. 이러한 것들은 누란이 실크로드의 요충지로서 동서양 문화교류가 활발히 전개된 사막 왕국이었음을 증명한다.

누란에서 발견된 미라 중에는 흰 왜가리 깃털이 꽂혀있는 것도 있다. 이는 결혼할 때 남자가 사랑의 표시로 여자에게 흰 왜가리 깃털을 주는 서역풍습의 반영이다. 최근에 롭노르 일대에서 왕릉이 발굴되었는데 안타깝게도 왕릉은 이미 도굴되어 벽화와 관과 유골들은 훼손된 상태였다. 중국 고고학계는 고분 벽화에 나타난 군신(君臣)들이 앉아 있는 그림과 당시 제왕만이 사용할 수 있었던 금과 은색의 낙타 그림이 발견되고, 고위층을 상징하는 화려한 채색 목관이 출토된 점을 들어 이 고분을 왕릉으로 추정하고 있다.

누란에서 타클라마칸 남쪽, 즉 곤륜산맥의 북쪽 기슭으로 가는 길이 서역남로이다. 실크로드 시대에는 천산산맥의 남쪽 길, 즉 서역북로보다 더 활성화 되었었지만, 남강철로가 타클라마칸 북쪽 기슭으로 부설되면서 서역북로에 비해 개발과 발전이 덜 되고 찾는 사람도 적다. 그러나 그것은 이곳이 실크로드 시대의 모습을 더 많이 간직하고 있다는 의미이기도 하다. 아직도 외부와 격리된 곳이 많고 그러한 곳에 사는 사람들에게서 인간의 순수하고 순박한 모습을 볼 수 있다.

누란에서 가장 가까운 실크로드의 고대도시는 미란이다. 미란은 8세기경 티베트족이 이곳으로 들어와 문화를 일으킨 도시이다. 한때는 번영을 누렸지만 11세기경 이들의 문화는 사라진다. 이곳에서 발견된 불화에서 날개 달린 천사의 모습이 나타나고, 콧수염이 있는 석가모니가 등장한다. 이것은 동·서양 문화융합의 결과이다. 구체적으로 말하면 헬레니즘 문화와 불교문화의 융합으로 실크로드 동서 문화교류의 구체적인 실례이다.

쿠얼러에서 서역남로를 가려면 처음 만나는 실크로드 도시가 뤄치앙(차르클릭)이다. 한자로는 약강(若羌)이라고 쓴다. 이전에는 비포장도로였으나 현재는 포장되었다. 이전에 쿠얼러에서 뤄치앙을 가기 위해서는 하루에 한 번 출발하는 버스를 타야 했다. 물론 도로는 대부분이 비포장도로였고 그 중 반은 사막이었다. 강한 모래바람이 불면 도로는 없어지기 일쑤였다. 중국의 침대버스는 양쪽 창가와 중앙에 한 줄씩 1, 2층 모두 3줄의 침대로 되어있지만, 그 버스는 불법 개조하여 한 줄씩 더 추가하여 자리가 비좁아 매우 불편하였다. 노후한 버스는 꾸불꾸불한 사막 길을 나아가다가 때로는 모래 속에 바퀴가 묻혀 헛바퀴만 돈다. 오후 4시에 출발한 버스는 밤 10시가 되어서야 사막 속의 간이 휴게소에 정차하였다. 그곳에서 간단한 식사와 용변을 보고 다시 흔들리는 버스를 타고 타클라마칸 사막의 온갖 모래먼지를 뒤집어쓰고 밤을 꼬박 새워 다음 날 아침 9시 50분이 되어서야 뤄치앙에 도착하였다. 일어나서 앉으려니 몸 이곳저곳에서 모래가루가 쏟아진다. 그 때의 고생을 필설로 다할 수가 없다. 그러나 실크로드 시대 사신과 대상들의 고생은 이것과 비교도 되지 않았을 것이다. 그들은 문명의 이기는 전혀 이용하지 못하고 낙타에 얹혀 태양과 모래바람에 노출된 채 걷고 또 걸어 이동하였다. 텐트도 없이 겨우 양탄자 하나로 몸을 말아 사막에서 새우잠을 자고 몇 달 몇 년을 걸려 실크로드를 오갔던 것이다.

역사가 3,500년 되는 뤄치앙은 아직도 현대문명화가 되지 않은 채 옛 모습을 간직하고 있다. 도로는 말끔하게 정비되었지만 주요 교통수단은 말과 노새가 끄는 마차이다. 초등학교를 가보았더니 20년 전의 우리나라 옛 학교처럼 시설이 열악하다. 그러나 학생들은 순진하고 배움의 열정은 우리와 차이가 없다. 학생들은 수줍어하면서도 외국인에게 큰 관심을 보였다. 그러나 그들 중 한국을 아는 학생은 아무도 없었다. 하기야 1200년 동안 외부와 단절되었고, 기차를 타 본적이 없으며 신강성 밖으로는 나가본 적도 없는 타클라마칸 남쪽의 곤륜산맥 산기슭 아래에 있는 작은 오아시스 사람들이 어찌 한국을 알겠는가? 필자가 도로를 홀로 걷으니 사람들이 모두 쳐다본다. 이곳에서 외국인이 필자처럼 혼자 배낭을 메고 위구르 식당에서 음식을 먹고 도로를 걷는 경우는 없었을 것이다. 외국인이 이곳을 찾을 때는 차량을 대절해서 필요한 유적지만 답사하고 그대로 떠났을 것이기 때문이다. 비록 소박하지만 뤄치앙의 중앙 도로는 약간의 현대화가 이뤄졌다. 그러한 현대화도 아주 최근의 일이란다. 도시는 걸어서 30분이면 끝이 나왔다. 이렇게 작고 조용한 오아시스지만 외국인이 머물기에 전혀 손색이 없는 숙소가 있다는 것이 특이하였다.

뤄치앙은 실크로드 시대에 누란에서 타클라마칸 남쪽으로 가는 주요 길목이었다. 『한서』에 '뤄치앙은 양관에서 1,800리, 장안에서 6,300리 떨어져 있고, 인구는 1,750명이다. 왕은 호래왕(胡來王)이다. 목축을 하고 경작하지 않으며 곡식은 누란과 치에모에 의존한다. 산에는 철이 있다'라고 기술하였다. 2천년이 지난 지금 뤄치앙의 인구가 수천 명에 불과하니 한나라 시대와 별반 다르지 않다. 근래에 발굴된 미라의 연대가 약 3,800년 이전으로 올라가는 것을 볼 때 뤄치앙의 역사가 매우 유구했음을 알 수 있다. 미라는 서구인의 모습을 띠고 있으며, 발굴된 미라는 우루무치 박물관에 전시되고 있다.

뤄치앙에서 서쪽으로 300km를 가면 치에모 강이 나온다. 한어로는 차말(且末) 강이다. 치에모 강은 곤륜산맥의 눈이 녹아 이룬 강이다. 곤륜산을 등지고 자리한 치에모는 뤄치앙보다 훨씬 크다. 인구는 약 5만 명이고 그 중 80%가 위구르인이다. 치에모는 한나라 시대에 치에모 왕국이 있었다. 『한서』에 '차말국은 장안에서 6,820리 떨어져 있으며, 호수가 230, 인구가 1,610명이며 병사가 300명이다. 포도 같은 과일이 생산된다'라고 서술하고 있다. 치에모는 8세기 실크로드가 끊어진 후 1980년대까지 외부세계와 단절되었기 때문에 지역명칭도 2천년 동안 변화가 없었을 것이다. 1985년 치에모 일대에서 수천 점에 이르는 유물이 출토되었다. 도기(陶器)와 목기 및 모직물이 주류를 이루지만, 석기, 골기(骨器), 식품(食品), 가죽제품, 금속제품, 장식품, 방직품 등 다양한 물품이 나왔다. 시기가 빠른 것은 기원전 1,000여 년이고, 가장 늦은 것이 기원후 500년쯤 된다. 치에모의 역사가 매우 깊었음을 알려준다.

민펑(民豊 – 민풍)은 치에모에서 서쪽으로 300km 떨어져 있다. 위구르인들이 니야(尼雅 – 니아)라고 부르는 도시이다. 민펑은 타클라마칸 남쪽에서 호탄 다음으로 큰 도시이다. 주변의 농경지가 넓고 비옥하여 일찍부터 문명이 발달하였다. 그러나 최근에 와서 카슈가르와 가까운 우전, 사차 등지가 빠르게 발전하면서 상대적으로 뒤쳐진 도시가 되었다. 필자가 쿠얼러에서 10시간의 침대버스를 타고 타클라마칸 사막을 가로지르는 고속도로를 이용하여 이곳에 도착했을 때는 채 어둠이 가시기 전인 새벽 5시 30분이었다. 어슴푸레한 시간대에 버스에서 내리니 낯선 이국인을 맞아주는 것은 뜻밖에도 닭 우는 소리였다. 한국에서조차 듣기 어려운 닭 울음소리를 사막의 오아시스에서 들으니 신기하고 정겨웠다. 누가 사막의 오아시스에서 닭들의 합창을 들을 수 있다고 생각하겠는가?

필자의 서재에는 커다란 중국전도(中國全圖)가 걸려 있다. 대학생 때인 1980년대부터 그 지도를 보면서 2,000년 전의 기록인

『사기』와 『한서』에 나오는 서역 36개국에 관한 실크로드 얘기를 떠올리며 환상에 젖곤 했다. 그리고 저 타클라마칸 남북로, 특히 민펑과 호탄에 갈 수만 있다면 더 이상의 소원은 없다고 생각했다. 그 많은 서역의 나라 가운데 딱히 무슨 이유가 있어서가 아니라 그저 막연히 민펑과 호탄을 가고 싶었다. 더욱이 온갖 전설이 서려있는 이들 도시의 배후에 있는 곤륜산을 찾아가는 것은 상상만 해도 황홀했다. 그런데 뜻밖에도 1992년 한국과 중국이 국교를 수립하였다. 너무나 빨리 꿈이 실현될 것 같았다. 그러나 중국의 비자를 받는 것은 쉽지 않았고, 또 막상 중국에 들어가 보니, 신강성은 외국인 출입금지 구역이었다. 15년이 더 지난 후 신강이 개방되었지만, 서역남로는 여전히 미 개방지대였다. 그리고 21세기에 접어들자 드디어 개방되어 20년 전의 꿈을 실현할 수 있었다. 우루무치에서 천산을 넘어 쿠얼러에서 민펑으로 가는 최신식 침대버스를 타고 갈 때는 우주선을 탄 기분이었다. 우루무치와 쿠얼러에서 만난 중국인들은 한결 같이 서역남로로의 여행은 위험하다고 포기를 권하였다. 그러나 청년시절부터 20여 년간 꿈을 꾸었던 지역을 어찌 아니 가겠는가. 마음속에는 약간의 두려움과 걱정이 없었던 것은 아니었지만 막상 민풍에 도착하는 순간 그것은 모두가 기우였음을 깨달았다.

우루무치와 쿠얼러에서 들은 정보에는 민펑에는 외부 탐사객이 없어 호텔이 없다고 했지만, 호텔(빈관)은 4개가 있었다. 더구나 모두가 만원이었다. 너무나 머나먼 타클라마칸 사막의 중앙지대로서 오랫동안 외부와 단절되어 잊혀진 실크로드의 도시에도 외부로부터의 개방과 변화의 바람이 일고 있었던 것이다. 호텔에 빈 방이 없는데다 날이 밝아오기 시작하여 도시를 걸어보기로 했다. 사람들은 하나 둘 집밖으로 나와 거리를 쓸기 시작했고, 식사준비를 위해 불을 피운다. 24시간 영업한다는 안내문이 쓰여 있는 피씨 방이 있었고, 그곳에는 밤을 새운 사람들이 빈 좌석 하나 없이 꽉 차 있다. 인터넷의 열기는 사막의 오지에도 불고 있음을 실감하였다. 민평의 외곽으로 나가보니 온통 해바라기 천지다. 그렇게 넓은 지역에 가득한 해바라기를 보는 것은 처음이었고, 그 풍경 또한 너무도 아름답고 이국적이다.

오랫동안 외부세계와 단절되었던 도시여서 도시문명에 찌들지 않은 순박함과 옛 전통이 그대로 보존되어 있다. 정겨운 농촌마을과 순진하고 소박한 사람들이 거친 땅에서 아름답게 살고 있다. 한족도 아주 없지는 않았고 중국어도 대충 통했으며 한족식당도 있었다. 하기야 이런 현상들도 모두 1990년대 사막공로가 생긴 다음에 일어난 현상이라고 하니, 그 이전에 왔었다면 상황은 전혀 달랐을 것이다.

민평은 실크로드 시대에 니야(尼雅; 니아)가 있던 곳이다. 니야 유적지는 사막 안쪽으로 120km 떨어져 있다. 오아시스 지하로 흐르는 물줄기가 이동하여 도시가 이동한 까닭이다. 니야는 정절국(精絶國)이라고 불렀다.『한서』 서역전에 '정절국은 장안으로부터 8,820리 떨어져 있고, 인구는 3,360명, 병사는 5백이다. 국왕 밑에 정절도위(精絶都尉), 좌우장(左右將), 역장(驛長) 각 1사람씩 있다'라고 하였다. 그러나 과거의 화려했던 영화를 역사 속에 묻고 니야는 사막 속의 폐허로 남아 있다. 동서 10km, 남북 20km에 걸쳐 있는 니야 유적지에는 높이 6m의 불탑을 중심으로 주거지와 관청이 있었다. 전원(田園)과 사찰의 흔적도 남아 있고, 도기, 목기, 동기(銅器), 화폐, 방직물, 장식물 그리고 중요한 한문목간(漢文木簡)이 발견되었다. 1995년에는 니야 유적지에서 8개의 묘장이 발굴되었다. 그곳에서 출토된 대량의 진귀한 문물들은 동서 문화교류를 비롯하여 민족교류, 고대 과학기술, 체질(體質)인류학, 환경고고학 등을 연구하는데 귀중한 자료가 된다. 한편 1980년에 발굴된 여인 미라는 지금으로부터 4,000여 년 전의 유럽인종으로 밝혀졌다. 4~5세의 어린이로 추정되는 미라는 3,800년 전의 시신이다.

니야의 불상은 초기 인도양식을 보여주며 고대 인도어로 쓰여 있는 비문은 니야의 역사를 증언해주고 있다. 니야 유적지에서 발견된 부부 미라는 부인이 남편의 손을 잡고 있고, 부인을 감싼 비단에는 만세여의(萬世如意 - 모든 일이 뜻대로 되소서!)라는 글씨가 쓰여 있다. 이 글귀는 지금도 사람들이 많이 쓰는 것으로 실크로드 시대나 21세기의 현대나 사람들이 바라는 바는 차이가 없었음을 보여준다.

니야가 4세기 중엽 갑자기 역사무대에서 사라진 이유에 대해서는 분명하지 않다. 일단은 가뭄, 즉 물 부족으로 보는 견해가 유력하다. 그것은 민평이 니야 남쪽에 새로운 도시를 형성한 것과 같은 맥락이다.

고비사막과 타클라마칸 사막에는 바람이 끝없이 분다. 섭씨 40도를 오르내리는 무더운 여름철에 부는 바람은 숨조차 쉬기 어렵게 한다. 때로는 사막 전체를 뒤흔들어 모래를 일으키며 시속 90km로 부는 바람은 상상을 초월한다. 필자도 한 번은 저녁

먹으러 밖에 나갔다가 이 같은 바람에 정신을 잃은 적이 있었다. 도시 전체를 쓸어갈 듯한 무서운 바람이었다. 바람에 대해 공포심을 느낀 것은 이때가 처음이었다.

그러나 이런 척박한 땅에서 불평 한 마디 없이 늘 웃는 얼굴로 순박하게 살아가는 사람들의 모습을 보며, 물질적이며 편안함만 추구하고 끝없는 욕심을 간직한 채 생활하는 우리 자신을 반성하게 된다. 현대문명의 온갖 혜택을 누리며 살고 있는 우리가 되레 불만으로 가득하다. 실크로드는 현대 문명인들에게 지나친 물욕에 탐닉하다가 더 소중한 것을 잃고 있음을 일깨워 준다. 실크로드는 단순히 고대의 역사가 아니고 현대인의 삶의 거울이다.

9. 옥의 고장 호탄

호탄은 타클라마칸 남로에 있는 도시 중 가장 큰 오아시스이자 동서교역의 중심지였다. 호탄은 실크로드 시대에 옥의 원산지로 이름 높다. 지금도 호탄의 옥을 최고로 친다. 역사적으로 옥문관은 중국 서역의 최 서쪽 관문을 일컫는다. 옥문관 밖의 세상이란 중국과 전혀 다른 딴 세계라는 의미이다. 또 서역에서 옥문관을 들어오면 그것은 중국세계로 발을 디뎠음을 의미한다. 그런데 왜 하필 이름이 옥문관일까? 그것은 호탄의 옥이 중국으로 들어오는 관문이라는 뜻이기 때문이다. 얼마나 호탄의 옥이 아름답고 중국인이 귀하게 여겼으면 옥문관이라고 이름을 붙였겠는가. 호탄의 옥은 곤륜산에서 나는데, 그 옥은 시간이 흐를수록 더 깊고 아름다운 색채를 띤다. 그래서 중국의 역대 왕들은 옥을 신비한 물건으로 믿었다. 견고하면서도 윤이 나고 따뜻하면서도 아름다운 고상한 색의 옥은 영원의 상징으로 믿었다. 특히 실크로드상의 곤륜산의 옥은 불가사의의 힘이 서려있다고 생각하였다. 그래서 만약에 죽은 사람의 수의를 옥으로 만들면 죽어서도 몸이 썩지 않고 그대로 보존되었다가 영혼이 언젠가 다시 몸속으로 돌아와 살아 날 수 있다고까지 믿었다. 그리고 이 같은 믿음으로 곤륜의 옥으로 실제 수의(이것을 옥의라고 한다)를 만들었다. 만성한묘라는 한나라 시대의 무덤에서 온 몸을 2,500개의 옥에 일일이 금실로 꿰어 만든 옥의에 감싸인 시신이 발굴되었다.

호탄은 곤륜산에 발원한 동쪽의 백옥강과 서쪽의 흑옥강이 흐르는 중간시대에 위치한 오아시스 도시이다. 호탄은 땅이 비옥하여 일찍부터 서역 남로 최대의 오아시스 왕국을 건설하였다. 『한서』에 '호탄왕국은 서성(西城)이 도읍으로 장안에서 9,670리 떨어져 있으며 호수가 3,300 인구가 19,300이며 병사가 2,400명이다. 보국후, 좌우장, 좌우기군, 동서성장, 역장 각 1인이 있다. 동북은 도호치소에서 39,047리이며, ……옥돌이 많으며, 서쪽으로 피산이 380리 떨어져 있다'라고 하였다. 7세기 당나라 시대 때 이곳에 들렀던 현장법사는 호탄이 기후가 온화하고 오곡이 풍성하고 과일이 많으며, 사람들은 예의를 알며 학문을 숭상하며 불교가 발달하였다고 하였다. 호탄은 후한시대인 1세기 말의 30여 년 간 반초의 서역경영을 제외하고 7세기까지 번영을 누렸다. 호탄은 곤륜산의 옥으로 이름이 났고, 곤륜산의 눈 녹은 만년설로 살아가니 곤륜산은 호탄의 생명인 셈이다. 곤륜산맥은 빙설로 덮인 연봉으로 이어지며 천산산맥보다 더 높고 험하다.

호탄은 역사가 유구한 실크로드 도시이기 때문에 많은 유적이 있다. 시가지에 고대 성벽이 남아있고, 근교에는 맬리카왓과 라왁, 단단윌리크 불교 유적지가 있다. 역사 기록에 호탄에는 사찰이 1백여 개에 달하며, 그 중 큰 사찰에는 3천명의 승려가 있었다고 하였으니 맬리카왓과 라왁, 단단윌리크는 그러한 사찰 중 하나였을 것이다. 이들 불교 유적지에서는 절터와 단단한 흙 벽, 그리고 그 흙벽에 벽화를 남기고 있다. 이 외 이들 유적지에서 발굴된 간다라식 불상, 불두, 각종 소조 조각과 도자기 등의 유물은 호탄박물관에 전시되어 있다. 호탄박물관은 선사이래 호탄이 실크로드의 중심지였음을 시대별로 밝히는 동시에 이와 관련한 각종 유적·유물을 설명과 함께 전시하고 있다.

호탄의 현재 인구는 30만 명 전후다. 80%가 위구르족이다. 도시는 빠르게 현대화 되고 있어 도시는 변화하고 하루가 다르게 현대식 건물이 들어서고 있다. 그리고 사범대학도 들어섰으니 서역남로의 교육까지 담당하는 도시가 되었다. 호탄은 옥과 함께 비단으로도 유명한 곳이다. 지금도 호탄 사람들은 자기들의 비단에 대단한 자부심을 가지고 있으며 비단 춤도 유명하다. 중국은 양잠기술의 국외반출을 국법으로 엄격히 금지했다. 중국의 각 관청과 변경관문에서는 뽕나무 종자와 누에게 국외로 빠져나가는 것을 철저히 감시했다. 그러나 호탄은 비단을 직접 생산하고 싶어 했다. 그래서 호탄 왕은 극진한 예를 갖추어 중국에 조공하고 중국의 공주를 맞고 싶다는 청혼을 했다. 호탄을 부속국으로 두어 서역남로를 장악하고 싶어 했던 중국은 호탄 왕의 청혼에 응하기로 한다. 그러나 고향을 등지고 이 먼 곳으로 와야 하는 중국 공주는 슬프기 짝이 없었을 것이다. 많은 딸 중에서 하필 자신을 보내는 것에 대한 원망도 있었을 것이고, 호탄에서 어떻게 살아야 할지 걱정도 많았을 것이다. 이럴 때에 호탄 왕은 공주에게 전갈을 보냈다. 호탄은 비단도 없고 누에와 뽕나무도 없으니 그것을 가져다 줄 것을 부탁한다. 공주는 국법을 어기고 누에고치와 뽕나무 씨를 머리에 쓴 왕관 속에 몰래 숨겨 시집갔다. 이렇게 해서 비단제조 기술은 호탄으로 전달되었다. 이러한 사실이 얼마나 정확한지는 알 수 없지만, 이곳에 양잠기술이 매우 일찍 수입된 것만은 확실한 듯하다. 서역을 처음 탐사한 슈타인은 현재의 호탄에서 100km 떨어진 단단윌리크(丹丹維里克 – 단단유리극)라는 고대 유적지에서 유명한 그림 한 점을 발견한다. 이른바 잠종서점전설도(蠶種西漸傳說圖)라는 것으로 누에고치가 서역으로 전파되는 그림이다. 그림에는 호탄으로 시집오는 공주의 왕관 속에 누에고치가 있음을 한 시녀가 손으로 가리키고 있다. 다시 말해 호탄에 어떻게 비단이 전래되는지를 알려주는 그림이다. 이 그림은 현재 대영박물관에 소장되어 있다. 단단윌리크는 지금은 사막 속으로 사라진 곳으로 한·당시대의 불교사찰지로 추정되는 곳이다.

전성기의 호탄 왕의 모습은 이미 돈황벽화에서 만났다. 한·당시대에 타클라마칸 남쪽 지역을 지배했던 호탄은 한때 돈황까지 그 세력을 뻗쳤다. 돈황석굴에 그려진 호탄 왕은 값진 옥으로 치장을 하고, 연초록색의 옥으로 장식된 옥향로를 들고 있다. 역시 옥의 나라 왕다운 모습이다.

실크로드 시대부터 호탄의 바자르(시장)는 유명하다. 바자르 입구에는 양쪽에 초승달을 꼭대기에 붙인 첨탑형태의 건축물이 있다. 마호메트의 깨달음을 상징하는 이 초승달을 다는 것이 이슬람 식 건축의 특징이다. 호탄 시장에는 호탄 사람들을 포함하여 인근의 사람들로 북새통이다. 많은 이들이 사막을 건너, 심지어 곤륜산 줄기를 넘어서 오기도 한다. 차를 타고 말이나 나귀가 끄는 달구지를 타고, 또는 걸어서 온다. 호탄시장은 기원전 한나라 시대부터 1980년대까지 서역남로 최대의 시장이었다.

호탄의 카펫, 즉 융단도 비단만큼 유명하다. 이곳에는 페르시아의 전통적 방식으로 융단을 생산하는 곳이 많다. 투르판의 시장에서 이곳 호탄에서 짠 카펫을 가지고 와서 파는 사람들을 본 적이 있다. 일일이 손으로 짠 카펫은 무늬가 화려하고 아름다우며 부드럽기 짝이 없다. 큰 카펫 한 장을 짜는데, 3사람이 2달 걸린다고 한다.

호탄은 매우 일찍 불교가 전래된 오아시스 왕국이다. 그러나 지금의 호탄은 완전한 회교지역이다. 불교국가였던 호탄이 회교국가로 된 것은 10세기경이다. 따라서 마르코 폴로가 13세기에 이곳을 지나면서 회교국가라고 한 것은 당연하다. 그래서 호탄은 1948년까지만 하여도 회교 지도자가 통제하였다. 지금은 중국체제를 따르지만 금요일이면 수많은 사람들이 회교사원 청진사에 와서 아라비아의 메카를 향해서 절을 하고 기도한다.

호탄에서 서쪽으로 약 250km를 가면 사처(야르칸트)가 나온다.

사처 가는 중간에 한나라 시대에 역사에 등장하는 피산이 있다. 피산은 작은 도시여서 대부분 사처나 호탄에게 병합되거나 예속국이었다. 피산에서 사처로 가는 길은 모처럼 녹지대로 이어진다. 서역남북로는 오아시스가 적당한 거리마다 점점이 이어진다. 황량한 사막을 달리다가 길 양쪽으로 백양나무가 나타나면 곧 오아시스에 도달한다는 신호다. 하늘 높이 솟은 백양나무는 아름답기도 하지만 시각적으로도 너무 너무 시원하다. 이렇게 메마른 땅에서 어떻게 저렇게 아름답고 커다란 나무가 자라는지 신비할 따름이다. 근래에는 모든 오아시스마다 인공적으로 백양나무를 심고 가꾸고 있다. 사막의 황막함을 막아주고 더위를 식혀주며 방풍효과까지 있기 때문이다. 사막에서 불어오는 무시무시한 사막의 모래바람을 막아주고 온갖 공기와 먼지를 정화해준다. 또 백양나무는 이곳에서 거의 유일하게 목재를 제공해 준다.

사처는 호탄에 버금가는 대국이었다. 『한서』에 '사처는 치소(행정중심지)가 사처성이며, 장안으로부터 9,950리 떨어져 있다. 호구수가 2,339이고 인구는 16,373명이며 병사는 3,049명이다. 보국후, 좌우장, 좌우기군, 비서야군 각 1명이며, 도위 2명, 역장 4명이다. (한나라)선제 때에 사처왕이 오손공주의 아들 만년을 사랑하였다. 만년이 한나라에 있을 때에 사처왕이 후사 없이 죽었다. 사처국 사람들은 한나라에게 의지하면서 오손의 마음까지 얻고자 한나라에게 상서하여 만년을 사처왕으로 삼고 싶다고 청하였다. 한나라는 청을 받아들여 만년을 사처로 보냈다. 그러나 만년은 즉위 후 포악을 일삼아 사처국 사람들이 기뻐하지 않았다. 이에 이전 사처왕 동생 호도징이 만년을 죽이고 왕이 되어 주변 나라들을 선동하여 한나라를 배반하였다. 그래서 한나라는 사처왕을 죽이고 한나라의 예속국으로 삼았다'고 하였다. 사처를 포함한 서역제국은 전한이 왕망의 신나라에게 망하고, 신은 또 얼마 후 후한에게 멸망당하는 혼란으로 중국이 서역에 대한 통제권을 상실하고 흉노 또한 세력이 약화되자 다투어 독립하였다. 사처는 현왕(賢王) 때에 최대 강국이 되어 선선, 호탄, 차사, 쿠처 등을 복속하는 전성기를 맞는다. 73년 반초의 서역경영으로 다소 위축되었고, 다시 87년 소록과 호탄의 2만 5천 병력을 이끈 반초에게 무너지고 말았다.

사처에서 약 50km를 가면 잉지사(잉기사르)가 나온다. 잉지사는 칼로 유명한 오아시스 도시이다. 지금도 모든 과정을 전통적인 수작업으로 칼을 만든다. 신강에서 잉지사 칼은 최고 명품으로, 위구르 인들이 허리에 차고 있는 대부분의 칼도 잉지사 제품이다.

10. 서역의 끝 카슈가르

카슈가르는 서역남북로에서 가장 이슬람의 향기가 살아있는 매력있는 도시이다. 카슈가르는 위구르 민족의 중심도시이자 대표적인 실크로드 도시이다. 카슈가르는 타림분지의 서쪽 끝에 위치하여 수도 장안에서 3,700km, 북경에서 6,000km 떨어진 머나먼 곳이다. 베이징보다 지중해가 더 가까운 곳이다. 그 옛날 당나라 시절 캐러밴들이 수도 장안을 출발하여 실크로드를 따라

고비사막과 타클라마칸 사막, 그리고 천산산맥을 넘는 악전고투 끝에 1년 만에 닿았던 오아시스 도시이다.

카슈가르는 타클라마칸 사막을 중앙에 두고 남쪽과 북쪽의 양쪽으로 갈라진 옛 실크로드의 길이 다시 합류하는 곳이다. 천산 남로의 서역북로와 서역남로가 합쳐지는 곳이다. 서역북도와 서역남도는 돈황을 지난 후 누란에서 갈라져 각각 타림분지를 북쪽과 남쪽으로 우회하여 이곳 카슈가르에서 다시 만나는 것이다. 파미르고원을 넘기 위해서는 카슈가르를 반드시 거쳐야 하는 중앙아시아로 통하는 관문이었다. 그래서 역사상 유명한 고승, 장군, 상인, 탐험가 등의 대부분이 이곳에서 지친 몸을 쉬고 지나갔다. 현장법사와 왕오천축국전을 쓴 신라의 혜초스님이 들렀고, 고구려 유민인 당나라의 고선지 장군이 토번정벌을 위해 이곳을 경유하였다. 1275년에는 이탈리아의 여행가 마르코 폴로가 들렀다. 요컨대 중국과 중앙아시아, 인도가 만나는 십자로에 자리 잡아 동서 교통의 요지로서 지난 2,000년간 인적교류를 포함하여 상품과 농축산물의 집산지로 번영을 누렸다.

카슈가르의 중국어 명칭은 카스(喀什)이다. 그러나 이곳에 사는 사람들은 카슈가르(Kashgar)라고 부른다. 그 어원은 '여러 가지 색깔이라는 뜻의 카스(kash)'와 '집이라는 가르(gar)'의 합성어이다. 인구는 약 40만 명으로 타클라마칸 사막 남북로에서 가장 큰 도시 중 하나이다. 17개 민족이 살고 있는데 그 중 위구르인이 대다수를 차지한다. 카슈가르는 불교국가였지만 10세기경 서역에서 가장 일찍 이슬람교로 개종하였다. 때문에 13세기에 이곳에 들렀던 마르코 폴로는 "사람들의 대부분은 회교도인데 네스토리우스파 신자도 일부 있다"라고 하였다. 이로 볼 때 카슈가르에 여러 종교가 들어왔지만 이슬람교가 주류를 형성했음을 알 수 있다. 회교력으로 9월말이 되면 카슈가르는 라마단 단식제를 무사히 마친 것을 기념하기 위한 축제 준비로 떠들썩하다. 그 때는 카슈가르 최대 사원인 이디카 사원에 신자들로 초만원을 이룬다. 회교도들은 라마단 단식제와 이로부터 70일 후에 거행되는 축제를 1년 중 가장 중요한 양대 축제로 여긴다. 그래서 매년 이 때가 되면 이 사원에서 기도하기 위해 멀리서 많은 사람들이 몰려든다. 악대는 지붕 위에 올라가서 하루 종일 음악을 연주하기도 하다.

카슈가르는 실크로드가 개척될 때 소륵이었다.『한서』서역전에 의하면 '소륵국은 인구가 1만 8천 47명이며 병사는 2천명이다. 소륵후, 격호후, 보국후, 도위, 좌우장, 좌우기군, 좌우역장이 각 1인이며, 서쪽으로 대월지, 대원, 강거에 이른다. 장안에서 9,350리 떨어져 있다'고 하였다. 당시 쿠처의 인구가 8만 명, 엔치가 3만 2천명이어서 아주 큰 국가라고 할 수는 없겠지만, 1만 8천명도 적은 수는 아니다. 이곳은 파미르를 넘어 서역으로 가거나 서역의 남북로로 진출할 수 있는 교통의 요지이자 군사와 경제의 요충지로서 실크로드 개척 이래 크게 번성하였다. 그래서 당시 소륵의 시장에는 상점들이 즐비했다고 한다. 소륵(카슈가르)이 중국에 유명해진 것은 후한시대 반초가 오랫동안 이곳에 지휘소를 설치하고 머물면서 서역을 지배하면서다. 반초는 74년 소륵에 와서 89년 쿠처로 지휘 본부를 옮길 때까지 소륵에서 서역을 경영했다. 현재 카슈가르에 반초 유적지와 그

동상이 있는 것이 이 때문이다.

당나라는 8세기 후반에 티베트에게 패퇴하기까지 카슈가르를 서역 4진의 하나로 삼고 파미르고원의 군사도시로 발전시켰다. 현장법사는 파미르를 넘어 귀국 길에 이곳을 들러 기록을 남겼다. 사람들이 난폭하고 예절이 모자라지만 불심이 깊어 복덕이익을 위해 정진하며, 사찰이 수백 군데에 이르고 승려가 1천명이 넘는다고 했다. 그리고 기후가 온화하고 과일이 풍부하며 특히 카펫의 질이 뛰어나다고 칭찬하였다. 카슈가르 외곽에 그 옛날의 불교석굴 유적인 삼선동이 있다. 이 석굴은 중국에서 가장 서쪽에 있으며 가장 오래된 불교유적으로 아마도 기원전 2~3세기에 만들어졌을 것으로 추정된다. 왕오천축국전의 저자 혜초는 말하기를 '총령(파미르 고원에 있는 고원)에서 1달을 걸어 카슈가르에 도착했다. 이곳에는 중국 군대가 주둔하고 있으며, 사찰도 있고 승려도 있는데 소승불교를 믿는다. 고기, 파, 부추 등을 먹으며 토착인은 전포 옷을 입는다'라고 당시 사회상을 전하였다.

카슈가르는 당나라 군대가 이슬람 군대에게 패퇴한 탈라스 전투 이후 당나라의 예속으로부터 벗어난다. 10세기 무렵에는 이슬람이 침투하였고 14세기 경 티무르가 점령한 후로 이슬람은 불교, 네스토리우스교, 조로아스터교를 몰아내고 다른 종교의 사원을 파괴하고 모든 것을 이슬람화 하였다. 카슈가르가 다시 중국의 영토로 편입된 것은 청나라 때이다.

카슈가르는 어느 시대든지 동서무역의 중심지로서 여러 민족의 사람들이 몰려들었다. 카슈가르는 북·서·남쪽은 천산산맥,

파미르고원, 곤륜산맥이 둘러싸고 있으며, 동쪽으로는 황량한 타림분지가 펼쳐져 있다. 실크로드는 이곳에서 서쪽으로 파미르고원을 넘어 우즈베키스탄을 거쳐 서아시아와 유럽에 이어지며, 남쪽으로는 파미르고원을 넘어 파키스탄의 길기트로 이어진다. 그래서 일찍부터 국제무역이 발달하여 『한서』 서역전에 '소륵국의 시장에는 상점들이 즐비하다'라고 기록한 것이다.

19세기부터 20세기 초 중앙아시아를 둘러싸고 주도권 싸움을 벌인 영국과 러시아는 카슈가르에 각각 영사관을 설치하였다. 카슈가르는 중앙아시아에서 중요한 지역이었기 때문이다. 지금도 카슈가르는 유라시아 대륙의 중심지로서 유럽과 중앙아시아, 인도, 중국을 잇는 교통의 요충지다.

지금 카슈가르에서 가장 유명한 곳은 향비(香妃)묘다. 향비라는 여인이 묻혔다고 해서 향비묘라고 한다. 향비묘는 시내 중심부로부터 북동쪽으로 5km 떨어져 있다. 카슈가르에는 다음과 같은 호자족의 한 아름다운 여인에 대한 전설이 내려온다.

18세기 청나라 건륭 황제는 꿈속에서 한 아름다운 여인을 만났다. 그래서 사방으로 수소문하여 그 여인을 찾게 한 끝에 마침내 이곳 카슈가르에서 찾아서 궁궐로 데려갔다. 이 여인이 바로 몸에서 항상 향기가 감돈다는 향비이다. 하지만 향비는 황제와의 잠자리를 끝내 거절하고 항상 창가에 기대어 서쪽 고향만을 그리워하였다. 그러던 어느 날 이를 못마땅하게 여긴 황태후가 황제가 없는 틈을 이용하여 향비를 죽였다고 한다.

그러나 이 향비에 대해서는 워낙 여러 가지 전설이 내려오고 있어 어느 하나로 단정하기가 애매하다. 그렇지만 이 여인은 호자의 손녀로서 카슈가르의 절세미인으로 소문이 자자했던 것만은 틀림없는 듯하다. 또 하나의 전설에 의하면 1757년 그녀의 나이 22세 때에(26세 때라고도 한다) 청나라 건륭제의 비가 되었으나 망향병으로 1763년 29세의 젊은 나이로 세상을 떠났다고 한다. 일설에는 중국 자금성에서 25년 간(28년 간이라고도 한다) 지내다가 죽었다고도 한다. 황제의 비로 선택되었지만 황제의 구애를 뿌리치고 스스로 죽음을 택했다는 것이다. 그러나 이곳 카슈가르 사람들은 황제의 수청을 거부하다가 황태후의 명령으로 환관에게 목 졸려 죽었다고 믿는다. 혹자는 향비가 고향에 정혼한 사람이 있다고 하면서 황제가 수청 들기를 요구할 때마다 칼을 빼들고 그 요구를 거절했다고 한다. 위구르의 춘향이라고나 할까? 어찌 되었든 향비가 죽자 카슈가르 사람들 124명이 특수한 상여를 메고 3년 반 걸려 북경에서 이곳으로 향비의 시체를 운구해 돌아왔다고 한다. 그리고 지금까지 향비는 이곳 위구르인들의 자존심의 상징처럼 되어있다. 이는 그들의 민족적·정치적 열망과 연계된 듯으로 보인다. 그렇지 않고서야 아무리 미인이라고 해도 중국 황제의 후궁으로 살다가 죽은 인물을 이렇게 흠모하고 위인화 할 수 있겠는가? 그러나 일부 학자들, 특히 한족 학자들은 향비의 존재 자체에 의문을 제기하고, 또 설령 있었다고 해도 건륭제가 묻힌 동릉(東陵 – 북경 동쪽 준화시에 있는 청대 황제들의 무덤)에 묻혔다고 주장한다. 때문에 카슈가르에 있는 향비묘는 허묘에 불과하다고 한다. 그러나 이곳 카슈가르 사람들은 누가 뭐라고 해도 향비와 향비묘를 움직일 수 없는 사실로 믿고 있으니, 이들에게 향비는 살아있는 역사이다.

향비가 묻혀있는 회교사원의 공동묘지에는 5대에 걸친 호자 일족 72명이 묻혀있는 성스러운 곳이다. 17세기에 마호메트의 직계자손이라고 자칭하는 호자 일족이 카슈가르 일대를 지배한 적이 있었다. 향비묘는 바로 이 호자의 가족묘지만, 이곳 사람들은 향비묘라고 부른다. 향비의 관은 늘 노란 비단 천으로 감싸 있다. 위구르인들은 향비묘가 있는 이곳에 묻히는 것을 영광스럽게 여긴다고 한다.

카슈가르는 바자르('시장'이라는 이슬람 말)로 유명하다. 주말마다 열리는 바자르는 인산인해를 이룬다. 시장은 쇼핑으로 그치는 것이 아니라 그 지방의 문화와 사람들의 삶이 숨 쉬고 있는 곳이다. 신강성을 비롯한 중국 내륙, 중앙아시아, 중동 등 세계 각지에서 온 상품들이 집결한다. 카펫과 각종 직물, 모피, 수공업 제품은 물론이고, 양을 비롯한 가축이 거래되며 음식좌판과 과일 노점상이 길을 가득 메운다.

그러나 카슈가르 최대의 시장이자 볼거리는 수공업 시장이다. 이 지역 최대 사원인 이디카 사원 주변에 있는 면적 2, 3평 밖에 되지 않는 조그만 상점들이 모여 있는 곳이다. 이곳에는 세상에서 없는 물건이라고는 하나도 없을 것 같은 물건이 산더미 같이 쌓여있다. 아라비안나이트에 나오는 요술 램프 같은 호기심 어린 물건들도 즐비하고, 모자와 신발, 온갖 장신구 등이 가게마다 형형색색으로 수북하게 진열된 물건을 보는 것만으로도 즐겁다. 이디카 사원 앞 광장 오른 쪽 골목에는 금은세공의 상점이 이어진다. 현장에서 옛날 방식으로 금은세공의 온갖 제품들을 생산해 내고 있어 사람들의 인기를 끈다. 이곳 장인들은 대를 이어 기술을 전수하는 것이 특징이다. 서역의 여성들은 보석으로 귀걸이, 반지, 목걸이 등으로 몸을 치장하는 것을 좋아한다. 온 재산을 몸에 걸치고 이동하며 살아야했던 유목민족의 유습일 것이다. 장인들은 손님의 요구에 따라 즉석에서 물건을 만들어 판다. 이디카 사원 광장의 노천상점도 사람들로 시끌벅적하다. 특히 일요일에는 온갖 호객소리로 더욱 떠들썩하다. 무덥고 갈증이 나면 과일 파는 곳으로 가면 된다. 수박과 하미과를 조각으로 팔기 때문에 간편하게 먹을 수 있다. 서역은 어디를 가나 과일이 풍성하고 가격은 너무도 싸다.

일찍이 카슈가르에 들렀던 마르코 폴로는 카슈가르에 대해 이렇게 말하였다. "카슈가르는 땅이 비옥하고 사람들은 생활에 필요한 것을 모두 갖추고 안락한 생활을 누리고 있다. 주민들의 생업은 주로 상업과 수공업이고, 상인들은 세계 방방곡곡까지 찾아가지 않는 곳이 없다."

11. 타스쿠얼칸의 석두성

서역은 과일의 천국이다. 생긴 모습도 특이하고, 맛 또한 특이한 과일이 시장마다 수북하게 쌓여있다. 서역 배도 맛이 일품이다. 서역 배는 그 생긴 모습이 영락없는 모과다. 색깔도 모과와 똑 같다. 신강성 어디를 가나 가장 흔한 과일 중 하나이다. 보기엔 볼품없는데 비가 없는 건조지대에서 자란 과일이어서 당도가 높다. 사막 대추(沙棗 – 사조)도 향긋한 향내에 맛이 뛰어나다.

흔히 서역의 여인 몸에서 달콤한 향내가 난다고 하는데, 그것은 사막에서 자라는 이 사조열매, 즉 서역대추의 즙을 풀어 목욕을 하기 때문이라고 한다. 서역대추는 중국 북서부 사막일대에서 모두 생산되지만 그 향기에 있어서 신강성 서쪽지대 것을 따라가는 것은 없다. 서역 대추나무의 뿌리는 물을 찾아 30m까지 파고 내려간다. 뿌리가 깊이 내려갈수록 열매는 작아지고 생긴 모습은 더욱 볼품없게 되지만 달콤한 맛과 향기는 더욱 강하고 영양분도 훨씬 많아진다고 한다.

이러한 풍부한 과일이 서역인의 장수에 영향을 미치는 것으로 조사된다. 신강지역은 세계에서 손꼽히는 장수촌이다. 2000년 인구조사에 의하면 인구 2천만 명의 신강성에 백세 이상의 노인이 1,541명에 이른다고 한다. 이 숫자는 중국 전체 백세 이상 노인의 4분의 1에 해당한다. 열악한 자연환경인 서역에서 살고 있는 사람들의 장수 비결의 하나는 과일 섭취량이 많기 때문이라고 한다. 이곳 사람들은 매년 평균 126.2kg의 과일을 소비하며, 백세 이상의 사람들을 조사해 보니, 그들은 매일 평균 200kg 이상을 섭취하는 것으로 나타났다. 또 장수하는 사람들의 3분의 2가 직접 과수를 재배하고 있었다. 이들 장수 노인들이 즐겨 먹는 과일은 살구·포도·복숭아·하미과·오디·사과·수박·오이·참외·무화과 등이었다. 살구는 특히 암 발병률을 낮추는 기능을 한다고 한다. 혹자는 신강성에 여름에는 과일생산이 가능하지만, 혹독한 겨울에 무슨 과일이 있겠는가하고 의아해 할지 모른다. 그러나 신강에 한 번만 가보면 그 의문은 금세 풀린다. 그들은 과일이란 과일은 모두 건조시킨다. 그것도 강렬한 햇살을 이용한 천연건조 방식이어서 건강에 좋지 않을 이유가 없다. 이렇게 말린 건 과일을 겨울 내내 먹는다.

이들의 장수요인의 또 하나는 요구르트를 많이 섭취하는 것이다. 농번기에는 아예 요구르트와 과일로 점심을 때우는 경우가 많다. 현대문명 생활하는 우리가 건강에 그다지 좋지 않은 햄버거나 샌드위치 등으로 요기하는 것과 매우 대비된다. 신강의 서역인들이 즐겨먹는 양고기 또한 모두 방목하는 것이다. 더욱이 양은 반드시 알라에게 예배한 후 잡는다. 알라에게 예배하지 않은 죽은 고기는 먹지 않는다. 다시 말해 건강한 양고기만 먹는다는 뜻이다. 요즘 우리가 즐겨 찾는 대표적인 웰빙 고기이다. 이들은 과식하지 않고 규칙적으로 식사를 하는 것이 몸에 배어 있으며, 이슬람교를 믿기 때문에 음주를 거의 하지 않으며, 흡연도 많이 하지 않는다.

신강 위구르인들은 부지런하기로 유명한 민족이다. 위구르인들의 속담에 '노동은 입맛' '노동은 최고의 베개' '노동은 건강한 혈색을 낳는다' 등이 있다고 한다. 적당한 노동이 건강에 좋음은 새삼 설명할 필요도 없다. 신강에서는 나이가 들어도 노동을 한다. 70세 이상의 노인들이 밭에서 일하는 모습을 흔히 볼 수 있다. 이들은 단순히 나이만 많이 먹어 장수하는 것이 아니라 건강하게 장수한다. 우리나라 사람들은 평균수명이 79세로 향상되었다고는 해도 몸이 아프지 않고 정상생활을 할 수 있는 '건강생명'은 67세에 불과하다고 한다. 즉 우리나라 노인들은 평균 10년 정도를 질병으로 고통 받으며 살아간다는 뜻이다. 그래서 노령인구의 의료비 지출이 건강보험 재정에 상당한 압박이 된다고 한다. 매년 2조원 가까운 돈이 들어간다고 한다.

또 신강 위그르인들은 많은 취미를 가지고 있고 그것을 즐긴다. 노래·악기연주·춤·씨름·사냥 등은 기본적으로 즐기는 것들이다. 취미생활은 스트레스를 줄여주는 역할을 하고, 삶에 긍정적인 자세를 갖게 한다. 이들은 성격이 명랑하고 가정이 화목하기로 유명하다. 특히 부모에 대한 효가 대단하며 대가족을 이루며 사는 것이 특징이다. 현대 의학에서는 이런 것들도 장수에 도움이 되는 것으로 이해한다. 또 이들 민족은 아주 오래 전부터 소금을 이용하여 치아를 닦는 습관이 배어 있다. 치아위생에서만큼은 세계에서 가장 일찍 실천한 민족일 것이다. 그래서 신강성에서 나이 많은 노인 중에 치아가 손상되거나 잇몸 때문에 고생하는 경우를 보기 힘들다. 크게 개선되고 있지만, 치아 손질을 별로 하지 않는 이전의 우리나라의 전통습관으로 말미암아 우리나라 대부분의 노인들이 잇몸질환이 심한 것과 크게 대비된다.

이들의 종교생활도 장수에 도움이 되는 것으로 보고 있다. 마음으로부터 믿는 신앙생활은 정신적 안정을 부여한다. 이들의 종교생활은 요란하지 않고 경건한 것이 특징이다. 또 이슬람에서 예배를 올리기 전에 몸을 씻는 행위도 위생에 도움이 되었을 것으로 본다.

이렇게 장수하는 신강 서역인들의 경제수준을 지표로 확인하면 매우 놀랍다. 이들의 평균 월 소득이 1인당 1,900달러. 우리나라 돈으로 약 20만원 전후이다. 도시지역은 이보다 훨씬 높지만, 아직도 많은 농촌 지역이 이와 같다. 가난한 동네에서 인간이 소망하는 장수가 이뤄지는 것이다. 그러나 가난하다는 기준도 우리의 기준 일뿐이다. 우리 눈에는 가난하게 보이지만, 그들 스스로는 그렇게 가난하다고 생각하지 않는다. 그 정도의 수입으로도 기본적인 의식주를 해결하는 데 아무 문제가 없는 곳이 신강성이다. 앞으로 더 개방화되고 더 빠른 속도로 자본주의적 요소가 침투하면 이들의 의식에도 많은 변화가 일겠지만, 아직은 마음의 평화를 갖고 사는 것을 중시한다. 그들은 그렇게 장수하려고 노력하지 않는데도 장수를 누리고 있는 것이고, 경제 수준을 자랑하는 우리는 온갖 수단과 방법을 연구하면서 장수하려고 하지만 그렇지 못하니 이를 어떻게 설명해야 하나!

신강은 항상 덥고 춥다보니 영상 40도도 조금 더운 것이고, 영하 24도도 조금 춥다고 느낄 뿐이다. 우리는 신강성을 척박한 땅으로 불모의 땅에 가깝다고 하는데, 이들은 척박한 땅이지만 그다지 불평 없이 만족하게 살며 장수한다. 신강 서역인들로부터 우리는 많은 것을 느끼고 배운다. 필자는 실크로드를 갈 때마다 그곳에서 역사를 찾는 것이 아니고 나를 찾는다. 실크로드는 우리 현대인들이 상실하고 간과하고 있는 삶의 가치가 묻혀있는 무형의 보고(寶庫)이다.

카슈가르에서 파미르에 오르는 길은 험난하기 이를 데 없다. 깎아지른 듯한 계곡과 절벽 길을 끝도 없이 가야 한다. 어떤 길은 가파른 절벽에서 언제 바위가 굴러 떨어질지 모르는 형국이다. 길은 가파르고 기온은 오를수록 떨어진다. 산 곳곳에는 키르기스족과 하사크 족이 유목하며 살고 있다. 키르키스족은 9세기경에 불교도를 쳐부수고 동쪽으로는 바이칼 호수, 서쪽으로는 중앙아시아의 탈라스에 이르는 대 유목국가를 건설하였다. 지금은 파미르 너머에서 키르기스 공화국이 옛 소련으로부터 분리 독립하였다. 파미르 오르는 길이 힘들다고 하지만 지금은 도로가 제대로 뚫리고 포장까지 되어 있어 이전과는 비교할 수 없이 나아졌다. 차를 타고 카슈가르에서 1시간 쯤 올라가면 끝없이 이어진 지평선 위로 거대한 설산(雪山)이 모습을 드러낸다. 본격적으로 세계의 지붕 파미르고원에 접어든 것이다. 파미르는 페르시아어로 '세계의 지붕'이라는 뜻이라고 한다. 파미르고원을 넘으려면 해발 3,000m는 기본이고 4,000m, 5,000m의 험준한 산을 몇 개나 넘어야 한다. 『한서』 서역전에는 이렇게 적고 있다. '파미르의 높은 산을 통과할 때는 정도의 차이는 있지만 머리가 아프고, 몸에 신열이 난다. 심지어 당나귀까지도 그러하다.' 그 옛날 대상들이 이 파미르를 넘는데 1달 이상 걸렸다. 그래서 대상과 사신들은 파미르를 넘기에 앞서 카슈가르에서 충분한 휴식을 취하고 필요한 물품과 장비를 갖춘 다음 출발하였다. 현장법사가 구법순례 길에서 가장 어려움을 겪은 곳도 바로 파미르다. 그러나 이 세상에서 가장 기기묘묘한 풍경이 펼쳐지는 곳이 이곳이다. 인간의 힘으로는 도저히 만들 수 없는 온갖 자연특성을 보여준다. 험준한 산 비탈길과 협곡과 절벽 길을 넘어 고원지대에 이르면 어김없이 호수와 설산, 초원, 양떼들이 나타난다. 파미르의 목가적이고 이국적이며 독특하면서도 아름다운 자연경관에 매료되지 않을 수 없다.

해발 3,800m에 도달하니 신의 호수 카라쿨리 호수가 나타난다. 카라쿨리 호수는 카슈가르에서 약 200km 거리에 있다. 기후에 따라 색깔이 변하는 호수로 유명하다. 저 멀리에는 7,600m의 눈 덮인 공걸산의 연봉이 이어지고 있다. 7,600m 산이라면 웬만한 사람에게 있어 일생에서 본 가장 높은 산일 것이다. 만년설을 비추며 서 있는 카라쿨리 호수는 장대하고 아름다운 고산 호수이다. 만년설이 녹아 호수가 되었으니 빙하호수이다. 10월부터 4월까지는 꽁꽁 얼어 있다. 호수 주위에는 하사크족과 키르기스족이 약간의 농사와 함께 목축을 하며 살고 있다. 이런 곳에도 인간이 살고 있으니 인간의 생명력이란 참으로 끈질기다는 생각이다. 만년설에 덮인 산봉우리가 호수를 감싸고 있고, 흰 구름이 산 정상을 훑고 지나는 모습은 한 폭의 그림이다. 파미르의 봄은 매우 늦어 5월이 되어야 겨우 얼음이 녹기 시작한다. 겨울에는 온통 눈과 황토뿐이지만, 초여름이 되면 이곳에도 생명이 움터 푸른 초원과 꽃으로 뒤덮인다. 고원이어서 그런지 키 작은 야생화가 지천으로 피어 있다. 이름조차 알 수 없는 파미르의 들꽃은 애잔하고 소박함을 더하여 보는 이를 더욱 매료시킨다. 호수와 만년설의 산과 초원 그리고 거대한 빙하가 앙상블을 연출한다. 한 여름이지만 워낙 고원지대여서 서늘함을 느낀다. 카슈가르에 와서 카라쿨리 호수를 보지 않으면 신의 노여움을 산다는 말이 있다. 칼라쿨리에 와 보면 그 말의 뜻을 알게 된다.

카라쿨리를 떠나 타스쿠얼칸으로 오르는 길은 더욱 험난하다. 길 양 편으로 뻗어있는 파미르 고원의 위용은 상상을 초월할 만큼 거대하다. 자연의 위대함과 그 경치에 취하지 않을 사람은 아무도 없을 것이다. 파미르의 고봉준령은 1년 내내 눈으로 덮여 있고, 봄 겨울에는 살을 에일 듯한 차가운 바람이 세차게 분다. 곳곳이 만년설에 덮인 고산지대여서 눈사태와 산사태로 길이 끊어지기 일쑤이고, 낭떠러지와 빙벽에서 헛발이라도 디디면 끝장이다. 파미르를 넘는 길은 죽음과의 사투이다. 이곳을 넘나들 때 사람들은 모두 공포에 떨지 않을 수 없었다. 실크로드가 개통된 이래 많은 사람들이 이곳에서 쓰러졌다. 그래서 옛날 사람들은 사람과 동물들의 뼈를 길잡이로 해서 여행을 했다고 하니 파미르를 넘는 고행이 어느 정도였는가 짐작이 간다. 고산증을 이기는 것도 결코 쉽지 않다. 신앙으로 단단히 무장된 구법승조차 파미르를 앞두고 공포에 떤 이유를 이제야 알 것 같다. 산에 오를수록 귀는 더 멍해지고 머리는 무거워진다. 5,000m가 넘으면 공기가 더욱 희박하여 물을 끓이기도 어렵고 숨쉬기가 거북하며, 머리가 아프고 속이 메스껍다. 식욕을 잃는 것은 당연지사다. 이곳에서 더 올라가면 낙타나 말도 별 소용이 없고 오직 야크만 도움이 된다. 그러나 때로는 야크도 숨을 거칠게 몰아쉬기도 한다. 만년설에 고산지대이어서 눈사태와 산사태로 길은 자주 끊어지며, 낭떠러지와 빙벽을 수도 없이 오르내려야 한다. 그래서 슈타인은 군대를 이끌고 파미르를 넘은 고선지를 세계 최고의 장군이라고 말한 것이다.

길게 뻗은 공결산을 지나면 빙산의 아버지라는 무스타거산을 만나게 된다. 무스타거산은 7,509m로 높이는 공결산보다 약간 낮지만, 무시무시하고 거대한 빙산을 이고 있는 모습은 보기만 해도 경외감이 든다. 그래서 빙산의 아버지라고 칭하는 것이다. 거대한 빙산은 아래로 쏟아질 듯 산을 덮고 있다. 도로가 돌고 돌아 무스타거산에 가까이 접근하면 그 위용에 저절로 탄성이

나온다. 무스타거산을 정점으로 길은 완만하게 내려간다. 풍광이 아름다운 낮은 구릉 지대를 통과하면 다시 험준한 언덕고개를 올라간다. 그리고 길이 점점 넓어지다가 이내 평원으로 접어든다. 드디어 타스쿠얼칸에 도착한 것이다. 일찍이 한나라가 이곳까지 군사를 파견한 적이 있었고, 당나라 때는 이곳에 총령수착(방위군 중 큰 것은 군, 작은 것은 수착, 성, 진, 수라고 한다)이라는 최 전방 군사사령부를 설치하였다. 중국의 전 역사에서 이곳이 서쪽의 마지막 보루였다. 지금도 이곳 바로 아래에서 파키스탄과 국경을 맞대고 있다.

타스쿠얼칸 일대는 파미르에서는 보기 드문 평원지대이다. 작은 마을도 보인다. 첩첩 산중으로 둘러싸인 이런 고원에 사람이 살고 있다는 사실이 경이롭다. 기록에 따르면 이미 실크로드시대부터 이곳에 사람이 살고 있었다. 현재 주민의 대부분은 타지크족이다. 8월의 타스쿠얼칸은 수확의 계절이었다. 타지크족이 추수하고 있는 밭에 가보니 워낙 고산지대여서 그런지 수확량은 많지 않다. 들녘 이곳저곳에 채소도 재배하고 있는데 상태가 아주 좋다. 이른바 무공해 고랭지 채소이다. 그러나 이곳에서 최고의 맛은 양 꼬치구이다. 무공해 청정지역에서 방목되어선지 정말 맛이 좋다. 이곳에서 하루를 지내니 고산증도 해소되었다. 고산지대여서 날씨는 가을 같이 상쾌하다. 처음 타스쿠얼칸은 미개방지역으로 알고 갈 생각조차 못했었다. 그런데 신고만 하면 갈 수 있다는 얘기를 듣고 바로 찾아 나섰다. 그래도 약간의 긴장은 있었는데 막상 타스쿠얼칸에 도착하니 마을 입구의 커다란 표지판에 '타스쿠얼칸은 당신을 환영합니다'라는 문구를 보고 안도와 함께 너무 기뻤다. 그리고 이 작은 고원의 마을에 호텔도 여럿 있었고 외국인도 있었다.

옛 총령수착이 있던 석두성의 유적은 비교적 양호하게 남아 있었다. 서유기는 현장법사가 인도(천축)까지 가는 것이 아니고 서역 끝을 찾아가는 것으로 끝이 난다. 서유기에서 말하는 서역 끝이 바로 석두성이다. 서유기의 원 이름이 '석두성기(석두성을 오가는 기행)'라고 한 것은 이 때문이다. 앞에서도 잠깐 언급했지만 석두성에서 약 10분정도 가면 파키스탄으로 들어가는 국경이다. 말하자면 석두성은 당나라 시대나 지금이나 중국의 서쪽 끝이다. 아침 일찍 석두성에 올랐다. 서유기에서 말하는 하늘의 서쪽 끝에 직접 오니 감개가 무량하다. 떠오르는 태양으로 붉게 물든 석두성은 아름답기 그지없다. 저 멀리 만년설의 파미르 준령이 보이고, 아래로는 광활한 초원지대가 펼쳐지고 그곳에 양과 말들이 자유로이 거닌다. 타지크 소녀 2명이 전통의 화려하고 아름다운 의복을 입고 양떼를 확인하고 유목하기 위해 나온다. 그녀들은 독특한 모자를 쓰던지 아니면 칼라풀한 수건을 하고 다닌다. 그녀들의 옷 색깔이 주위 경관과 너무도 잘 어울린다. 아래의 광활한 초원은 반 늪지대이다. 눈 녹은 물이 끊임없이 스며들어 땅이 마를 겨를이 없기 때문이다. 아무튼 평원이 있고 초원이 있어 타스쿠얼칸은 다른 파미르지대에 비해 풍요로운 땅이다. 2,000년 전 실크로드 시대와 마찬가지로 마을을 이루고 살고 있는 타지크인들의 인심도 좋다. 13세기에 장안에 가기 위해 파미르를 넘다 극도로 몸이 쇠약해져 거의 죽음 직전까지 갔던 마르코 폴로는 이곳 타스쿠얼칸에서 사람들의 도움으로 20

일간 요양했다. 마르코 폴로가 이곳에 막 도착했을 때는 그의 숙부마저 그를 장사지내고 떠날 마음까지 하고 있었는데, 타스쿠얼칸에서 기적같이 원기를 회복하고 결국은 장안에 이를 수 있었다. 물과 공기가 좋고 무공해의 음식 그리고 타지크인들의 친절함이 마르코 폴로를 회복시켰을 것이다. 깎아지른 듯한 산과 계곡이 끝없이 이어지다가 갑자기 대 평원이 나타나고, 기후가 온화하고 아늑하며, 그곳에서 주민들이 농사를 짓고, 공기는 상쾌하기 이를 데 없으며 사람들은 친절하고…… 등등 마르코 폴로의 이야기를 처음 접했을 때는 도무지 이해가 되지 않았다. 과연 그러한 곳이 파미르고원에 있을까? 믿어지지 않았다. 그래서 그가 허풍을 떨거나 꾸며낸 이야기라고 생각하였다(흔히 마르코 폴로는 허풍쟁이로 묘사된다). 그러나 이곳에 와 보니 모든 것이 이해가 되었다. 타스쿠얼칸은 여행객에게는 낙원이요 파미르의 에덴동산이었다.

타스쿠얼칸에서 평원을 지나 가파른 산을 넘어가면 계곡이 넓어지는 곳에 유명한 훈자 마을이 있다. 훈자는 봄에는 흰 살구꽃이 흐드러지게 피는 카라코람 산맥의 무릉도원이다. 훈자 마을은 서역에서도 최고의 장수마을로 손꼽히는 곳이다. 훈자 마을은 평평한 땅은 거의 없다. 그저 돌담같이 쌓아 만든 계단식 밭뿐이다. 그곳에서 밀, 감자, 양파 따위를 심을 뿐이다. 그런데도 무엇이 이들로 하여금 장수하게 할까? 많은 학자들은 이곳의 맑은 공기와 물 그리고 오염되지 않은 토양을 꼽는다. 또 하나가 이 일대에 지천으로 널려있는 살구이다. 자연은 자연답게 있을 때 인간에게 복을 준다는 생각이다.

12. 불타는 오아시스 도시 투르판

투르판의 여름철 온도는 40도가 넘는다. 그래서 투르판을 '불타는 대지' '열사의 도시'라고 부른다. 이곳이 실크로드에서 가장 무더운 땅이다. 필자가 이곳을 찾아갈 때는 밤 11시가 넘는 한 밤 중을 택하였다. 살인적인 투르판의 무더위에 대해 너무 많이 들었기 때문이다. 돈황, 자위꽌도 밖에 나가기 짜증날 정도로 무더웠는데 투루판은 이들 도시보다 훨씬 무덥다고 하니 긴장되지 않을 수 없었다. 그러나 밤 11시도 소용이 없었다. 투르판에 도착하는 순간 정신이 멍하고 숨이 멎을 것 같았다. 투르판의 무더위는 상상을 초월했다. 끔찍하다는 표현 외에 달리 표현할 방법이 없다.

이곳이 이렇게 무더운 이유는 해수면보다 낮은 지대이기 때문이다. 투르판 분지는 원래 바다였다. 그래서 오전과 저녁 무렵에 안개가 자주 끼고 그 안개 걷히는 속도 또한 매우 느리다. 안개가 낄 때는 호흡하는데 더욱 곤란을 느끼게 된다. 무덥고 답답하여 짜증이 날 지경이다. 그런데 이렇게 더운 지역에 반바지 차림의 사람이 별로 없다는 사실이 의외다. 사실 무더위가 기승을 부리는 하서회랑의 티엔수이, 란저우, 장예, 자위꽌, 쥐취엔 등 대부분의 사막의 오아시스에서도 반바지 차림은 드물었다. 상하이나 베이징, 시안 등지에서는 반바지가 보편적이고 남자들은 상의를 탈의하는 것도 마다하지 않는 것과 매우 대조적이다.

투르판의 오후 바깥기온은 섭씨 37~45도에 이르고, 표면온도는 70~85도를 오르내린다. 땅에서 올라오는 지열을 감내하는 것이 더욱 힘들다. 이때는 바람 부는 것이 오히려 괴롭다. 무더운 바람은 그대로 숨을 막히게 할 것 같기 때문이다. 그래서 오후 2시에서 5시 사이의 거리는 한산하기 이를 데 없다. 이때는 사람들이 외출 대신 잠을 잔다. 그리고 밤 8시가 넘어야 길거리에 사람들이 나타난다. 그러나 밤이라고 해도 다른 오아시스에서 느꼈던 시원함은 전혀 없다. 투르판을 처음 찾는 사람은 하고많은 지역을 놔두고 하필 왜 이런 곳에 도시가 들어선 것일까 의문을 품게 된다. 사람들에게 그 연유를 물어보면 의외로 답은 간단하다. 습관이 되면 괜찮다는 것이다. 처음에는 이해가 안 되지만, 조금 지나면 그 말이 틀리지 않음을 알게 된다. 머문 지 3일 쯤 되면 도착 첫날에 작심했던 "내일 당장 이곳을 떠나야겠다"는 마음이 조금은 사라지기 때문이다.

투르판은 1년 강수량이 40mm에 불과한 목마른 지역이다. 자료에 따라서는 16mm라고 한다. 1년 내내 비가 오지 않는다고 생각하면 된다. 투르판의 중심가에 있는 어떤 영화관은 지붕이 없다. 1년 내내 비가 오지 않으니 굳이 지붕이 있을 필요가 없는 것이다. 그렇다고 해서 이곳이 물이 부족할 것이라고 생각하면 잘못이다. 이곳만큼 물이 풍부한 지역도 없다. 이곳 사람들은 일찍부터 천산산맥의 눈 녹은 물을 끌어왔다. 그래서 물이 없던 이곳이 일찍부터 도시를 이루어 유서 깊은 역사도시로 발전하였던 것이다.

투르판은 교통의 요충지이다. 돈황에서 남북으로 갈라진 실크로드는 투르판에 이르러 다시 천산산맥을 남북으로 가르는 천산남로와 천산북로로 나뉜다. 즉 신강성의 남북으로 뻗어갈 수 있는 분기점에 위치하여 실크로드에서 중요한 요충지 중의 하나이다. 이 때문에 기원전부터 서역으로 진출하려는 중국과 이곳을 지키려는 여러 유목민족간의 전쟁이 그칠 날이 없었다. 그래서 투르판은 그 어떤 곳보다 동서양 문화교류가 잦았던 역사의 현장이다. 투르판에는 기원전 4천 년 전에 이미 사람이 살고 있었다. 그 후 기원전 1~2세기 경에는 고사(姑師) 또는 차사(車師)국이 현재의 교하고성 쪽에 나라를 세웠다. 이들의 선조는 천산북쪽의 유목민으로 추정된다. 5세기 중엽에는 흉노계의 저거씨가 차사국을 멸하고 고창국을 세웠고, 6세기 초에는 한족 출신의 국씨가 새 왕조를 창건했다. 고창국은 640년 당나라에게 멸망당할 때까지 투르판 일대를 지배했다.

고창국은 중국본토에서 멀리 떨어진 변방의 불교국가였다. 7세기 현장법사가 서역으로 불경을 구하기 위해 서역으로 가던 중 이곳에 들렀다. 고창국 국왕은 그를 극진히 접대하며 불경강의를 청하였고, 현장법사가 불경강론을 위해 강론대에 오를 때마다 왕은 자신의 몸을 굽혀 등을 밟고 올라가도록 하였다. 당시 고창국에는 불교 외에도 조로아스터교, 마니교, 경교 등 서쪽에서 전래된 많은 종교들이 있었지만, 현장법사가 이곳에 당도한 이후 불교가 번성하게 되었다.

고창국의 옛 성은 고창고성이다. 고창고성은 면적이 1.5km 평방미터이고 도시를 에워싼 성벽길이가 12km이다. 이 고창고성이 실크로드 상에 남아있는 유적 중 가장 큰 규모의 유적이다. 유적 규모가 워낙 커서 전체를 둘러보기 위해서는 마차를 이용해야 한다. 고창고성이 지금까지 남아있을 수 있었던 요인은 투르판의 불볕더위와 가혹할 정도의 건조기후 때문이다. 고창고성은 실크로드가 개방되기 전까지는 방치되어, 아이들의 놀이터와 농작물을 말리고 타작하는 장소로 이용되었다.

투르판이 자랑하는 또 하나의 역사유적지 교하고성(交河故城)은 길이 1.5km, 폭 300m의 깎아지른 절벽 위에 세워진 난공불락의 천혜의 성이다. 교하(交河)란 두 개의 하천이 서로 교차한다는 뜻으로, 북쪽의 계곡에서 두 갈래로 나뉘어 흐르던 하천이 다시 합류하면서 그 사이에 생긴 섬 같은 곳이 교하교성이다. 그래서 교하교성은 사방이 하천으로 둘러싸인 높은 절벽 위 대지(臺地)에 건설된 도시이다. 기원전 4세기 경 고사(姑師)국의 도시였고, 차사왕국이 성립된 후에는 수도였다. 5세기 고창왕국 시대에는 교하군으로 되었고(수도는 고창고성), 7세기 고창왕국을 멸망시킨 당나라 시대에 교하현으로 개편되었고, 한 때는 서역 경영의 거점으로서 안서도호부가 설치되기도 했다. 그 후 위구르의 통치를 받다가 13세기 몽골족에 의해 완전히 파괴되고 말았다. 1,500년간 번영을 누렸던 이곳은 폐허가 된 채 '절벽위의 도시'로 남아있다.

교하교성은 지상에 건물을 세운 도시가 아니라, 지면을 파 내려가면서 만든 도시이다. 지면을 파서 도시를 만든 것은 이곳이 세계에서 유일할 것이다. 그랬기 때문에 고창고성보다 더 유적 상태가 양호하게 남아있을 수 있었다.

교하고성은 차사왕국의 문화에 동서양과 북방 초원의 영향을 모두 반영하고 있다. 문화의 개방성과 변용성 그리고 다양성을 잘 보여주는 대표적 도시 중 하나이다. 성의 중앙에는 관청이 있고, 북쪽에는 궁전과 사원 그리고 남쪽에는 백성들의 거주지였다. 당나라 시대에 이 성에 7,000명 이상의 인구가 있었다고 한다. 우물자리와 감옥 터도 남아있는데 감옥은 지하 감옥이다. 이곳에서 도망자들의 명부가 발견되기도 하였다. 그 외에도 이곳에서 많은 계약문서가 발견되어 당시의 사회를 연구하는데 좋은 자료가 되고 있다. 문서에 의하면 지주들은 대체로 한족이었고, 소작인들은 한족과 소수민족이었다. 일반 백성들은 위구르인들을 비롯하여 이란인, 터키인 등 여러 민족으로 구성되어 있었다. 위구르족의 얼굴들은 조금씩 다른데, 그것은 이들의 피 속에 각기 다른 여러 민족의 피가 섞여있기 때문이다. 다양한 민족, 다양한 종교가 있었던 곳이 서역이다.

교하교성은 고구려의 유민 고선지 장군이 활동했던 곳이기도 하다. 고선지는 당나라 시대 때에 서역을 관할하는 안서도호부의 2인자가 되어 이곳에서 근무했다. 후에 그는 탁월한 능력으로 안서도호부의 도호(1인자)가 되어 쿠처에서 서역을 호령하였다. 교하교성에 올라 당시 이곳을 수없이 다녔을 고선지를 생각하면 느낌이 다르고 감회가 새롭다.

그러나 9세기에 당나라가 쇠퇴하여 서역지배권을 상실하자 이 틈을 타고 사막북쪽의 위구르와 티베트 등 여러 민족이 패권을 다투었다. 결국 위구르족이 지배권을 장악했으나 13세기에 몽고의 공격으로 멸망하고 말았다. 그리고 17세기 중엽 청나라 강희제가 군대를 파견하여 준가르부를 정복하면서 청나라에 복속되었다.

불타는 투르판에게 신이 내려준 선물이 포도다. 포도가 투르판에서 재배된 것은 중국 한나라 시대로서 2,000년이 넘는다. 고대 한국으로 포도를 전파한 근원지도 투르판으로 본다. 투르판은 분지로서 비가 거의 오지 않는 메마른 지대로서 햇볕이 강하고 일조량이 풍부하며 낮과 밤의 기온 차가 심하여 포도산지로서 최적이다. 투르판의 포도는 당도가 매우 높고 씹는 맛이 천하일품이다. 투르판의 포도를 한번 먹어본 사람은 이곳의 포도가 세계에서 가장 좋은 포도임을 단번에 알 수 있다. 포도의 원산지는 이집트와 페르시아로 추정되니 실크로드를 따라 이곳에 전래되었을 것이다. 그리고 고창국 시대에 이 지방의 최고 특산물이 되었다. 이 지방의 독특한 기후와 자연적 조건이 원산지보다 더 뛰어난 세계 제 1의 포도로 만든 것이다. 특히 알속과 껍질이 분리되지 않는 청포도가 대부분이어서 마치 딸기 먹듯 먹을 수 있다. 포도씨가 있어도 매우 잘고 약하여 먹는데 불편함이 없다. 최근에는 포도주로도 명성을 날리는데, 이렇게 맛있는 포도를 왜 굳이 포도주로 담가야하는 생각이 든다. 거친 사막의 실크로드를 탐사하다가 투르판에서 먹는 포도는 여행에 지친 심신을 한 번에 씻어준다. 포도가 집중적으로 재배되는 곳을 포도구라고 하는데, 그곳은 시내 중심지에서 동북쪽으로 10km 떨어진 곳에 있다. 입구는 온통 포도넝쿨로 포도터널을 이루고 있으며 그곳에서 온갖 종류의 포도가 생산되고 있다. 포도구 외에도 대부분 포도가 재배되고 있고, 대다수 투르판의 가정집 앞마당 또한 포도정원이다. 포도넝쿨이 하늘을 가리고 그 밑에 평상이 있어 그곳에 앉아 식사를 하고 대화를 나누며 쉰다.

투르판에는 곳곳에 구멍이 숭숭 뚫린 흙벽돌로 지은 움막 같은 이상한 건물들이 많다. 그곳이 건포도 생산을 위한 이 고장의 특수한 건물이다. 집에서도 말리기도 하지만 이러한 창고에서 대량으로 건포도를 생산한다. 건포도는 이곳의 건조하고 살인적인 태양열과 지열을 이용하여 포도를 말렸기 때문에, 인공적으로 생산한 건포도와는 비교할 수 없을 정도로 맛이 있다. 연간 포도 생산량이 2만 8천여 톤에 불과하여 전 세계로부터 밀려오는 수요를 맞출 수가 없다. 투르판에서는 매년 8월 20일경 포도축제를 연다. 그 때는 중국 전역은 물론이고 전 세계로부터 엄청난 관광객이 몰려든다. 그 때 투르판의 도로는 포도가 주렁주렁 열린 포도나무 터널을 이룬다. 투르판의 포도축제는 서역 최대의 축제 중 하나로 유명하다. 투르판의 포도는 가장 무더운 저지대에 신이 내려 준 최고의 선물임에 분명하다.

투르판의 7~8월 한 낮은 불에 타는 솥에 앉아 있는 듯하다. 밖으로 한 발작 나가는 것조차 두렵고 짜증난다. 그래서 한 낮의 도시는 원자폭탄이라도 맞은 듯이 고요할 뿐이다. 그런데 섭씨 80도가 넘는 사막 모래언덕 위에서 발을 모래에 묻고 앉아있는 사람들이 있다. 모래찜질을 하는 사람들이다. 신경통과 관절염에 대단한 효험이 있다고 한다. 하루 밤 사막에서 자는 것도 좋은 추억이 될 것이다. 워낙 더운 곳이어서 벌레가 전혀 없어 신문지 한 장 깔고 자면 그만이다. 연 강수량이 16mm이니 비가 올 염려도 없다. 더욱이 그 날 밤 이 세상에서 가장 많은 별을 볼 것이다.

모든 오아시스 도시가 그렇듯이 투르판의 생명은 물이다. 물은 약 100km 떨어진 천산에서 끌어온다. 9월이 되면 천산에는 이미 첫눈이 내려 이듬해 3월까지 계속되어 천산의 만년설을 이룬다. 이 만년설이 녹아 생명수가 된다. 눈 녹은 물을 끌어오는 인공 지하수로를 '카레즈'라고 한다. 카레즈는 건조한 기후로 인한 물의 증발을 최대한 막고, 강풍과 모래바람에 의한 수로의 훼손을 막기 위해 땅속에 수로를 판 것으로 페르시아, 즉 현재의 이란지역에서 시작된 것이다. 정확한 시기는 알 수 없으나 이슬람교와 함께 전래된 것으로 추정된다. 카레즈가 없다면 투르판에는 사람이 살 수 없다. 이것 때문에 투르판의 포도재배도 가능하다. 카레즈는 지표에서 대략 30m 아래에 있으며 투르판 분지에 대략 1,000여 개 있다. 총 연장 길이가 5,000km가 넘으니 황하 길이와 비슷하다. 실로 어마어마한 길이다. 이곳 사람들은 수로가 막히는 것을 방지하기 위해 섭씨 50~70도의 사막에서 카레즈의 모래를 파 올리는 준설과 보수작업을 한다. 이러한 고통과 수고로움의 결과로 투르판은 도랑마다 물이 넘쳐난다. 카레즈를 보면 이곳 사람들의 물에 대한 애착에 경탄하지 않을 수 없다. 물에 대한 경건함조차 느껴진다.

투르판에서 약 40km 떨어져 베제클리크 천불동이 있다. 천불동은 강이 흐르는 산 협곡에서 나오는 무토우고우 계곡 서쪽 초승달 모양의 산허리의 굽은 절벽 중간에 있다. 천불동 밑으로는 깎아지른 절벽이 계곡의 바닥까지 이른다. 베제클리크는 위구르어로 '아름답게 장식한 집'이라는 뜻에 걸맞게 전체적인 조망이나 주변경관이 아주 훌륭하다. 석굴사원의 독특한 돔 식 건축물과 그 절벽 밑으로 흐르는 수려한 계곡과 백양나무 사이로 흐르는 물, 그리고 반대편의 붉은 사막의 기기묘묘한 산의 조화는 아름다움의 백미다. 자연경관을 보는 것만으로도 만족할 수 있는 곳이 이곳 천불동이다.

베제크리크 천불동은 당대(국씨 고창국)부터 위구르왕국 시대에 걸쳐 영화를 누렸다. 각 동굴에는 화려한 불교벽화가 그려져 있었으나, 지금은 훼손되어 그 원형을 볼 수 없다. 첫 번째는 11세기 초 회교도들이 서역을 침공했을 때 훼손되었고, 두 번 째는 20세기 초 각 국의 약탈자(탐험가)들에 의한 수난이다. 천불동은 위구르의 왕족과 귀족에 의한 사원건립도 있었음이 벽화에서 확인된다. 이는 위구르인이 처음부터 이슬람을 믿은 것이 아니었음을 말해준다. 위구르인은 서쪽의 카라한 왕조가 침입한 이후 이슬람교로 개종하여 지금에 이르고 있다.

이슬람교도는 우상을 거부한다. 회교도 사이에는 이교도의 우상이 자기를 쳐다보면 저주받는다는 이상한 미신이 있다. 그래서 이슬람교도들은 다른 종교의 상이 자신들을 쳐다보면 재앙을 당한다고 믿어 베제클리크 벽화에 그려진 불상의 눈을 파내기도 했다. 그러한 결과 이곳의 많은 불상의 눈이 성한 것이 거의 없다. 눈의 훼손과 함께 많은 불상도 파괴되었을 것으로 여겨진다.

이슬람교도의 수난을 피한 나머지 벽화들은 20세기 초 이곳을 탐험한 사람들에게 또 다시 희생당한다. 탐험대와 도굴꾼들은 아름다운 벽화 자체를 떼어 약탈해 갔다. 17굴의 벽화는 모두 칼로 떼어가고 광배자국만 남아있다. 20호 벽화도 독일의 약탈자들이 사방 30~40cm의 크기로 나누어 떼어 베를린으로 반출하였다. 그 외 여러 굴의 벽화도 예리한 칼로 약탈당하여 그 흔적을 남기고 있다.

다만 39굴의 벽화는 꽤 선명하게 남아있어 당시의 역사를 이해하는데 도움이 된다. 벽화는 각국사절도(各國使節圖)로서 이곳을 찾은 여러 나라 사절들의 얼굴이 상세하게 그려져 있다. 눈이 큰 사람은 미얀마 사람이고, 헬멧 같은 모자를 쓴 사람은 몽고인, 터번을 쓴 사람은 아랍인이다. 투르판이 각국의 교역 중심지였음을 증명하는 벽화이다. 각 국의 사절들이 투르판에 올 때에 당연히 그들의 문화도 가져왔을 것이다.

아스타나 고분군은 1930년대 이후 유명해진 유적이다. 약 500개의 고묘(옛 무덤)가 3~8세기에 걸쳐 조성된 것으로 주로 왕실과 귀족 관료들의 무덤이다. 아스타나는 위구르어로 '영원히 잠든 묘지'이다. 이 고분군에서 비단과 삼베 등의 직물을 비롯하여 묘지(墓誌), 과일을 비롯한 식품류, 화폐, 도자기, 회화, 농작물 등 여러 유물과 역사연구에 매우 중요한 문서 2,700건이 출토되었다. 문서 가운데는 소작관계를 비롯한 각종 계약관계, 호적, 병역, 과세, 여행통행증 등이 있어서 당시 역사연구에 필요한 귀중한 자료가 된다.

고분군에 그려진 벽화도 당시 사회상을 이해하는데 매우 유용하다. 바둑을 두고 있는 여인을 묘사한 위기사녀도(圍碁仕女圖)도 그 중 하나이다. 심사숙고하면서 바둑을 두고 있는 심각한 귀부인의 얼굴에는 패에 몰려 고뇌하는 표정이 역력하고, 그 옆의 시녀는 상전의 어려운 상황에 안타까운 표정을 짓고 있다. 그 외에도 귀부인이 나들이하는 장면, 탈곡하는 여인, 키질하는 여인, 절구질하는 여인, 난을 굽는 여인과 수렵과 우경 등의 장원생활을 묘사한 것 등 다양한 내용들이 묘사되어 있다. 아스타나 고분은 아직도 발굴되지 않은 것이 많아, 더 많은 유물이 지하에 매장되어 있을 것으로 추정되고 있다.

투르판 박물관에는 이 일대에서 발굴된 많은 유물이 전시되고 있다. 이곳에 자리 잡았던 차사(車師)왕국으로부터 고창국시대→국씨 왕조시대→당대 서주(西州)시대→위구르 고창시대 등의 유물이 차례로 전시되고 있으며, 이곳에 거주한 여러 민족의 문화도 보여주고 있다. 2층에는 이 일대에서 발굴된 미라가 전시되고 있다. 지대가 워낙 건조하기 때문에 머리털이 그대로 있을 정도로 상태가 양호하다.

우리나라 사람들이 누구나 아는 중국의 소설 가운데 하나가 손오공이 나오는 서유기이다. 서유기는 당나라의 현장법사가 오늘날의 인도인 천축으로 가서 불경을 가져오는 것을 기본 구조로 하여 그와 그의 세 제자인 손오공·사오정·저팔계가 각종 악마와 싸우며 온갖 역경을 이겨내는 과정을 그린 소설이다. 이들 제자들은 반인반신(半人半神)들로 이들에 대한 성격묘사가 매우 특징적이고 재미있다. 우리나라 사람들은 손오공의 뛰어난 능력과 재치에 매우 친근감을 느낀다. 그 손오공이 삼장법사 일행이 온갖 괴물들이 우글거리는 불타는 화염산 밑을 지나갈 때에 재주를 부려 무사히 이곳을 통과한다는 내용이 있다.

서유기에 화염산이 등장하는 이유는 뭘까? 아마도 중국에서 갈 수 없는 머나 먼 서역의 땅인 데다, 말로만 전해지는 불타는 화염산에 관한 온갖 얘기가 차츰 전설과 신비화되었기 때문일 것이다. 필자도 그 옛날 서유기를 읽으며 불타는 화염산에 대해서는 상상이 잘 가지 않는 신비로움 그 자체였고, 그 먼 서역에 있는 화염산을 직접 가본다는 것은 꿈같은 얘기였다.

화염산은 투르판에서 동쪽으로 10km 떨어진 붉은 산이다. 길 양쪽으로 주위를 에워싼 특이한 협곡을 지나면 평지가 나타나고 그 오른 쪽으로 웅크린 듯 앉아있는 괴기한 산이다. 이 산 모습이 타오르는 불꽃모양 같다고 해서 불의 산, 즉 화염산이라고 한다. 그런데 우리 눈에 비친 산의 모습은 주름 잡힌 치마 같기도 하고, 오징어를 거꾸로 매달아 놓은 것 같기도 하다. 수십 수백만 년의 오랜 세월 동안 바람에 황토 빛 흙을 날리고 비에 의해 깎여 형성된 결과이다. 화염산은 해수면에서 마이너스 지대의 분지에 해발 800m로 솟은 산이다. 그래서 지구상에서 가장 무더운 산이 되었다. 화염산에는 나무 한 그루, 풀 한 포기 보이지 않는다. 여름철 이곳의 지표온도는 80도를 넘는다. '뜨거운 불 구름이 온 산에 가득해서 천리 밖의 새도 오지 않는다'는 말처럼 화염산은 마치 생명을 거부한 산 같다. 화염산은 뜨거운 지열로 인해 뿌연 안개로 뒤덮이는 것이 일상적이다. 석양 무렵 햇빛을 받아 마치 불길에 휩싸인 듯 시뻘건 황혼의 붉은 색깔로 달아오르는 화염산은 색다른 탄성을 자아낸다. 화염산 근처의 기념관에는 세계에서 가장 큰 온도계가 서 있다. 필자가 보니 섭씨 45도를 가리키고 있다.

삼장법사는 불경을 구하기 위해 천축으로 가던 중 실제 화염산을 지나갔다. 장안을 떠난 지 거의 반 년 만에 도착하였다. 그러나 현장법사 일행이 이곳 화염산에 이르렀을 때에, 화염산에서 내뿜는 뜨거운 불길이 사방 8백 리에 걸쳐 이글거리어 도저히 지나갈 수 없었다. 화염산이 이렇게 불이 이글거리는 산으로 된 것에 대해 서유기는 이곳에 우마왕이 살고 있기 때문이라고 했다. 참으로 재미있는 착상이다. 이곳을 통과하기 위해 손오공은 우마왕과 사투를 벌였고, 파초선(芭蕉扇)이라는 부채를 얻어 드디어 화염산의 불길을 끄고 통과하는데 성공하였다.

투르판의 한 낮은 정말 무덥다. 고대의 사람들이 투르판의 태양이 서쪽으로 기울 때 비로소 여행지로 출발한 이유를 알겠다.

13. 천산산맥의 너머 쿠얼러

1980년대까지만 해도 서역북로(천산남로)와 서역남로의 도시들은 우루무치와 같은 신강 동북지방과 교류가 거의 차단된 채 살아갔다. 즉 같은 신강성이지만 쿠얼러, 쿠처, 카슈가르, 호탄 등과 천산산맥의 북쪽의 우루무치와는 교류가 없었다. 교류가 없었다기보다는 교류를 할 수 없었다고 하는 것이 정확한 표현이다. 그것은 이 두 지역을 거대한 천산산맥이 가로막고 있었기 때문이다.

1949년 중국이 건국되고 도로가 뚫렸다고 하나 도로는 협소하고 험하여 소요되는 시간이 많았다. 더욱이 겨울철에는 눈 때문에 그 나마의 교통자체가 차단되기 일쑤였다. 20세기 중엽까지 투르판이나 우루무치에서 천산산맥 남쪽에 위치한 쿠얼러나 카슈가르는 갈 수 없는 미지의 세계였다. 또 천산산맥의 남쪽지역은 거대한 타클라마칸 사막을 중심으로 남북으로 나뉘는데, 그 사막분지로 인해 남북 양 지역도 교류가 거의 없었다. 이렇게 2

천년 이상 외부세계와 굳게 닫혀 있던 이곳이 세상에 그 모습을 드러낸 것은 1980년대 남강철로가 부설되고 나서다.

남강철로(南疆鐵路)는 투르판에서 쿠얼러까지의 460km 철로를 말한다. 연 인원 7만 명이 동원되어 1976년 착공하여 1980년에 완공되었다. 매서운 모래바람이 몰아치는 광막한 사막과 4,000m가 넘는 험난한 공사를 담당한 철도건설의 주역은 중국 인민해방군 철도병단이었다. 그리고 다시 쿠얼러에서 카슈가르까지 철로가 완공되었다. 철로는 끊어진 실크로드를 다시 이어 놓고, 잊혀진 옛 실크로드 도시들을 부활시키는데 결정적인 역할을 하였다.

남강철로는 중국의 철로 중에서 가장 험악한 노선인 동시에 신비한 풍경을 제공한다. 고급 열차는 2층으로 된 최신 열차다. 기차는 안정감이 있고 시설은 쾌적하다. 기차를 타고 막막한 사막과 고봉준령을 넘으며 낙타를 타고 이 길을 오갔을 옛 사람들을 떠올려 본다. 투르판을 출발한 기차는 3시간 걸려 어아구역에 도착한다. 어아구시는 남강철도의 건설로 인해 사막에 새로 생겨난 도시로 천산산맥의 산기슭에 자리 잡고 있다. 도시의 한 쪽에는 1,300년 전의 당나라 시대 봉화대가 서 있다. 실크로드를 오가는 여행자를 보호하고 이민족을 격퇴하기 위해 쌓은 보루이다. 유목민족이 수시로 출몰하는 이 지역의 봉화대는 단순히 불과 연기만을 올리는 것이 아니라 감시와 보호의 기능이 동시에 수행되었다.

어아구역에 정차한지 한참이나 지났지만 기차는 움직일 생각을 하지 않는다. 차장에게 물어보니 매우 강한 바람이 불기 시작하여 기차가 갈 수 없단다. 기차가 갈 수 없을 정도로 강한 바람이 부는 곳이 이 일대이다. 이전에 기차가 강풍에 쓰러져 많은 사람들이 사망했다는 사실이 실감난다. 바람 때문에 남강철도는 연착하는 것이 다반사다. 이곳의 무서운 바람을 겪어보지 않은 사람은 기차가 가지 못하는 사실을 이해하기 어렵다. 기차는 5시간 만에 출발했다. 아납계곡에서는 기원전 4세기경의 춘추시대 순금제의 사자상과 요대에 부착하는 동물모양의 금제 장신구를 비롯한 여러 순금제 유물들이 출토되었다. 유물들은 이란과 스키타이양식이어서 이렇게 험준한 곳이 기원전 4세기경부터 이미 동서 문화를 교류하는 경유지였음을 알 수 있다.

천산산맥을 넘기 위해서는 18m를 올라가는 나선형 철로 길을 29개의 터널과 36개의 철교를 통과해야 한다. 하이구 터널은 터널 안에서 완전히 한 바퀴 도는 특수한 구조이다. 터널 안에서 완전히 한번 돌고 밖으로 나와 방금 들어갔던 터널 위 60m 지점의 터널로 다시 들어간다. 산이 너무 가파르기 때문에 한 번에 오르지 못하고 회전하여 돌아 나와 다시 터널로 들어가는 구조이기 때문이다. 증기기관차 시절에는 기관차를 2대 달고서야 겨우 오를 수 있었다고 한다. 그리고 마침내 정상 가까이 이르면 만년설을 이고 있는 해발 4,000m의 천산산맥이 바로 옆에 나타난다. 그 경관이 신비롭고 경이롭기까지 하다.

천산산맥을 멀리 두고 황량한 사막에 오아시스가 위치하고 그곳에서 사람들이 살아갈 수 있는 것은 천산산맥의 만년설 때문이다. 만년설의 녹은 물이 계곡으로 흘러들어 강을 이루고, 그것이 타클라마칸의 사막지대에 오아시스를 형성하는 것이다. 그러니 실크로드는 천선산맥의 만년설이 없으면 존재할 수 없다. 특히 천산산맥의 계곡에 펼쳐진 대초원은 유목민족의 삶의 터전이다. 때문에 천산산맥의 거친 산맥이 교통의 장애를 일으키고 오고가는 사람들을 죽음에 이르게도 하지만, 천산산맥이 주는 혜택은 필설로 다할 수 없다. 그래서 유목민족은 천산산맥을 경배하고, 가장 신성한 천산이 보이기만 해도 말에서 내려 머리를 숙였던 것이다.

철로가 놓이기 전에는 천산산맥의 남쪽에 거주하는 사람이 투르판까지 말이나 낙타에 의존하여 생필품을 운반하는데 최소 1주일 이상 소요되었다. 그러나 기차는 안전성이 확보되면서 4시간이면 충분하니 이곳 사람들에게 이 철로는 '행복철도'라고 할 수 있다.

바위산과 눈 덮인 높은 봉우리들을 지나 신록이 우거진 계곡이 눈앞에 전개되면서 기차는 곧장 광활한 녹색의 초원으로 빠져 나온다. 옌치(焉耆 – 언기)평원이다. 옌치는 천산의 눈 녹은 물을 흠뻑 먹은 비옥한 땅이다. 그래서 옌치는 매우 일찍부터 역사에 등장한다. 한나라 시대의 옌치는 인구가 32,100명이고 병사가 6천명이었다. 7세기경 이곳을 방문했던 현장법사는 '사방이 산으로 둘러싸이고 길이 험하여 방어하기가 용이한 곳이다. 물줄기가 서로 만남으로 땅이 비옥하여 보리, 기장, 포도, 서역 배, 중국 배, 배추 등의 농사가 잘 된다. 기후는 온화하고 사람들은 미풍양속을 따른다'라고 묘사하였다. 현재의 옌치는 시내 인구 2만을 포함하여 전체 10만이고, 이슬람을 믿는 회족이 대부분이다. 그러나 현장법사가 왔을 때만 해도 옌치는 사찰이 10여 개,

승려가 2천여 명이나 되는 불교 도시였다. 지금도 실크로드 시대 때의 사찰 유적지를 찾을 수 있다. 유적지에서 발굴된 공양하는 모습의 조그만 소상(塑像)의 모습은 서양인의 모습이다. 당시 옌치의 분위기를 짐작할 수 있다.

옌치를 떠나 한참을 달리면 크고 작은 호수가 연이어 나타나고 드넓은 목초지가 전개된다. 쿠얼러에 들어서고 있는 것이다. 쿠얼러는 남강철로가 생기면서 최대의 수혜를 입은 도시로 타클라마칸 남북로에서 가장 빠르게 발전하고 있는 신흥 대도시이다. 실크로드 서역북로의 관문이었던 쿠얼러는 근래에 철도교통의 요충지로, 타클라마칸 사막을 종단하는 사막공로의 출발지로, 그리고 타클라마칸 사막의 석유공업도시로 하루가 다르게 발전하고 있다. 그래서 1949년 중국이 건국되었을 때 인구가 5천여 명에 불과했던 도시가 지금은 20만 명이 넘고, 신강성 5개 자치주 가운데 하나인 바양궐자치주의 수도이다. 쿠얼러는 위구르어로 '바라 본다'라는 뜻인데, 이는 아마도 거대한 타클라마칸 사막을 바라본다는 뜻일 것이다.

쿠얼러는 전형적인 고대 실크로드의 도시로 실크로드가 발전하면 쿠얼러도 홍성하고, 실크로드가 쇠퇴하면 함께 쇠퇴하는 운명이었다. 8세기 실크로드 붕괴 이후 1982년 철로가 놓일 때까지 쿠얼러는 외부세계와 고립되어 고유한 문화유산을 간직할 수 있었다. 쿠얼러는 사막과 초원 그리고 호수가 어우러지는 대자연의 환경을 기초로 소수민족의 문화와 풍속이 고대 실크로드의 문화에 더하여 다양한 볼거리를 제공해 주는 역사문화도시이다.

밤새 달린 기차에서 내리니 보슬비가 내린다. 메마른 사막의 오아시스에서 비를 맞는 것은 불평할 일이 못된다. 오아시스에서 비는 축복이다. 쿠얼러는 비교적 물이 풍부하다. 사막지대에서 물이 풍부하다는 것은 신의 축복이다. 물이 풍부할 것 같은 우리나라에서조차 물의 중요성이 강조되는 판인데, 사막에서야 무슨 말이 필요하겠는가? 쿠얼러 근처에는 사막지대에서 보기 드물게 큰 뽀스텅 호수가 있다. 천산산맥의 서남쪽 타클라마칸의 가장 자리에 자리 잡고 있는 이 호수는 면적이 약 1,000km^{2}이다. 천산산맥의 눈 녹은 물이 공작강을 따라서 이곳까지 흘러들어와서 호수를 형성한 것이다. 호안(湖岸)은 곱고 부드러운 백사장으로 되어 있다. 갈대와 야생 연꽃이 무성히 자란 호수에는 기러기, 백로 같은 새들도 많다. 호수에서 나는 갈대는 인근 주민들이 건물의 지붕을 이거나 자리를 만들 때 쓰기도 하며, 양질의 종이원료로 쓰이기도 한다. 그래서 이곳 주민들은 이 호수를 가리켜 '사막의 진주'라고 부른다. 이들이 1년 내내 사용하는 생활용수와 내륙 사막에서 귀하디귀한 생선을 이 호수에서 얻고 있고, 호수의 경관 또한 아름답기 그지없기 때문이다.

쿠얼러는 천선산맥의 만년설이 녹은 공작강이 시내를 관통한다. 수량이 매우 많아 소리도 시원하게 콸콸 흐른다. 물이 흐르고, 도시의 가로수는 울창하고, 천변 곳곳에는 공원이 꾸며져 있는 쿠얼러는 현대문명의 여느 도시와 같다는 생각이지만, 눈을 들어 시 외곽 주위를 조금만 돌아보아도 풀 한 포기 없는 벌건 민둥산 사막이다. 자연의 조화는 인간의 능력으로는 미칠 수 없다는 생각이다.

쿠얼러는 새로운 시가지 건설이 한창이다. 도로는 넓고 깨끗하다. 도로에 함부로 침을 뱉는 사람에게 감시원이 즉시 뛰어와서 벌금을 부과한다. 시내의 백화점에 들르니 시설이나 물건에서 우리나라의 최신 백화점과 차이가 없다. 쿠얼러는 전통과 현대가 어우러진 사막 속의 대도시로 탈바꿈하는 중이다. 이곳에는 외국인이 묵을 수 있는 호텔이 제한되어 있다. 대표적인 파주빈관은 16층의 최신식 고층호텔로 가격에 비해 시설이 매우 좋은 곳이다.

쿠얼러는 역사적으로 철문관(鐵門關)으로 유명하다. 철문관은 서남쪽으로 60km 지점에 있다. 철문관은 '한 사람의 병사가 1천명을 상대할 수 있다'는 천산남로의 실크로드에서 가장 중요한 천혜의 요새이다. 그래서 이름도 철옹성과 같이 견고하다는 의미로 '철문관'이라고 한 것이다. 그러나 이곳 사람들에게 철문관을 물으면 잘 모른다. 쿠얼러에 사는 대부분의 사람들이 이곳 토박이가 아니고 최근 몇 년 사이에 다른 곳에서 이주해 온 사람들이기 때문이다. 이전에 철문관에 가려면 하늘을 찌를 듯한 가파른 절벽사이로 난 꼬불꼬불한 좁은 길을 따라가야 했다. 그러나 최근은 서부 대개발의 정책에 힘입어 도로가 말끔히 정비되어 접근이 용이하게 되었다. 그러나 산을 깎아 새로이 도로를 정비하여 교통은 편리해졌지만 옛 철문관의 맛을 잃어버리고 말았다. 이제 철문관은 도로의 한 중앙에 망루같이 서 있을 뿐이다.

철문관을 확보하기 위해 여러 민족들이 투쟁을 전개했다. 철문관을 장악하면 천산남로의 쿠처와 카슈가르는 한 순간에 도달할 수 있고, 서역남로로 이어지는 뤄치앙과 호탄으로 통할 수 있는 길목도 확보하게 된다. 따라서 철문관은 역사 이래로 수많은 사신과 구법승, 대상, 그리고 군대가 경유한 곳이다. 그런데 최근에 타클라마칸 사막을 가로지르는 사막공로가 개통되고 북쪽 기점의 룬타이(輪臺)가 발전하고 있다. 그러나 룬타이는 작은 도시여서 경유지의 역할만 담당하고 대부분은 쿠얼러를 출발과 도착지로 하고 있다. 사막공로를 이용하여 민펑이나 호탄으로 가는 경우에도 쿠얼러에서 출발하는 고속버스를 타는 것이 편리하다. 필자도 이곳에서 출발하는 버스를 타고 민펑에 직접 갔었다. 이제 쿠얼러는 누란왕국이 사라진 가운데 타림분지로 통하는 유일한 교통의 혈맥이 되었다.

사막과 초원 그리고 이름도 아름다운 공작강이 환상의 조화를 이루고 있는 쿠얼러는 현대 문명사회에서 찌들고 지친 심신을 풀기에 더 없이 좋은 곳이다. 더욱이 쿠얼러는 과거에만 머물러 있는 도시가 아니다. 엄청난 부존자원으로 타클라마칸 사막 속에서 빠르게 산업도시로 거듭나고 있으며, 교육과 정보통신을 갖춘 현대도시로 변신하는 중이다. 과거 고대 실크로드 시대의 영광이 재현되고 있는 중이다. 고대와 현대가 병존하는 독특하고 환상의 도시! 이곳이 쿠얼러이다.

14. 실크로드의 번영과 쇠퇴의 현장 쿠처

달리는 차창 밖은 온통 황막한 사막뿐이고 도로마저 모래바람에 분명치 않은 길을 무료하게 몇 시간 달리다가 저 멀리 백양나무가 하나 둘 보이기 시작하면, 오아시스가 가까웠음을 뜻한다. 타클라마칸 오아시스 도시의 백양나무는 하늘을 찌를 듯이 미끈하게 뻗어 있다. 메마른 대지에서 만나는 가로수는 그렇게 싱그러울 수가 없다. 곤륜산의 눈 녹은 물이 오아시스와 수로를 만들고, 그 수로 가에는 갈대가 자라기도 한다. 그런 곳에는 습지가 형성되어 가끔 벼농사도 경작한다. 비록 규모는 작지만 사막에서 벼를 볼 수 있으리라고는 상상도 하지 못했다. 밭에는 사람 키보다 더 큰 옥수수가 풍성하다. 초원에는 낙타와 소와 양이 풀을 뜯고 있다. 이들의 고단한 삶만 빼고 말한다면 참으로 목가적이라 하지 않을 수 없다.

쿠얼러에서 280km, 천산남로를 따라 버스로 5시간을 가면(최근에는 고속버스가 생겨 더 빨라짐) 실크로드 시대에 타림분지에서 가장 번성했던 역사도시 쿠처에 도착한다. 쿠처는 옛 구자(龜玆)왕국이 있던 곳이다. 구자왕국은 한 때 천산남로의 절반 가까이를 장악하고 동서교역의 중계지로 번영을 구가한 강국이었다. 풍부한 수량과 비옥한 땅이 이곳을 천산남로 제 1의 왕국으로 발전시킨 원동력이다. 전성기의 구자는 '성(城)은 장안의 시읍과 같고, 왕궁은 장엄하고 화려하다'라는 찬탄을 들었다. 쿠처는 원래 10km가 되는 삼중의 성벽으로 둘러싸였었다. 영토는 동서가 480km, 남북이 320km나 되어 지금의 우리나라보다도 컸다. 금, 구리, 철, 납, 주석도 풍부하였을 뿐만 아니라 많은 인물도 배출하였다. 고승 구마라집도 이곳 출신이고, 8세기 당나라 장군으로 이름을 떨친 가서한도 이곳 출신의 투르크계 인물이다.

중국은 한대이래로 이곳을 서역경영의 중요거점으로 삼았다. 당나라는 이곳에 서역도호부를 설치하였다. 그래서 혜초의 왕오천축국전에 '쿠처는 안서대도호부가 있어서 당의 군대가 대대적으로 집결된 곳이고, 사원과 승려도 많은 곳이다'라고 했던 것이다. 그러나 서역 최대의 실크로드 도시였던 쿠처는 당의 쇠망과 함께 실크로드가 쇠퇴하면서 쇠락하고 말았다. 1990년대에 이곳을 찾은 탐사객들은 초라하고 궁벽한 시골마을로 전락한 쿠처를 보고 실망과 연민의 정을 금치 못했다. 역사적으로 쿠처에 예속된 작은 마을에 불과했던 쿠얼러가 인구 20만의 대도시로 성장하여 이 일대의 중심지로 자리 잡을 때에 쿠처는 옛 영화를 기억 저편으로 묻은 채 초라한 시골마을로 머물러 있었던 것이다. 그래서 흥분된 마음으로 이곳에 첫 발을 디딘 사람들은 한결같이 '당나라의 군대 3만 명이 주둔했다는 이곳이 진정 쿠처란 말인가'라고 탄식했던 것이다. 1990년대의 쿠처 인구는 1만 명을 겨우 넘고 있었다.

그러나 남강철로가 이곳을 경유하고 도로가 새로이 개통되어 실크로드 문화탐방이 열기를 뿜으면서 쿠처는 1,300년 만의 잠에서 깨어나고 있다. 2000년대 들어와서는 발전의 속도를 더해 신시가지가 건설되고 구시가지는 면모를 일신하였다. 현대식 건물과 고급 호텔이 우후죽순 건설되어 이제 '쿠처에서는 샤워조차 불가능하다'는 얘기는 전설 속의 얘기가 되고 말았다. 이제 인구도 8만으로 늘어나면서 실크로드의 영광과 번영이 재현되고 있는 중이다.

2~3년 전만 해도 쿠처는 노새의 천국이었다. 노새는 농작물

을 이동하거나 탈곡에 이용되었고 노새가 끄는 마차는 이곳에서 최고의 교통수단이었다. 지금도 많은 노새를 볼 수 있다. 실크로드 시대에 쿠처의 시장은 유명했다. 시장에는 서역의 유리잔이 가득했고 눈부신 비단이 산더미같이 수북했다. 손님을 끄는 흥겨운 노래 가락과 중국인을 비롯하여 그리스인, 소그드인, 키르기스인, 대하인(페르시아인) 등 많은 서역의 상인들이 물건을 흥정하고 담소하며 떠들썩했다. 지금도 1주일에 한 번씩 열리는 쿠처의 장날은 인산인해를 이룬다. 버스를 타고, 경운기를 이용하고, 말과 당나귀가 끄는 수레 등을 타고 온갖 농산물을 싣고 시장으로 몰려온다. 풍성한 과일은 넘쳐나고 먹 거리는 도로를 가득 메운다. 수박의 산지답게 수박은 산더미 같이 쌓이고, 참외와 서역 복숭아(납작한 복숭아로 편도 – 扁桃라고 한다) · 포도 · 석류 · 배 · 자두 · 살구 등이 풍부하다. 이러한 과일들은 고대 사서에 자주 등장했던 이 지방의 대표적인 과일들이다. 너무나 많이 쌓인 과일을 보며 '저 많은 것을 누가 다 먹을 수 있나?'하는 괜한 걱정까지 들 정도이다. 시장만큼은 실크로드 시대의 쿠처가 살아 있는 듯했다.

쿠처는 물가가 매우 싸다. 그래서 호텔비도 싸고, 음식 값도 싸다. 쿠처는 예로부터 2가지가 유명하다. 하나는 노래와 춤이고, 다른 하나는 맛있는 과일이다. 옛날부터 쿠처는 음악과 춤의 도시로 유명했다. 탈곡하고 추수할 때도 노래를 부르고, 아이를 요람에 뉘어 흔들면서도 자장가를 부르듯이 노래 불렀고, 추수가 끝나면 추수를 감사하기 위한 춤판이 벌어졌다. 이들에게 노래와 춤은 일상이었다. 그것은 지금도 변함없다. 예전에 필자가 쿠얼러에서 쿠처까지 버스타고 오는 5시간 내내 버스 안에서 노래를 부르는 위구르인을 보았다. 처음에는 구슬프고 리드미컬한 노랫가락이 듣기 좋았지만, 5시간 내내 부르는 노랫소리에 질리지 않을 수 없었다. 달리 생각하면 5시간 내내 노래 부르는 사람도 대단하다. 상각해 보라! 어떻게 5시간 내내 버스 안에서 노래를 부를 수 있을까? 쿠처에 도착해서 쿠처인들에게 음악은 생활의 일부라는 사실을 확인하고 나서야 이해가 되었다.

쿠처 악극은 대부분 인도에서 만들어졌지만 실크로드를 거치면서 현지문화에 적합하도록 개작되어 쿠처에서 꽃을 피웠다. 쿠처 무용수들은 쿠처의 문화를 대표하는 문화사절로 사마르칸트나 장안으로 파견되었다. 쿠처 무용은 엉덩이의 움직임과 몸짓의 변화와 표정이 풍부하다. 그들은 남녀가 동시에 공연하는 소그드의 유명한 회오리 춤, 즉 호선무(胡旋舞)와 같은 다른 지역의 노래와 춤도 받아들였다. 쿠처사람들에게 음악과 노래와 춤은 금이나 옥처럼 사고파는 실크로드의 상품이었다.

쿠처는 기원전 1세기 오손으로 시집 간 한나라 공주의 딸과 결혼한 강빈왕이 1년 동안 장안에 머물면서 한나라의 문물과 제도를 수입하였다. 전한이 멸망하자 쿠처는 흉노와 연합하여 카슈가르(소륵)까지 진출하여 서역의 강국으로 이름을 떨쳤으나, 곧 후한의 반초에 의해 정복되었다. 반초는 이곳에 서역도호부를 설치하고 서역을 지배했으나 반초가 죽은 후 서역도호는 폐지되고 쿠처는 다시 독립한다. 5호16국 시대에는 쿠처의 명승 구마라집을 초빙하려는 전진의 여광에게 패배하고, 말 1만 마리, 낙타 2만 마리와 곡예사 등을 전리품으로 빼앗기고 말았다. 아무리 대국이라고 하더라도 오아시스 국가에서 말 1만 마리의 유출은 대단한 손실이다. 그 후 당나라는 쿠처에 안서도호부를 설치하고 서역일대를 호령한다. 당나라 붕괴 이후 독립왕국을 유지했으나, 장기간의 실크로드 쇠퇴로 말미암아 이전과 같은 영광은 재현하지 못했다.

쿠처는 사막 속의 도시지만 그 어떤 오아시스 도시보다 물이 풍부하다. 비교적 높은 산이 모여 있는 천산산맥에 가까이 있어서 그곳의 눈 녹은 물이 몇 줄기로 나뉘어 쿠처로 흘러들어오기 때문이다. 특히 쿠처 남쪽을 흐르는 강은 타클라마칸 사막에서 불어오는 사막의 모래바람을 막아주는 천연장벽 구실을 한다. 물이 풍부하기 때문에 도시는 백양나무로 울창하고 갖가지 과일이 풍성하다. 역사책 마다 쿠처는 백양나무가 늘어서 있고, 살구와 복숭아 같은 과일이 풍성히 열린 과수원이 많다고 했는데 지금도 그러하다. 그러나 쿠처의 일기는 예측불허이다. 쾌청한 하늘에 갑자기 검은 구름이 몰려와 세찬 비를 뿌리기 일쑤다. 1~2시간의 잠시 동안이지만, 무시무시한 강풍과 함께 내리는 폭우는 가로수를 뽑을 것 같은 위세다. 비바람이 몰아치는 동안에는 사람들이 재빠르게 건물 안으로 피하여 도로는 텅 빈다. 사막에 이렇게 세찬 비가 온다는 사실이 신기할 따름이다. 그러나 비는 오아시스의 생명이기에 이곳 사람들은 변덕스런 날씨와 갑자기 내리는 폭우에 불평 한마디 하지 않고 그것을 일상으로 받아들인다. 하늘을 검게 뒤덮고 무섭게 내리던 비가 그치면 날씨는 언제 그랬느냐는 듯이 구름 한 점 없고 또 다시 열사의 폭염바다가 된다. 사람들은 다시 도로로 나오고, 야시장 개설준비에 한창이다.

쿠처는 실크로드의 문화 중심지이며, 중국의 서역도호부가 설치되었던 곳으로 천산남로 도시에서 유적지가 가장 많다. 특히 불교유적이 많다. 쿠처는 불교 왕국으로 전성기에는 사찰이 100여 개, 승려가 5,000여 명이었다. 그래서 '도시에는 불탑이 많고, 도로에는 탁발승이 많다'고 사서에 전한다. 왕과 왕비도 독실한 불교도였기 때문에 왕실의 후원을 받는 불교는 매우 번성했다.

쑤빠스고성(蘇巴什故城)은 시 북동쪽으로 20km 지점에 있다. 쿠처에서는 쑤빠스대불유적지(蘇巴什大佛遺址)라고 부른다. 쿠처를 대표하는 유적지지만 여행객 외에는 찾는 이가 없어 교통은 다소 불편하다. 그래서 택시를 이용하는 것이 좋다. 그러나 멀리 교외 밖으로 외국인 혼자 택시를 탈 때는 주의를 필요로 한다. 필자는 종종 안전을 고려하여 여성 기사가 운전하는 택시를 이용한다. 어떤 유적지는 거리도 멀뿐만 아니라 오고가는 도로에 인적이 뜸하기 때문이다. 중국에서 여성이 버스나 택시를 운전하는 경우는 흔한 일이다. 그러나 가끔은 여성 운전자가 자기의 친척이나 친구 한 명을 같이 태워 가자고 제안하기도 한다. 그 여성운전자도 남성 승객이기 때문에 자신의 안전을 고려해서일 것이다. 이전보다는 훨씬 뜸해졌지만, 우리나라와 마찬가지로 중국에서도 종종 택시기사를 상대로 강도사건이 발생한다. 중국의 택시에 앞의 운전석과 옆 뒤의 좌석사이에 쇠살창이 있는 것이 이 때문이다. 외국인들에게 좋지 않은 인상을 주는 장치지만 안전을 고려한 고육책이라고 본다.

쑤빠스 고성은 쿠처강 상류의 동쪽과 서쪽 양 강변에 자리 잡은 서역 최대의 불교 유적지이다. 7세기에 이곳을 방문했던 현장법사는 이곳의 찬란하고 장엄한 불교사원을 보고 "불상들은 도저히 사람의 손으로 만들었다고 믿어지지 않을 정도로 화려하고 장엄하다. 사원 또한 이 세상에서 찾아볼 수 없을 정도로 아름답다"라고 하였다. 이곳에서 구마라집이 수도하고 불경을 강의하였다. 그러나 이제는 그 많던 승려도 사라지고 사원도 무너진 채 이곳저곳에 건물지와 벽화의 잔해만 남아있다. 1903년 일본의 오오타니 탐험대가 이곳에서 한 개의 나무상자를 발굴하였다. 고승들의 뼈를 담은 사리함이었다. 그 사리함의 외곽에 밝은 색채로 그린 악대의 그림이 있다. 악대는 북을 선두로 하여 하프와 긴 뿔 피리가 있고 그 뒤를 춤추는 사람들이 따른다. 승려의 사리함에까지 음악그림이 그려있을 정도로 쿠처는 음악의 도시였던 것이다.

쑤빠스고성에서 쿠처시내로 오는 도중에 위구르 농가에 잠시 들렀다. 위구르인은 자기 집을 개방한다. 평범한 농가로 흙벽으로 집을 짓고 말을 기르며 주변 밭에 과수재배를 하는 농가였다. 뒤뜰에는 휴식공간이 있었는데 포도나무로 좌우 벽과 천장을 대신하고 있었다. 7월말이어서 포도나무에는 포도가 주렁주렁 열렸다. 같이 갔던 어린 아이가 주인이 있는데도 포도를 마구 따서 먹는다. 남의 집 포도를 저렇게 따먹어도 괜찮을까 걱정했지만, 손님이 와서 포도를 따는 것은 이곳의 풍습이란다. 수천 년간 천하를 떠돌아다녀야 했던 위구르족 전통에서 만들어진 풍습이라는 생각이다.

구모또라 천불동은 쿠처의 서쪽 30km 지점에 있다. 무자도강 강변의 가파른 절벽에 있다. 4~5세기경에 조성된 것으로 106개의 석굴이 있다. 46석굴에는 천상에서 음악을 연주하는 천사들의 벽화가 있다. 비파, 배소가 보이는데, 이 두 악기는 고대 쿠처 음악의 주축을 이루었다. 현장법사도 쿠처의 기악을 서역 최고로 꼽았다. 이곳에서 발굴된 보살상의 얼굴은 완전히 서양인의 얼굴이다. 당시 쿠처인의 모습 이던지 아니면 쿠처가 활발하게 동서 문화교류를 한 결과라고 생각된다.

쿠처에서 구모또라 천불동 가는 길에는 10km지점에는 염수(소금 강)가 있다. 1년 내내 거의 물이 흐르지 않는 강이다. 그래서 강바닥이 언제나 염분으로 하얗다.

서역 최대의 키질 천불동은 쿠처에서 서쪽으로 60km 떨어진 곳에 있다. 쿠처에서 키질석굴로 가는 주변 경관은 너무 이색적이고 아름답다. 저 멀리 눈 덮인 천산산맥과 광활한 사막, 그리고 아름다운 초지가 너무도 잘 어울린다. 쿠처에서 키질석굴까지의 도로는 최근에 말끔하게 포장되어 이용하기에도 편리하다. 석굴 입구에 들어서면 고뇌에 찬 구마라집 동상이 눈에 띈다. 쿠처출신으로 서역 최대의 고승을 기리기 위해 세운 것으로 보인다. 석굴은 총 236개로 3~9세기에 축조되었다. 불교미술의 보고인 돈황석굴 다음으로 벽화가 유명하다. 그러나 아쉽게도 벽화는 대부분 훼손되었고 대부분의 불상도 없어졌다. 처음 이곳이 발견되었을 때는 인근 유목민의 이동 집으로 사용되고 있어서 천장과 벽면이 온통 밥 지을 때 나온 그을음으로 까맣게 그을려 있었고, 몇 몇 석굴은 가축 분비물로 가득했었다고 한다. 그러나 발견 초창기만 해도 선명했던 벽화는 이후 더 많이 탈색

되고 변해서 이제 제대로 볼 수 있는 벽화는 극히 드물다. 사람들이 가장 많은 찾는 38번 석굴의 벽화에는 석가 열반상이 있고, 미래불인 미륵이 있는데 서양의 영향이 강하게 배어있다. 날개 달린 천사의 모습은 대표적인 서양문화의 영향이다. 38굴을 음악동굴이라고도 하는데, 그것은 비파와 배소 그리고 필률 등 다양한 악기를 연주하는 벽화가 주류를 이루기 때문이다. 독특한 5현 비파도 보인다.

키질석굴은 대승불교와 소승불교의 불교미술이 혼합되어 있고, 인도·이란·중국적 요소를 조화시켜 가장 서역적으로 불교석굴을 조성한 것으로 평가받는다.

15. 서역을 누빈 고선지

중국 신강성에서 중앙아시아에 이르는 실크로드를 지칭하는 서역은 우리에게 특별한 의미가 있다. 이미 앞에서 부분적으로 언급했지만 그곳은 우리 역사와 관련이 있는 곳이며, 그러한 증거의 하나가 돈황석굴 220호 벽화이다. 그곳에 2개의 깃털을 꽂은 조우관(鳥羽冠)을 쓴 고구려 사신이 있다. 일설에는 신라사신으로 보기도 하지만, 아무튼 우리 한반도 사신임엔 틀림없다. 이 벽화를 통해 우리의 선조들은 실크로드에 상당한 관심을 갖고 있었고 직접 교류했음을 확인할 수 있다. 또 하나는 고선지(高仙芝)와 간련해서다. 고구려 유민 고선지는 당나라 시대인 8세기에 쿠처를 지휘소로 삼아 서역을 장악했다.

그러면 고선지는 누구인가?

668년 고구려가 멸망한 후 당나라는 고구려인 20만 명을 당으로 이주시켰다. 고구려의 위협을 근본적으로 제거하려는 책략의 일환이었다. 이주된 고구려인에 대해 2만 8천 2백호(당회요)와 3만 8천 2백호(삼국사기, 자치통감)로 나뉘는데, 대체로 후자를 따른다. 1호(1 가구)에 5명의 인구를 적용하면 대략 20만 명이 된다.

고구려인들은 한 곳에 이주시키지 않고 인구가 적은 지역을 중심으로 분산시켰는데, 이는 생산력을 증대하고 세력화 되는 것을 방지하기 위한 조치이다. 양자강과 회수(淮水) 이남지역, 그리고 산서성 이남과 시안의 서북지역에 주로 배치되었다. 고선지 집안은 서쪽 변경지대인 하서회랑 지역에 배치된 것으로 추측된다. 당시 그곳의 행정구역은 양주(凉州)로, 우웨이가 치소(治所: 행정중심지)였다.

사서에는 우웨이의 도호부에서 고선지의 아버지 고사계(高舍契)가 종사했다고 기록하고 있다. 이 내용을 근거로 고선지 집안이 양주에 배치되었다고 추정하는 것이다. 고사계는 이곳에서 능력을 인정받아 군에 입문했다. 그리고 하서군의 장교로 발탁되어 안서군으로 이동하였다. 당나라는 투르판을 중심으로 독립한 고창국을 무너뜨리고, 그곳에 안서도호부를 설치했기 때문에 고선지는 아버지를 따라 안서(투르판)로 갔을 것이다. 그리고 고선지도 아버지를 이어 안서군에 복무하게 되면서 당나라 군문에 첫 발을 들여놓는다. 고선지는 지휘부가 있던 고창고성과 교하고성에서 활동하였을 것이다. 당나라가 쿠처로 안서도호부를 옮긴 후로는 고선지도 쿠처에서 생활했을 것으로 추정된다. 고선지는 인물이 출중하고 용맹스러우며 기마술에 능하고 활을 잘 쏘았다. 뛰어난 무예로 나이 20세에 당나라의 중견장교(유격장군)로 발탁되었다.

고선지는 안서도호부의 한 지역인 위티엔(현 호탄)의 책임자로 나간 것을 시작으로 옌치와 고창 그리고 돈황에서 근무하며 능력을 발휘한다. 그리고 740년 천산산맥의 서쪽 달해부를 성공적으로 정벌하고 안서도호부의 2인자인 부도호가 되었다. 그때 티베트 일대에서 세력을 확장하던 토번이 서역의 나라들과 당나라 사이를 차단하여 당의 서역지배권은 크게 위협받았다. 당나라는 서역지배권과 실크로드의 경제적 이권을 되찾기 위해 원정을 감행했지만 모두 실패하자 안서도호부 부도호인 고선지로 하여금 티벹와 혼인관계를 맺고 당나라를 배반한 소발률국(길기트)을 정벌케 하였다. 고선지는 747년 3월 쿠처를 떠나 35일 만에 파미를 넘어 소륵국에 도착하였다. 그리고 파미르의 험준한 산악지대를 뚫고 20일 만에 총령수착에 도착하였다. 총령수착이 바로 타스쿠얼칸이다. 이곳을 근거지로 삼고 연운보에서 토번군을 격파하고 소발률국을 정복하고 국왕 부처를 사로잡는데 성공한다. 소발률국 정벌은 알프스보다 훨씬 험한 고난의 싸움이었다. 이 싸움의 승리로 고선지는 세계적인 명장으로 이름을 얻게 되어, 영국의 유명한 동양학자 슈타인(Stein)으로부터 “일찍이 유럽이 낳은 그 어느 유능한 장군보다도 탁월한 전략과 통솔력의 소유자이다”라는 극찬을 듣는다. 이 싸움을 계기로 당나라의 위세가 서역에 전역에 미쳐 이슬람의 왕조가 조공할 정도였다. 소발률국 정벌 후 고선지는 안서 4진의 절도사에 임명되어 신강성 전역을 지배하기에 이른다.

고선지는 안서도호부의 절도사가 된 지 3년 후인 750년 12월 7만 대군을 거느리고 다시 한 번 파미르를 넘어 석국(타슈겐트) 정벌을 단행하여 왕을 포로로 잡고 서쪽으로 진격하였다. 중동에서 새로이 성장한 이슬람의 압바스 왕조가 서역에 진출했기 때문이다. 고선지는 험난한 파미르를 넘어 훈자 마을과 길기트를 통과하여 인더스강 상류에 도착하였다. 이곳이 유명한 간다라 평원이고, 그곳 북쪽에 탈라스 대평원이 있다. 천산산맥의 한 지맥에서 북으로 흘러 무쥰사막으로 흐르는 것이 탈라스 강이고, 그 중류에 탈라스가 있다. 탈라스 평원은 동쪽으로 중국, 남쪽으로 인도, 서쪽으로 이란으로 뻗어 나가는 3갈래 길이 만나는 교통의 요지이다. 더욱이 이곳은 소그드 상권에 자리하고 있어서 예전부터 활발한 동서교역을 통해 번영을 누렸다. 이 지역은 기원전 36년에 일어난 흉노와 한나라와의 전쟁으로 중국에 처음 알려졌다. 이러한 활발한 문화교류를 통해 이 지역에서 이른바 간다라 불교문화가 탄생하였다. 간다라 문화란 그리스문화에 인도문화가 접목된 것을 말한다. 간다라 불교미술의 대표는 불상의 탄생이다. 석가모니 사후 일체의 우상숭배 금지에 따라 당시까지 불상은 없었다. 그렇지만 지금은 불상이 없는 불교는 상상도 할 수 없다. 불교는 간다라에서 새롭게 발전하여 전 세계로 뻗어나갔다.

이렇게 불교 발전사에서 중요한 획을 긋는 간다라지만 지금은 열렬한 이슬람교 지대이다. 7세기에 이곳에 들렀던 현장법사는 이곳이 이미 불교가 쇠퇴하고 있음을 증언하고 있다.

751년 고선지 부대는 간다라 평원의 탈라스 싸움에서 이슬람 군대에게 대패하고 말았다. 이슬람 역사서에는 당나라 군인 5만 명을 죽이고 2만 명을 포로로 잡았다고 서술하고 있다. 살아남은 병사가 수천에 불과할 정도로 고선지 부대는 대패하고 이로부터 당의 서역지배권은 상실된다. 고선지의 패배는 중국의 신강성을 포함한 중앙아시아 일대가 이슬람세력화 되는 계기가 되었고, 장안으로 이어지던 실크로드는 그 운명을 고하고 말았다. 당대의 실크로드는 고선지가 안서지역에 있을 때 최 전성기를 누렸고, 고선지가 패배하고 안서도호부가 폐지된 후에는 실크로드도 역사무대에서 사라지고 말았다. 중국은 이 때 상실한 감숙성과 신강성을 되찾는 데 꼬박 1천년의 세월이 걸렸다.

고선지가 전쟁에서 패배하고 당의 장안에 돌아왔으나, 당시 황제 현종은 고선지의 공을 높이 기려 장안성 내에 대저택을 하사하였다. 고선지는 장안에서 751~755년 동안 머문다. 고선지가 장안에서 살 때에 당 현종은 양귀비와의 사랑에 빠져있었다. 그것은 결국 안녹산의 난으로 이어지고 만다. 안녹산 부대는 질풍노도와 같이 당군을 궤멸하고 장안을 압박했다. 현종은 고선지를 대장에 임명하고 안녹산을 막도록 한다. 고선지는 동관에서 안녹산 부대와 일전을 준비하던 중 무고에 의해 제대로 싸움 한 번 해보지 못하고 처형되고 만다. 그 때가 755년 12월, 한창 일할 나이인 40세였다. 고선지는 이민족이라는 핸디캡을 극복하고 능력으로 승진에 승진을 거듭하며 이국 땅에서 명성을 얻었지만, 불행히도 역적으로 모함 받아 비운의 생을 마감하고 말았다.

고선지의 죽음으로 당의 장안은 안녹산에게 떨어지고 당은 몰락의 길을 걷는다.

16. 천산과 천지

역사상에 등장하는 천마의 고향은 대원국 페르가나이다. 천마는 한혈마(汗血馬)를 가리키지만, 아쉽게도 지금은 그 명맥을 찾을 수 없다. 천마(한혈마) 이후 역사상에서, 또 유목민족 사이에서 말하는 천마는 고유명사를 지칭하기보다는 '명마'라는 뜻으로 사용되었다. 서역의 명마인 천마의 고향은 천산산맥 북쪽 기슭의 광활한 초원지대이다. 이곳에는 아직도 유목민들이 말고기를 먹고, 말 우유를 마시며, 말가죽으로 옷을 만들어 입으며, 말을 타고 산다. 그들은 편리할 것 같은 현대식 삶을 거부하고 불편할 것 같은 전통적 삶의 방식을 고집한다. 유목생활에 너무 오랫동안 익숙해 있어서 그러한 생활이 더 편하다고 생각하기 때문일 것이다. 천산산맥 북쪽의 산기슭과 대초원지대는 2천년이 넘게 말과 함께 살아가는 유목민족의 고향이다.

천산산맥의 중심에 천산(天山)이 있다. 여름철 짧은 기간을 제외하고 1년 내내 눈이 녹지 않고 덮여있어 흰 산(白山)이라고 부르기도 한다. 흉노는 예전부터 하늘의 산이라는 의미로 천산이라고 부르며, 그 밑을 지날 때는 말에서 내려 머리를 숙여 절을 했다. 천산은 흉노족에게 영산(靈山)이었다. 천산은 우루무치에서 동쪽으로 115km 떨어진 창지(昌吉) 회족 자치주에 있다. 실크로드 시대와 중국 청나라 시대에는 우루무치가 아닌 하미에서 들어갔다. 그 길이 천산북로의 한 갈래이다. 이 천산북로를 놓고 중국과 흉노는 치열한 공방전을 벌였다. 한나라(전한) 무제는 이광리 장군을 이곳까지 보내어 흉노의 우현왕을 몰아내었고, 후한시대에는 용장 도고가 이 일대의 흉노족을 토벌하기도 하였다.

지금의 천산산맥에서 흉노족을 만날 수는 없다. 흉노족은 이미 역사적으로 사라졌다. 역사적으로 사라졌다고 해서 민족 자체가 완전히 없어진 것은 아닐 것이다. 그들의 상당수는 다른 유목민족 속으로 섞여 들어갔을 것이다. 없어진 흉노족 자리는 하사크족(코사크)이 차지했다. 그래서 천산일대에서 말을 탄 하사크족을 만나기는 어렵지 않다. 하사크족에게 자기들 민족을 발음해 보라고 하면 '카자크'라고 한다. 이들은 우루무치에도 많이 살고 있으며, 멀리 소련 영토에도 많이 살고 있다. 이들은 역대로 용감한 전사로 유명한데, 나는 이들 핏속에 흉노족의 피가 흐를 것이라고 생각한다. 하사크족은 얼굴윤곽이 뚜렷하다. 여성 가운데 미인이 많고 남자들은 강인한 인상을 준다. 예전부터 '하사크(코사크) 기병대'하면 용맹과 전사의 상징이었는데, 그것이 그냥 수사적인 말만은 아니다. 처음 볼 때는 위구르족과 구분이 잘 되지 않지만 조금 익숙해지면 어느 정도 구분이 된다. 하사크족은 기마전에 익숙한 기마민족이다. 갑옷을 입고 칼과 활을 들고 멀리 있는 적들과 싸우러 다녔다. 전쟁을 하다가 화살이 떨어지면 말의 뼈를 깎아서 화살을 만들었고, 물이 없으면 말의 피를 마셨으며, 팔이나 다리에 부상을 입으면 말의 복부를 갈라서 그 속에 넣어 치료하였다. 적을 공격할 때는 말을 타고 비호같이 날쌔게 강타하고, 쏜살같이 후퇴한다. 하사크족은 지금도 말 다루는 솜씨가 일품이다. 어린 아이들도 기마의 명수이고, 여인들은 스카프로 얼굴을 가린 채 말을 달린다. 지금도 많은 하사크 족이 천산에서 몽고식 텐트를 치고 살고 있다. 양고기를 좋아하고 마유를 마시며 마유를 발효시킨 치즈를 즐겨 먹는다. 이들도 이전의 흉노와 마찬가지로 천산을 축복으로 가득한 산으로 여긴다. 천산에 의지하여 말을 기르고 소와 양, 심지어 낙타를 기른다. 이들은 계약을 할 때는 서면으로 하지 않고 구두로 한다. 매년 5월 달에 조상과 신에게 제사를 지내고 가을에 인구와 가축의 수를 조사한다.

하미에서 서쪽으로 100km 떨어진 이리강 상류에 「닐키군마장」이 있다. 해발 2,500m의 고원지대이다. 천산산맥의 깊은 곳에 자리 잡은 이곳은 역사적으로 명마산지로 유명한 곳이다. 전한 무제는 흉노족들이 자기 군대의 말보다 더 좋은 말을 타고 있는 것을 보고 장건으로 하여금 서역에서 명마를 구해오게 하였다. 서쪽으로 파견되었다 돌아온 장건이 돌아와 한 무제에게 하늘로 올라가는 말을 보았다는 곳이 바로 이곳이다. 사서에는 장건이 오손에서 명마를 수십 마리 데리고 돌아왔다고 하였다. 오손의 말을 본 무제는 크게 기뻐하여 서쪽 끝에서 가져왔다고 하여 '서극마(西極馬)'라 이름 붙였다.

당나라를 세울 때 당나라 태종 이세민이 타고 다녔던 6 마리의 말을 신마(神馬)라고 한다. 당 태종은 이 6마리 말을 끔찍이 사랑하여 그가 죽을 때 함께 자신의 묘인 소릉에 제사하고 조각하게 하였다. 이것을 소릉 6기(騎) 서극마라고 하는데, 현재 시안의 섬서박물관에 전시되고 있다. 이 당 태종의 신마인 서극 또한 오손지역에서 가져온 말들일 것으로 추정된다.

천산은 침엽수림이 바다를 이룬다. 그래서 수해(樹海)라고 한다. 천산의 나무는 독특하고 아름답고 이국적이다. 천산에 있는 호수가 중국인들이 신성시하는 천지(天池)이다. 천산산맥의 두 번째 높은 5,445m의 뽀거다(博格達)봉을 마주하고 있다. 해발 1,980m 높이의 고산에 위치하여 하늘(천)의 연못(지)이라고 불린다. 총 면적 4.9km^2 길이 3.4km, 최고 깊이 105m이다. 천지를 감싸고 있는 산 중턱에는 서왕모묘(西王母廟)가 있다. 폭포를 볼 수 있는 천지의 남북쪽에는 '소천지(小天池)'라 불리는 작은 호수가 자리하고 있다. 소천지는 서왕모(西王母)가 발을 씻은 곳이라고 한다.

천지는 백두산 천지보다 다소 작지만, 수정같이 맑고 푸른 호수는 만년설의 뽀거다봉과 주변의 푸른 수목과 조화를 잘 이루어 아름다움의 극치를 이룬다. 하늘에 떠가는 흰 구름과 흰 모자를 쓴 듯 만년설에 뒤덮인 뽀거다봉이 푸른 목초지와 함께 어우러져 우루무치 제 1의 자연경관을 연출한다. 그림 같은 스위스나 오스트리아의 아름다운 산과 호수를 생각하면 될 것이다. 천지에서 떨어지는 폭포 또한 장관이고 말을 타고 천지일대를 둘러보는 것도 그만이다. 중국인들은 이 천산과 천지를 일생에 꼭 한 번 가고 싶어 한다. 천산과 천지는 유목민족 못지않게 중국인들에게 많은 전설과 신화를 간직한 곳이다.

지금으로부터 3,000년 전 목이라는 천자가 서방을 정벌할 때 이곳 천산산맥의 깊은 곳에 있는 호수 가에 당도했다고 한다. 그때 목 천자는 잠시 이 호수 가에서 내려 쉬어가려고 하는데, 호수 한 가운데에 파문이 이는 것을 보았다. 괴이하게 여겨 천자가 눈을 크게 뜨고 자세하게 보니, 천산의 눈빛보다 더 살갗이 흰 아름다운 여인이 수영을 하고 있었다. 그래서 천자는 그 여인을 향연에 초대하였다. 그때 그 여인은 이렇게 노래를 불렀다. "백설이 하늘 높이 솟아있는 산봉우리에 빛이 나고 있으니, 그대는 죽지 않을 것이오. 원하옵건대 그대는 돌아가십시오." 이 여인이 천지에 살고 있다는 전설의 여왕 서왕모(西王母)이다.

17. 신강의 역사와 문화

중국 북서부에 위치한 신강위구르자치구(약칭으로 '신강성'이라고 한다)는 세계에서 바다가 가장 멀리 떨어진 지역 중 하나이다. 그래서 우루무치 인근에는 아시아 대륙의 중심지를 알리는 표지판이 있으며, 신강위구르자치구의 서쪽 끝 카슈가르는 중국의 수도 베이징보다 반대편 서쪽의 지중해변의 국가 레바논의 수도 베이루트가 더 가깝다. 때문에 신강성은 중국 속의 비중국과 같은 곳이다. 이곳은 대륙성 기후가 뚜렷하여 연교차와 일교차 모두 크며, 여름의 경우에는 '화로를 안고 수박을 먹는 곳'이란 말이 있을 정도로 무덥다. 면적은 한반도의 7.5배인 165만km^{2}로 중국 총면적의 6분의 1을 차지하고, 인구는 약 2천만 명이다. 신강자치구에는 47개 소수민족이 거주하고 있으며 그 중 위구르 족이 약 850만으로 전체 인구의 47% 전후를 차지한다.

기원전에는 흉노를 비롯한 여러 유목민족이 살고 있었고, 기원전후에는 중국 한나라 지배를 받기도 했다. 이후 위구르국의 영토였다가 13세기에 몽고의 침략으로 차카타이 한국의 지배하에 들어갔다. 이후 몽고족의 준가르부가 이곳을 통치했으나 18세기인 청나라 건륭제 때에 약 60여년의 전쟁 끝에 중국에 복속되었다. 청나라는 새로이 중국의 영토로 편입된 이곳을 신강(新疆)이라고 불렀는데, 이것은 중국어로 '새로운 영토'라는 뜻이다. 신강을 통일한 청나라는 초기에 장군부를 설치하여(이리장군부) 통치하였다. 청의 지배를 받던 위구르족은 1864년에 대규모 반란을 일으켜 독자 지배권을 확보하기도 했지만 13년 만에 청나라에 정복되고 말았다. 청나라는 반란을 평정하고 군부제를 없애고 행성제(중국식 통치체제)를 실시하였다. 그리고 광서제 때 신강성으로 편제하였다. 그러나 중국으로부터 멀리 떨어져 있는 관계로 느슨한 통치형태를 취해왔다. 신강 위구르인들은 여러 차례 무장봉기를 반복하며 자신들의 나라를 세우려고 했지만 그 때마다 번번이 좌절되었다. 그러다가 중국이 장제스의 국민당과 마오쩌뚱의 공산당 간 전쟁이 치열하게 전개되는 국공내전 기간에 이리지역의 반란을 계기로 1944~1945년 독립국을 세웠다. 그러나 1949년 신 중국이 건국된 후 중국이 군대를 동원하여 신강을 중국영토로 강제 합병하여 오늘에 이르고 있다. 그 이후 1990년대까지 저항은 산발적으로 계속되었지만 성공하지 못하였다. 신강의 위구르민족은 이곳저곳을 떠돌아다니며 독자세력을 꾀하였지만, 항상 주변의 강한 민족에게 복속되는 과정을 반복하였다. 이들의 일부는 지금도 중국의 통치에 불만을 품고 암약하고 있다. 최근 베이징 올림픽 개최를 이용하여 관공서 등에 폭탄 테러를 가하는 것이 이들이다. 어찌 되었든 이들의 역사를 한 마디로 말하면 고난과 좌절의 역사라고 할 수 있다. 중국정부는 그들에게 자치권을 부여하고 있지만, 여하한 경우에도 독립은 불허하고 있다.

신강의 대초원은 감탄사가 절로 나온다. 유목민족들이 줄곧 이곳을 근거지로 삼은 이유가 여기에 있다. 붉은 노을 속에 펼쳐지는 대평원, 특히 여름철의 초원은 황금빛으로 물들어 대 자연의 광대함과 아름다움에 도취된다. 전 세계로부터 신강으로 사람들이 몰려오는 이유를 이곳에 와 보면 금세 이해된다. 끝도 없는 평원에 자연방목 상태의 양과 소 떼들이 한가로이 풀을 뜯고 있다. 말도 가끔 눈에 띄는데 목가적이라는 말은 이런 곳에 딱 어울린다. 신강성 어디에서 바라보아도 하늘은 구름 한 점 없이 푸르기만 하다. 가을의 높고 푸른 하늘은 눈부시게 아름답다.

신강 사람들은 이곳의 양고기가 다른 지역의 것과 비교되지 않는다고 자랑한다. 신강 양고기가 최고란다. 우리로서야 무슨 차이가 나는지 알 수 없는 노릇이지만, 이곳의 양 꼬치구이는 분명히 맛이 있다. 중국에서 신강성의 독특한 자연환경과 기후가 양과 말을 목축하는 데 최적의 조건이라고 하고 무공해지역이니 고기 맛도 좋을 것임에 틀림없다.

신강성의 어느 도시 어디를 가든 눈에 쉽게 띄는 것이 이슬람

사원이다. 이슬람 사원인 모스크는 돔과 첨탑으로 상징된다. 모스크는 '꿇어 엎드려 경배하는 곳'이라는 의미의 아랍어 '마스지드'가 영어로 변형된 것이라고 한다. 이슬람 신자들이 모여 예배드리는 장소가 모스크다. 돔이나 첨탑과 같은 이러한 건축양식이 이슬람 초창기부터 존재했던 것은 아니다. 전하는 바에 의하면 예언자 무함마드 시절에는 함께 모여 예배드리는 장소로 무함마드 자신의 집이 사용되었으며, 건축에 어떤 특별한 의미를 부여하지 않았다고 한다. 그러나 점차 이슬람 공동체가 확산되고 정복을 통해 제국으로 발전하면서 주변의 비잔틴이나 페르시아 문화의 영향을 받아 이슬람 특유의 모스크 건축양식이 탄생하였다고 한다.

모스크 건축의 가장 큰 특징인 돔은 비잔틴 건축양식의 영향이라고 주장하지만, 아랍 민속학자들은 이미 이슬람 출현 이전에 아랍 유목민족이 낙타의 등위에 싣고 다니던 조그만 가죽 천막에서 유래한 것이라고 주장한다. 모스크의 돔은 평화를 상징한다. 돔의 끝은 보통 초승달로 장식하는데, 초승달은 샛별과 함께 이슬람의 대표적 상징으로서 '진리의 시작'을 의미한다. 무함마드가 하나님으로부터 계시를 받을 때 초승달과 샛별이 한데 어울려 떠 있었다고 전해진다.

돔과 첨탑 등의 화려한 외부구조와는 달리 막상 모스크 내부구조는 지극히 단순하다. 돔의 역학적 구조에 따라 내부에는 기둥이 필요 없어서 운동장과 같은 넓은 공간이 펼쳐지며 바닥에는 카펫이 깔려있다. 사방의 한 벽면에 아치형으로 움푹 파인 벽감이 있는데, 그곳이 메카방향을 나타내는 곳이다.

모스크 내부 장식 중 특이한 것은 인물이나 동물상이 전혀 보이지 않는 다는 점이다. 그것은 인간에 의해 만들어진 조각이나 그림은 자칫 우상숭배로 흐를 수 있기 때문에 일절 금하기 때문이다. 이슬람에서는 우상숭배 경계 때문에 인물상 대신 아름다운 문양의 아랍어 코란장식이 그 자리를 차지하고 있다. 아울러 소위 '아라베스크'라고 불리는 꽃 모양에 기초한 복잡한 기하학적 문양이 모스크 벽면을 화려하게 수놓고 있다.

신강의 기후특성은 청명한 날이 많고, 일조량은 많으며, 강수량이 적어 건조하다. 겨울철은 몹시 추워 영하 15도는 보통이고 영하 20~30도도 흔하다. 아주 추울 때는 영하 50도까지 내려간다고 한다. 반면에 여름철은 무척 덥다. 특히 투르판분지의 더위는 살인적이다. 1년 중 섭씨 35도 이상의 날이 100일을 넘는다니 짐작이 간다. 또 하나의 기후특징은 일교차가 크다는 점이다. 일교차가 보통 20~25도에 이른다. 심할 경우 50도에 이르기도 한다. 그래서 여름이라 하더라도 낮에는 반팔의 옷을 입고, 밤에는 긴 옷을 입는다. 이러한 일교차는 과일의 탄수화물 형성에 매우 좋아 수박, 포도, 참외, 무화과, 은행, 복숭아, 배 등의 맛이 뛰어나다. 그러나 신강을 대표하는 과일은 하미과다. 전통적 실크로드는 장안에서 돈황을 거쳐 하미로 이어진다. 그 하미에서 맛있는 과일이 난다고 해서 하미과라고 한다. 그러나 대부분의 신강지역에서 하미과가 생산된다. 하미과는 중국에는 다소 늦게 알려졌다. 명나라 황제 성조 영락제(1402~1424)는 수도를 남경에서 북경으로 옮기고 직접 몽고를 공격하였다. 몽고는 세력이 크게 약화되어 북방초원지대로 물러나고 말았다. 그리고 이들 중 일부는 중국에 맞서기보다는 중국(명)에 조공을 바치는 신세로 전락하고 말았다. 이 때 유목민족의 한 왕이 명나라에 조공하면서 하미과를 진상하였다. 하미과를 처음으로 맛 본 영락제는 그 맛에 반했고, 신하들에게 어디서 온 것이냐고 묻고 계속 하미과의 진상을 명하였다. 그 때부터 하미과는 중국에서 가장 귀하고 맛있는 과일이 되었다.

필자가 탄 서역으로 가는 기차가 하미역에 잠시 정차했다. 어디선가 향기로운 멜론 향기가 후각을 자극한다. 이렇게 달콤한 향기는 처음인 듯하다. 차창 밖을 내다보니 하미역 플랫폼에 노랗게 익은 하미과가 가득하다. 기차가 하미역에 도착하면 하미과의 달콤한 향기가 피곤해서 침대에 누운 승객을 모두 일어나게 한다는 말이 실감난다. 신선하기 때문에 북경이나 상해 같은 도시에서 먹던 맛과 전혀 다르다. 사람들은 내려가 하미과 사기에 바쁘다. 서역을 탐방하면서 하미에 들러 하미과를 먹어보지 않는다면 실크로드의 명물 하나를 빠트리는 셈이 된다. 그러나 지금은 하미보다 선선(鄯善)이 하미과 산지로 더 유명하다는 점을 참고하기 바란다.

신강은 바람이 강하기로 유명하다. 강한 바람이 부는 날이 100일이 넘는다. 흐르는 강물이 하늘로 치솟고, 주먹만 한 돌멩이가 하늘에 난다. 사막지역에서 일어나는 모래바람은 언급할 필요조차 없다. 신강에는 '○○풍구(風區)'가 있는데, '풍구'가 들어 있는 곳은 모두 바람이 강한 지역을 뜻한다. 강한 바람은 달리는 기차를 쓰러 넘어뜨릴 정도이다. 이러한 대풍(大風)은 철로와 육로운송, 그리고 석유생산에 막대한 지장을 초래한다. 반면에 강한 바람은 풍력발전에 좋다. 그래서 신강의 '30리 풍구' 등 7개 대풍지구에 대규모 풍력발전소가 들어섰는데, 그 경관이 장관이다. 풍력발전은 환경을 오염시키지 않는 장점이 있다.

타클라마칸 사막은 신강 최대의 사막일 뿐만 아니라 중국 최대의 사막이다. 면적이 한반도의 1.5배인 330,000km^{2}이다. 위구르어로 '한번 들어가면 살아 돌아올 수 없는 땅'이라는 뜻이다. 사막 군데군데 물과 식물이 있기는 하지만 강수량이 연 11mm에 불과하여 쥐조차 살 수 없는 곳이다. 이곳에는 꽃이 진한 분홍색의 홍류라는 식물이 많이 산다. 이 식물은 습기만 조금 있어도 싹을 틔워 뿌리를 내린다고 한다. 타클라마칸 사막은 대상이나 구법승 모두에게 죽음과도 같은 지대였다. 동진시대의 구법승 법현은 이곳을 죽음과 공포의 땅으로 묘사하였고, 현장법사는 "날리는 모랫바람 속에 인적은 없고 사방이 망망하여 표지 삼을 것이라고는 아무 것도 없으며, 그저 군데군데 인골을 주워 모아 도표를 삼을 뿐이다. 물도, 풀도 없고 바람만이 전부인데 어떻게 들으면 한 품은 여인의 노랫소리 같기도 하다. 그 소리에 홀려 헤매다 죽은 사람이 한 둘이 아니다"라고 했다. 13세기 마르코 폴로는 "타클라마칸 사막을 낙타를 타고 지나려면 1년이 더 걸릴 것이다. 아무리 빠른 길을 택한다 하여도 1달 이상은 족히 걸린다. 이 광활한 사막에는 개미새끼 한 마리 보이지 않는다"라고 하였다. 타클라마칸 사막이 얼마나 광막하며 얼마나 힘든 여정인가를 웅변해 주는 말이다.

사막의 최대 복병은 모래폭풍이다. 모래 폭풍을 만나면 운반 수단인 낙타를 상실할 수도 있다. 모래폭풍이 전면에서 분다면 허리를 직각으로 굽혀 바람의 저항을 극소화하고 세 발 뒤로 떼밀렸다가 한 발 전진하는 방식으로 가야한다. 얼굴을 들면 모래와 밤송이 같은 자갈이 강풍에 날아와 비명을 지르게 된다. 얼굴가리개를 하지 않으면 자상으로 피가 흐를 수 있다. 사막의 모래폭풍을 카부란이라고 한다. 5월에 가장 강하다. 이 때면 하늘이 보이지 않고 온통 암흑세상이 된다. 대상들의 텐트는 바람에 깃발처럼 찢겨 나부끼고 텐트 속에 들어가 있으면 깜짝할 사이에 모래에 싸여 생매장당할 수 있다. 카부란은 마을이든 경작지든 순식간에 초토화시킬 수 있다. 카부란이 불 때는 방법이 없다. 오직 바람이 잦아들기만 기다리는 것뿐이다.

영원히 불모의 땅일 것만 같았던 타클라마칸 사막이 사람들의 주목을 받으며 긴 잠에서 깨어나고 있는 것은 엄청난 규모의 석유 및 천연가스가 발견되었기 때문이다. 타클라마칸 사막에 매장되어 있는 석유와 천연가스는 중국 전체의 1/7과 1/4에 해당하며, 석유자원은 108억 톤, 천연가스는 8.4억 톤 입방미터로 매년 430만 톤씩 생산하고 있으며, 아직도 미확인 지하자원이 엄청나서 개발은 이제 시작에 불과하다고 한다.

신강성은 중국에서 워낙 멀리 서쪽에 치우쳐 있어 베이징과 시차가 꽤 난다. 기본적으로 중국은 어느 지역을 막론하고 북경의 표준시간을 따른다. 그러나 신강성은 서쪽의 끝이다 보니 따로 표준시를 적용한다. 그래서 신강성에서는 이른바 베이징시간과 신강시간이라는 2가지 표준시가 있다. 두 곳의 시차는 2시간이다. 때문에 신강성에서 약속시간을 정할 때는 베이징시간인지 신강시간인지를 명확히 해야 착오가 일어나지 않는다. 중국에서 말하는 오후 6시는 신강에선 오후 4시이다.

신강에서는 날씨가 덥기 때문에 여름철에는 밤늦게까지 음식을 먹고 여유 있게 사람을 만난다. 그래서 아침 활동시간이 늦은 편이다. 특히 베이징시간을 적용하면 더욱 그러하다. 투르판에서 경험한 것처럼 베이징시간으로 보통 10시가 되어야 본격적으로 활동한다. 점심식사 후에는 1~2시간 낮잠을 즐기고 업무를 보는데, 늦게까지 영업하는 상점은 저녁 6~7시가 되어야 업무를 개시하기도 한다.

신강성은 운남성과 함께 중국에서 지진이 자주 일어나는 지역으로 유명하다. 리히터 규모로 6이 넘는 강진만 해도 주기적으로 발생하고 있다. 최근의 예만 들어도 1996년 3월에 리히터 규모 6.9의 강진이 발생하여 최소 24명이 사망했으며, 1997년에는 1월과 4월에 각각 리히터 규모 6.4와 6.6의 지진이 잇따라 일어났다. 2003년 2월에는 카슈가르 지구(地區) 내에 있는 자스(伽師)현과 빠추(巴楚)현 인근에서 리히터 규모 6.8의 강진이 발생하여 수백 명이 사망하고 수천 명이 부상했다. 특히 안타까운 것은 학교 건물이 무너지는 바람에 수업 중이던 학생들이 다수 희생된 것이다. 이들 지역은 워낙 외진 곳으로 통신시설이 낙후하여 정확한 피해규모의 산출이 쉽지 않다. 따라서 정확한 피해규모는 상당한 시일이 경과해야만 파악될 수 있을 것이고, 또 피해규모는 상당히 늘어날 것이다. 그리고 2008년 쓰촨지진은 더 이상 설명할 필요가 없을 정도의 대재앙이었다. 사망자만 10만 명으로 추산되며, 1200만 명의 이재민이 발생하였다. 도로와 도시를 복구하려면 수년이 걸릴 것이다. 특히 안타까운 것은 빠추와 마찬가지로 수많은 학교 건물이 무너져 수업 중이던 수만 명의 학생들이 희생당한 것이다.

신강성의 성도(省都)는 우루무치로 빠르게 발전하는 신흥도시이다. 우루무치는 현재 신강성 최대도시로 위구르족, 한족, 회족, 하사크족 등이 살고 있다. 그러나 위구르족이 최대 다수민족으로 전체의 40~50%정도가 된다. 전에는 비율이 훨씬 높았으나 개방화가 되면서 한족이 끊임없이 이곳으로 유입되면서 그 비율이 떨어졌다.

우루무치는 신강성의 중심으로 세계에서 바다로부터 가장 멀리 떨어진 내륙에 위치한 도시이다. 동서남북 어느 곳을 따져봐도 2,300km이상 떨어져 있다. 유라시아 대륙의 한 중심에 자리 잡고 있다. 우루무치는 해발 915m의 고원도시로 천산산맥 북쪽 기슭의 아름다운 초원에 형성되어 명나라 때부터 '아름다운 목장' 혹은 '아름다운 목초지'라는 뜻의 위구르어인 우루무치로 불렸다.

우루무치를 포함한 신강지역은 중국 최서부 변방지대로서 얼마 전까지만 해도 미 개방지역이었다. 그것은 거리가 워낙 멀리 떨어져 있기 때문이기도 하지만, 이곳이 옛 소련과 인접한 국경지역이고, 또 18세기 이래 끊임없이 위구르족의 독립운동이 일어나는 지역이기 때문이다. 그래서 오랫동안 외부인의 출입을 엄격히 통제했다. 그러나 등소평이 개혁 개방정책을 시행하면서 지금은 외국인도 통제받지 않고 출입할 수 있다. 그러나 상하이 같은 동부지방에서 최고급 T열차를 타도 50~60시간이 걸리며, 보다 느린 기차나 버스를 탈 경우에는 4박 5일 이상 걸린다. 그래서 대부분의 신강 사람들은 신강성을 벗어난 적이 없으며 기차를 타 본 적도 없다. 이들에게 상하이 베이징 같은 도시는 외국쯤으로 여겨지는 것도 이상할 것이 없다.

우루무치는 건조한 지역으로 일교차가 매우 심하다. 언젠가 7월의 최고기온이 43.4도였고, 1월 최저기온이 -41.5도였다. 날씨의 변화도 심하다. 사막의 날씨답게 어제는 폭염이었다가 오늘은 가을같이 선선하기도 하다. 눈 깜짝할 사이에 바람을 동반한 갑작스런 비가 오기도 한다. 비가 내릴 때는 종종 기온이 급격히 떨어져 을씨년스럽기도 하다. 그래서 여름일지라도 날씨를 잘못 만나면 사막지대인 우루무치에서 추위에 떨고 가는 수가 있다. 여름철에 기온이 내려가면 이곳 사람들은 모두 긴 바지에 외투를 걸친다.

우루무치는 빠르게 현대화되고 있다. 곳곳에 고층건물이 들어서고 초현대식 호텔과 백화점이 연이어 들어서고 있다. 도로는 발달되어 있지만 온 종일 교통이 혼잡하여 마치 우리나라의 러시아워를 연상케 한다. 사막의 도로에서 차가 막히는 모습을 보면서 시간을 죽이면서 살아야 했던 이들 옛 선조들의 유목생활을 떠올려 본다.

위구르족 젊은이들은 다른 나라의 젊은이와 마찬가지로 변화의 세계를 좇고 있다. 그래서 한어(중국어)는 물론이고 영어 공부에도 열중이다. 이곳에서 만난 고등학교 3학년 여학생들에게 꿈이 뭐냐고 물으니, 외국이나 베이징에서 공부하는 것이란다. 자기네 학급인원 50명의 약 3분의 2가 자기들 생각과 같단다. 그렇지만 이들의 꿈이 어찌 모두 실현되겠는가. 성적이나 집안의 경제적 요인 등으로 실현되기는 어려울 것이다. 그렇지만 이곳 깊은 내륙의 오아시스 도시에서도 이들의 부모세대와는 다른 변화의 물결을 체감한다. 그리고 이러한 변화의 물결 속에서 이제 젊은 위구르족에게서 이전과 같은 지리적·민족적 울타리에 안주하려는 자세를 찾기는 어렵다. 이것은 결과적으로 다른 지역의 소수민족들이 겪고 있는 것과 마찬가지로 이들이 빠르게 한화(漢化)되리라는 생각이다.

우루무치 주변은 거대한 천산산맥과 계곡, 끝없는 사막, 그리고 광활한 초지가 펼쳐지는 아름다운 지역이다. 주변에는 돈황지역과 마찬가지로 검은 둔덕의 사막지대가 광범위하게 분포하고 있다. 석유지대임을 알리는 신호이다. 석유와 천연가스를 비롯한 지하자원이 풍부한 곳이 신강성이다. 우루무치 일대는 바람이 거세기로 유명하다. 바람이 어찌나 거센지 흐르는 강물이 좌우로 해일 일듯이 쳐 올라가며 물보라를 일으킨다. 고속도로나 국도에는 「횡풍주의」 「타이어폭발 주의」 푯말이 자주 눈이 띈다. 「횡풍주의(橫風注意)」란 '좌우에서 부는 강한 바람을 조심하라'는 뜻이니, 얼마나 바람이 강하기에 차가 좌우로 쓸려나갈 수 있음을 조심하라는 걸까? 「타이어폭발 주의」는 강풍에 의해 갑자기 날카로운 자갈들이 도로에 떨어질 수 있으니 사고에 조심하라는 주의이니 바람강도를 짐작할 수 있다.

우루무치 시장에서 가장 사람들이 북적이는 곳은 얼다오차오(二道橋)시장이다. 엄청난 규모의 시장으로 실크로드의 온갖 물건이 다 있다. 그 시장 광장의 야외식당에서 식사와 함께 신강 소수민족 공연을 감상하는 것도 별미 중 하나이다.

18. 위구르족의 역사와 삶

역사적으로 서부지역은 중국인들, 즉 한족이 살았던 땅이 아니라 여러 이민족이 거주했던 곳이다. 서부는 섬서성(陝西省)과 귀주성(貴州省)을 상하 기점으로 서쪽 지역을 지칭한다. 신강(新疆), 서장(西藏), 감숙(甘肅), 영하(寧夏), 청해(青海), 운남(雲南), 사천(四川)성이 여기에 해당한다. 면적은 중국 전체의 56%로 경제발전지대인 상하이나 베이징 같은 동부 연안지역의 4배가 된다. 그러나 이 지역은 히말라야산맥과 파미르고원, 그리고 타림분지로 구성되고 나머지 대부분도 사막과 황무지로 되어 있어 자연환경이 매우 열악한 지역이다. 그래서 인구가 적어 동부의 절반을 겨우 넘고, 수입 또한 동부의 절반에도 못 미치고 있다. 중국은 이 땅을 두고 뺏고 뺏기기를 여러 번 반복했다. 위구르인은 외모뿐만 아니라 종교, 음식, 복색, 언어, 글자 어느 하나 중국인과 같은 게 없다. 인종과 종교, 문화가 모두 중화 문화권과 확연히 달라 중국 속의 또 다른 중국인이다.

『중국통계연감(1998년)』에 따르면 중국의 소수민족은 약 9,100만 명으로 전체의 8%에 약간 못 미친다. 대표적인 소수민족을 보면 장족(壯族) 1,550만, 만주족 980만, 회족 861만, 위구르족 838만, 묘족 861만, 티베트족 5백만 명이다. 열거한 민족 수는 금년(2008년)에 조사하면 이보다 훨씬 늘었을 것이다. 어떻든 중국 안에서 소수민족이지 이 정도의 인구는 웬만한 다른 나라의 총 인구를 넘고도 남는다.

중국의 구 지폐에는 다양한 소수민족의 그림과 함께 소수민족

글씨도 병기되어 있었다. 화폐만 보아도 중국이 다민족 국가임을 알 수 있고, 또 중국이 얼마나 민족융합에 관심을 두는지도 알 수 있다. 그러나 중국에서의 민족분규는 잊을 만하면 터지곤 한다. 한 때 이들 소수민족은 격렬하게 독립투쟁을 전개했지만, 대다수의 소수민족은 극렬한 민족 독립투쟁보다는 중국이라는 틀 안에서 안락한 삶을 추구하고 있다. 물론 아직도 티베트와 일부의 위구르인들은 독립을 추구하고 있기는 하다. 중국은 이들 소수민족에게 끊임없이 강압과 회유책을 병행하고 있다.

위구르족은 주로 농업에 종사하고 부분적으로 축산과 수공업에 종사한다. 최근에는 도시에서 공무원이나 서비스업, 그리고 사업이나 상업에 종사하는 사람들도 증가하고 있다.

위구르족은 대체로 9세기 중엽에 대거 신강지역으로 이동한 것으로 알려져 있다. 이들은 현재 타클라마칸 지역을 중심으로 신강성 일대에 광범위하게 흩어져 살고 있다. 고유의 음악과 고유의 언어, 문자를 갖고 있다. 성격은 매우 쾌활하고 개방적이면 소박하다. 이들은 노래와 춤을 좋아한다. 위구르어는 알타이계 돌궐어족에 속하며, 총 36개의 자모(字母)로 구성되어 있다. 글씨는 우리와 반대로 우측에서 좌측으로 써내려 간다. 그래서 그들이 글 쓰는 모습을 보면 처음에는 신기하기만 하다. 이들 위구르어의 가장 특징 중 하나는 '얼' 발음이 많은 것이다. 그래서 언뜻 들으면 마치 러시아어 같다. '얼'화 현상이 강하여 그 말이 그 말 같이 들린다. 말의 속도가 매우 빠르고 부드럽다. 글자는 난해하기 그지없다. 아무리 보아도 그 글자가 그 글자 같고, 어디까지가 한 단어이며, 또 어떻게 쓰는지 이해가 되지 않는다.

그러나 위구르인들은 한결같이 자기네 언어가 가장 배우기 쉽고 쓰기 쉽다고 항변한다. 그들은 오히려 한자가 쓰거나 익히기에 매우 까다로운 문자라고 불평한다. 무엇이 그렇게 불편하고 곤란하냐고 물으니, 그들은 이구동성으로 한자는 글을 쓸 때에 한 글자 한 글자씩 일일이 써야 한다고 말한다. 이것으로 미루어 보아 위구르 문자는 어미 끝을 조금 변화를 주면 다른 뜻으로 되는 것 같다. 하지만 이는 어디까지나 필자의 추측일 따름이다. 필자는 그저, 도저히 구별조차 되지 않는 그 난해한 위구르 글자를, 왼손으로 우측에서 좌측으로 일사천리로 써내려 가는 것을 보면서 감탄할 따름이다.

신강성은 위구르인의 자치를 인정하는 자치구이기 때문에 위구르인들은 초등학교에서 고등학교까지 공용어로 자기네 언어를 사용하고 중국어는 제 2외국어로 교육한다. 그러나 위구르인들은 그들의 민족정신과 결합하여 자기네 언어 사용에 매우 집착하고 있다. 그러한 결과 다른 소수민족은 고등학교 졸업할 때에 자기네 언어 수준과 중국어 수준이 거의 비슷하지만, 위구르학생들의 중국어 수준은 일상수준 이상을 넘지 못하는 실정이다. 그런데 신강대학을 비롯한 신강지역의 모든 대학에서의 강의는 오로지 중국어로만 진행된다. 때문에 위구르학생이 대학에 입학하면 처음 1년은 오로지 중국어 학습만 받는다. 그때 영어교육도 병행하지만, 중국어 교육이 초점이다. 그런 다음 전공수업에 들어간다. 따라서 위구르 학생의 대학생활은 아주 특별한 경우가 아닌 한 수학 연한이 5년이다. 위구르인들의 향학열은 우리나라에 버금간다.

위구르족은 기원 후 3세기의 정령(丁零)에 기원하며 초원 북방에 거주한 것으로 알려져 있다. 7~8세기에는 사서에서 회골로 호칭하고 있고, 9세기 중엽에는 내우외환으로 흩어지면서 많은 수가 신강성내로 들어온 것으로 여겨진다. 신강성내로 이주한 회골족은 세월이 흐르면서 토착민과 토번·거란인·몽골인 등과 섞이면서 위구르족을 형성한 것으로 보인다. 한 때는 몽골초원을 지배하기도 했으나 천산남쪽으로 이동해 와서는 여러 소 왕국으로 분화되었다.

이들이 처음 신강지역으로 이동해 왔을 때는 불교를 믿었지만, 10세기쯤부터 이슬람으로 개종하여 오늘에 이르고 있다.

위구르족은 중국 내의 다른 소수민족에 비해 체격이 상당히 좋다. 남자들은 허리춤에 칼을 차는 것을 좋아한다. 그래서 시장에는 호신용 칼 상점이 많다. 그래서 이들은 이방인에게 위구르의 전통 칼을 선물하는 것을 좋아한다. 위구르인들은 성격이 호방하고 쾌활하며 진취적이고 개방적이며 상냥하다. 노래와 춤을 즐기고 악기를 잘 다룬다. 이슬람교를 믿으며, 믿는 대로 철저히 실천한다. 예의바르고 친절하고 다정다감한 민족으로 금방 호감을 갖게 한다. 위구르인들은 외부인에게 자기 집을 공개하는 것을 꺼리지 않는다. 누가 방문하고 싶다고 하면 금요일만 빼고 허용한다. 금요일은 예배하는 날이기 때문이다. 유목민족의 전통에서인지 이방인에게 이들만큼 호의적이고 친절한 민족도 없다는 생각이다.

그런데 위구르족의 얼굴모습은 다양하다. 아랍인같이 보이는 사람, 터키나 흰 피부의 러시아 같은 사람, 몽고계에 가까운 사람, 이도 저도 아닌 얼굴 등 정말 다양하다. 오랫동안 이동하면서 여러 종족과 피가 섞인 결과이다. 흔히 혼혈종에 미인이 많다고 한다. 그래서 그런지 이들 가운데는 이국적인 마스크에 얼굴이 예쁘고 몸매가 늘씬한 미인이 많다. 여인들은 루즈를 바르고 화장하는 것을 즐겨 하며 손톱 기르는 것을 좋아한다. 헤어스타일이나 의상, 그리고 매너가 세련되어 서쪽 끝자락에 살고 있는 소수민족은 당연히 시대감각에 뒤떨어질 것이라는 선입견을 무색하게 만든다.

위구르인들은 남녀노소 할 것 없이 외국인에 호의적이다. 그리고 한족, 회족 등의 여러 민족과 살고 있어서 그런지 민족적·외모적 편견이 없다. 다만 한국인에게 질문할 때는 으레 "일본인이냐?"라고 묻는다. 이는 실크로드 지역 어디서든지 듣는 얘기로 1980년대에 일본에서 실크로드 붐이 일어나면서 가장 먼저 이들이 이곳에 몰려왔기 때문이다.

위구르족은 대부분 그들 민족과 결혼하지만 그것을 고집하지는 않는다. 세련되고 늘씬한 20대의 위구르 여인도 결혼상대로 민족은 따지지 않는다고 했다. 그래서 외국인과 결혼하는 것에 거부감이 많지 않다. 또한 상대가 굳이 이슬람을 믿지 않아도 관계없단다. 이슬람을 믿지 않음은 물론이고 다른 종교를 가졌다 하더라도 그것이 결혼의 전제조건은 되지 않는다고 한다. 다만 서로의 종교를 이해해주면 될 뿐이란다. 그들의 말을 빌리면 마호메트가 타 종교를 인정하라는 관용을 베풀었다고 한다. 그 말은 다소 뜻밖이었다. 이는 우리가 이슬람에 대해 잘못된 선입견이 많음을 증명한다. 오히려 이들은 다른 종교를 믿는 사람들이 이슬람과 같이 다른 종교를 가진 사람들을 차별하고 구분하는 것을 이해할 수 없다고 한다.

위구르족의 주식은 '난'이라고 하는 납작하고 둥근 빵이다. 맛이 담백하여 우리 입맛에도 잘 맞는다. 난은 반죽하여 직접 굽는 것이 아니고, 화덕의 벽면에 붙여서 열기로 굽는다. 한 번에 1주일간 먹을 요량으로 수백 개씩 준비하기도 한다. 기후가 워낙 건조하기 때문에 1주일을 두고 먹어도 부패의 염려가 없기 때문이다.

《《《《 참 고 문 헌 》》》》

국제한국학회, 『실크로드와 한국문화』, 소나무, 2000년.

김용범, 『역사로 보는 중국문화』, 도서출판 보성, 2004년.

김종래, 『유목민 이야기』, 자우출판, 2002년.

김호동, 『황하에서 천산까지』, 사계절, 2001년.

나가사와 가즈도시 저, 이재성 역, 『실크로드의 역사와 문화』, 民族史, 1990년.

마르코 폴로 저, 김호동 역, 『동방견문록』, 도서출판 사계절, 2000년.

문명대, 『서역 실크로드 탐사기』, 한・언, 1994년.

문명대, 『중국 실크로드 기행』, 한・언, 1993년.

박한제, 『영웅시대의 빛과 그늘』, 사계절, 2003년.

박한제, 『제국으로 가는 긴 여정』, 사계절, 2003년.

박한제・김호동・한정숙・최갑수,『유라시아 천년을 가다』, 사계절, 2003년.

브루노 바우만 외 저, 박종대 옮김, 『실크로드 견문록』, 다른 우리, 2003년.

브루노 바우만, 이수영 옮김, 『돌아올 수 없는 사막 타클라마칸』, 다른 우리, 2003년.

서울대 문리과대학 탐사 리포트, 『비단길 보고서』, 수류산방 중심, 2005년.

수잔 휫필드 지음, 김석희 옮김, 『실크로드이야기』, 도서출판 이산, 2001년.

심형철, 『신장을 알아야 중국이 보인다』, 정진출판사, 2003년.
웨난 저, 유소영 심규호 역, 『秦始皇陵』, 도서출판 일빛, 2001년.
웨난 저, 유소영 심규호 역, 『법문사의 비밀』, 도서출판 일빛, 2000년.
일본 NHK, 『실크로드』, 1983년.
정수일, 『고대문명교류사』, 사계절, 2002년.
정수일, 『문명의 루트 실크로드』, 효형출판, 2002년.
지배선, 『고선지 평전』, 청아출판사, 2002년.
피터 홉커크 저, 김영종 옮김, 『실크로드의 악마들』, 사계절, 2002년.
中國風物志叢書, 『新疆風物志』, 新疆人民出版社, 2002년.